Deutsche Forschungsgemeinschaft

Humanismus und
Neue Welt

Deutsche Forschungsgemeinschaft

Humanismus und Neue Welt

Herausgegeben von
Wolfgang Reinhard

Mitteilung XV
der Kommission für Humanismusforschung

Deutsche Forschungsgemeinschaft
Kennedyallee 40
D-5300 Bonn 2
Telefon: (02 28) 8 85-1
Telex: (17) 2 28 312 DFG
Teletex: 228 312 DFG

CIP-Kurztitelaufnahme der Deutschen Bibliothek

Humanismus und Neue Welt / Dt. Forschungsgemeinschaft.
Hrsg. von Wolfgang Reinhard. – Weinheim :
Acta Humaniora, VCH, 1987.
   (Mitteilung ... der Kommission für
Humanismusforschung ; 15)
   ISBN 3-527-17022-7
NE: Reinhard, Wolfgang [Hrsg.]; Deutsche
Forschungsgemeinschaft; Deutsche Forschungsgemeinschaft /
Kommission für Humanismusforschung: Mitteilung ... der ...

ISSN 0341-8774

© VCH Verlagsgesellschaft mbH, D-6940 Weinheim 1987.
Alle Rechte, insbesondere die der Übertragung in andere Sprachen, vorbehalten. Kein Teil dieses Buches darf ohne schriftliche Genehmigung des Verlages in irgendeiner Form – durch Photokopie, Mikroverfilmung oder irgendein anderes Verfahren – reproduziert oder in eine von Maschinen, insbesondere von Datenverarbeitungsmaschinen, verwendbare Sprache übertragen oder übersetzt werden.
All rights reserved (including those of translation into other languages). No part of this book may be reproduced in any form – by photoprint, microfilm, or any other means – nor transmitted or translated into a machine language without written permission from the publishers.
Satz: Hagedornsatz GmbH, D-6806 Viernheim
Druck: Taunusbote, D-6380 Bad Homburg vor der Höhe
Bindung: Wilh. Osswald + Co., Großbuchbinderei, D-6730 Neustadt/Weinstraße
Printed in the Federal Republic of Germany

Vorwort

Die Verbindung des Renaissance-Humanismus mit Amerika zu einem Tagungsthema war ein Wagnis und hat demgemäß bei Amerikanisten wie Humanismus-Fachleuten einiges Kopfschütteln ausgelöst. Auf den ersten Blick haben beide tatsächlich wenig miteinander zu tun. Die „Neue Welt" wurde zunächst einmal von ganz anderen Kräften gestaltet als gerade vom Humanismus, während sich die europäischen Humanisten ihrerseits mit vielen anderen Themen gründlicher beschäftigten als mit Amerika. Infolgedessen gibt es heute wenig Amerikanisten mit Kenntnissen über den Humanismus und wenig Humanismus-Fachleute, die etwas über Amerika wissen, ein Sachverhalt, der sich bisweilen auch im Tagungsverlauf niedergeschlagen hat.

Aber damit ist die Angelegenheit keineswegs erledigt. Denn wenn die „Entdeckung" Amerikas nicht nur für Adam Smith und Karl Marx, sondern bereits für Zeitgenossen des 16. Jahrhunderts das wichtigste Ereignis der Weltgeschichte überhaupt war und wenn der Humanismus eine der maßgebenden Kräfte der europäischen Geschichte gewesen ist, dann müssen beide miteinander zu tun gehabt haben, ihre Protagonisten mögen wollen oder nicht. Aber dieser Zusammenhang könnte ein indirekter sein und sehr viel subtiler, als es den üblichen Vorstellungen von Amerikanistik oder Humanismusforschung entspricht. Er wäre dann eines neuartigen Zugriffs bedürftig, weil das wechselseitige Verhältnis von Amerika und Humanismus der anderswo selbstverständlich unterstellten massiven Eindeutigkeit entbehrt. Es läßt sich in der Tat nur in seltenen Fällen geradewegs feststellen, daß dieses oder jenes in Amerika das Werk des Humanismus ist oder daß dieser oder jener Humanist in seinen Werken vom Thema „Amerika" fasziniert war. Statt dessen kommt es darauf an – und auch dieses ist ein lohnendes Geschäft von Wissenschaft –, den jeweiligen Stellenwert in konkreten Fällen und Bereichen im einzelnen zu ermitteln. Einen Versuch in dieser Hinsicht hat zunächst mein einleitender Beitrag ‚Sprachbeherrschung und Weltherrschaft' unternehmen wollen; eine Bestandsaufnahme in diesem Sinn sollte das Ziel der Tagung sein.

Freilich konnten dabei nicht alle möglichen erfolgversprechenden Forschungsfelder einbezogen werden, teils weil es in Reichweite der Kommission keine kompetenten Fachleute gab, teils weil sie mit kurzfristigen Absagen konfrontiert wurde, die sich nicht im Handumdrehen wieder wettmachen ließen. So fehlt zunächst einmal die Untersuchung der Frage, wieweit Humanismus und Renaissance Voraussetzungen geistiger und technischer Art geschaffen haben, durch die die „Entdeckung" Amerikas überhaupt erst möglich oder wenigstens maßgebend gefördert wurde. Was für Veränderungen des geographischen wie des philosophischen Weltbildes hat die Antike-Rezeption der Renaissance bewirkt? Was für technische Innovationen wurden in ihrem Gefolge möglich? Und wie hat ein humanistisches Informanten- und Korrespondentennetz für die Verbreitung dieser Voraussetzungen gesorgt, etwa von Florenz nach Lissabon?

Auf der anderen Seite fehlen auch Beiträge über die Rezeption Amerikas durch die humanistisch geprägten Naturwissenschaften des 16. Jahrhunderts, obwohl doch bekanntlich der Name „Amerika" von humanistischer Geographie im Zuge einer Ptolemaeus-Revision geschaffen wurde und seiner sprachlichen Struktur nach die humanistische Herkunft nicht verleugnen kann. Man hätte zum Beispiel auch überprüfen können, was denn die Pharmazie mit dem Angebot an neuen Heilpflanzen angefangen hat. Oder wieweit die botanischen und zoologischen Kategorien des Aristoteles oder Plinius zur Bewältigung des Neuen gebraucht wurden, wie sie sich dabei bewährt haben oder vielleicht Anlaß zu traditionsbedingten Mißverständnissen wurden. Man sollte ja nicht übersehen, daß zumindest in Spanien eine planmäßig organisierte wissenschaftliche Rezeption der „Neuen Welt" in herrschaftspraktischer Absicht stattfand, etwa in der Pilotenschule der „Casa de la Contratación" und durch geographische Landesbeschreibung im Auftrag der Krone.

Vor allem aber wäre die Rolle des Humanismus im Bildungswesen der „Neuen Welt" zu bedenken gewesen. Auch wenn zumindest im 16. Jahrhundert nur im spanischen Amerika davon die Rede sein kann, so muß er doch beim Aufbau von Universitäten und anderen Bildungsanstalten eine beträchtliche Bedeutung gehabt haben. Das ergibt sich nebenbei und indirekt aus der Tätigkeit der Orden, von denen zumindest die Jesuiten eine gründliche humanistische Ausbildung zu durchlaufen hatten.

Derartigen indirekten, aber deswegen ganz und gar nicht irrelevanten Zusammenhängen versucht mein einleitender Beitrag nachzugehen.

Was bedeutet es, daß die Europäer genau in dem Augenblick eine „Neue Welt" unterwerfen, als sie dank des Humanismus zu den besten Philologen der Welt geworden sind? Hat der Europa eigentümliche Umgang mit fremden Sprachen und Sprache überhaupt die Europäer mit zu ihrer Weltherrschaft befähigt, was sich erstmals in Amerika beobachten läßt? Was ergeben sich daraus für Konsequenzen für unser Verständnis von Geschichte und Gegenwart?

Ansonsten beschränken sich die Beiträge auf zwei Themenkreise, auf die literarische und künstlerische Rezeption Amerikas durch Europa im 16. Jahrhundert und auf den Zusammenhang von Humanismus und humanitären Initiativen zugunsten der Ureinwohner.

Tilman Falk kann zeigen, daß die Renaissancekunst Amerika in begrenztem Umfang durchaus zur Kenntnis genommen hat. Doch von ganz wenigen Ausnahmen abgesehen, waren authentische Illustrationen künstlerisch minderwertig, während Kunstwerken von Rang die Authentizität fehlt und sie infolgedessen dazu neigen, ethnographische Informationen in klassizistische Darstellungsschemata zu pressen.

Karl Kohut identifiziert eine humanistische Komponente bei dem frühen Amerika-Historiker Oviedo nicht nur in dessen Rückgriff auf antike Kategorien, sondern darüber hinaus in seinem bemerkenswerten literarischen Individualismus.

Erich Hassingers umfassender Überblick über Autoren des französischen Späthumanismus fördert zwar einige äußerst interessante Fälle zutage, die das mit der Rezeption der „Neuen Welt" verbundene innovatorische Potential zu nutzen verstanden, aber diese Leute bleiben Ausnahmen. Für den französischen Späthumanismus ist Amerika ein Thema von bloß marginaler Bedeutung.

Bedenkt man den Charakter des Humanismus als eines internationalen intellektuellen Kommunikationssystems, dann ist man geneigt, Hassingers Ergebnis für verallgemeinerungsfähig zu halten, vielleicht mit alleiniger Ausnahme Portugals. In Spanien jedenfalls sieht es ganz so aus, als habe das leidenschaftliche theoretische Interesse an Amerika keinerlei humanistische, sondern ausschließlich praxisorientierte theologische und juristische Wurzeln. So konnte sich der Eindruck bilden, der Humanismus in Gestalt des Sepúlveda stehe hier gerade nicht auf der Seite der Humanität, sondern liefere der Inhumanität aristotelische Waffen. Freilich haben drei neue Beiträge zu dem scheinbar längst erschöpften Thema „Humanismus und Humanität in Hispanoamerika" bewiesen, wie notwendig und ertragreich eine sorgfältig differenzierende Sicht der Dinge auch und gerade hier ist, insbesondere was die Rolle des Humanismus in der Auseinandersetzung um die Behandlung der Indianer angeht.

Im Gegensatz zu weitverbreiteten Vorstellungen konnte nämlich Anthony Pagden feststellen, daß Quirogas Kenntnis der ‚Utopia' ihn keineswegs zu einem Verteidiger der Freiheit der Indianer gemacht hat, im Gegenteil. Er war humanistischer Jurist und als solcher ein Befürworter der spanischen Herrschaft. Daher sollten seine berühmten „utopischen" Indianersiedlungen der Erziehung der Eingeborenen zur Disziplin und nicht etwa ihrer Befreiung dienen.

Dem stellt Horst Pietschmann einen Sepúlveda an die Seite, dessen hochkarätiger Aristotelismus humanistischen Zuschnitts keineswegs auf bloße Legitimation von Ausbeutung und Unterdrückung mittels der Theoreme von den „Barbaren" und „Sklaven von Natur aus" hinauslaufen sollte, sondern ebenfalls weit eher auf so etwas wie Entwicklungspolitik mit humanistischer „civilitas" als Ziel.

Eine minutiöse Detailanalyse durch Bruno Rech zeigt schließlich noch, daß auf der Gegenseite der angeblich rein scholastische Theologe Las Casas bei seiner Argumentation zugunsten der Indianer in erstaunlichem Umfang auf antike Texte zurückgreift, nicht zuletzt auch solche, die vom Humanismus bereitgestellt wurden. Rech möchte ihn schließlich geradezu als „Humanisten" bezeichnen, ungeachtet der Tatsache, daß ihm die Antike eher als Steinbruch für sein Gedankengebäude dient denn als Quelle neuer Inspiration.

Offensichtlich ist es im Zusammenhang unseres Themas nicht besonders sinnvoll, jeweils exakt feststellen zu wollen, wer „Humanist" sein soll und wer nicht. Dieser Versuch könnte in einer selbstgefertigten Aporie enden und damit unsere Erkenntnismöglichkeiten präjudizieren. Statt dessen kommt es hier mehr noch als anderswo unbedingt darauf an, Präsenz und Wirkung des Humanismus von Fall zu Fall genau zu ermitteln. Mit anderen Worten, es wäre müßig, darüber zu streiten, ob ein Mann wie Las Casas aufgrund seiner profunden Kenntnis antiker Quellen als „Humanist" gelten darf oder nicht. Sehr viel wichtiger wäre es herauszufinden, wie sich sein Umgang mit antikem Material vom hergebrachten unterscheidet. Verfügt er gegenüber mittelalterlichen Theologen über neue Topoi, neue Gesichtspunkte und neue Verfahren der Argumentation? Allgemeiner gesprochen, gibt es bei ihm und seinen Zeitgenossen humanistische Kenntnisse und Denkweisen, die dazu benutzt werden, die „Neue Welt" in das Weltbild der Alten einzubauen, selbst wenn die erstere tatsächlich für die Mehrzahl der Humanisten kein Thema war? Auch wenn Amerika als intellektuelle Herausforderung die meisten Humanisten offensichtlich hoffnungslos überfordert hat, so dürfte der Humanismus dennoch auf indirekte Weise seinen Beitrag zur Bewältigung des Neuen geleistet haben – manchmal ethnozentristisch, indem er das ganz andere in die Zwangsjacke eines an der Antike orientierten Weltbildes preßte, manchmal aber auch befreiend, weil die von ihm bereitgestellte Gelehrsamkeit neue Wege öffnen half.

Wolfgang Reinhard

Inhalt

Wolfgang Reinhard
Vorwort. V

Anschriften des Herausgebers und der Autoren XIII

Wolfgang Reinhard
Sprachbeherrschung und Weltherrschaft.
Sprache und Sprachwissenschaft in der europäischen Expansion . 1

Tilman Falk
Frühe Rezeption der Neuen Welt in der graphischen Kunst . . . 37

Karl Kohut
Humanismus und Neue Welt im Werk von
Gonzalo Fernández de Oviedo. 65

Erich Hassinger
Die Rezeption der Neuen Welt durch den französischen
Späthumanismus (1550-1620). 89

Anthony Pagden
The Humanism of Vasco de Quiroga's 'Información en derecho' . 133

Horst Pietschmann
Aristotelischer Humanismus und Inhumanität?
Sepúlveda und die amerikanischen Ureinwohner 143

Bruno Rech
Bartolomé de Las Casas und die Antike 167

Personen- und Autorenregister 199

Anschriften des Herausgebers und der Autoren

Prof. Dr. Wolfgang Reinhard
Lehrstuhl für Neuere und
Außereuropäische Geschichte
Universität Augsburg
Universitätsstraße 10
8900 Augsburg

Dr. Tilman Falk
Leiter der Städt.
Kunstsammlungen
Maximilianstraße 46
8900 Augsburg

Prof. Dr. Karl Kohut
Lehrstuhl für Romanische
Literaturwissenschaft
Katholische Universität
Eichstätt
Ostenstraße 26–28
8078 Eichstätt

Prof. Dr. Erich Hassinger
Eichhalde 53
7800 Freiburg

Prof. Dr. Anthony Pagden
University of Cambridge
King's College
Postcode CB2 1ST
Cambridge
England

Prof. Dr. Horst Pietschmann
Historisches Seminar
der Universität
Von-Melle-Park 6, IX
2000 Hamburg 13

Dr. Bruno Rech
Folwiese 20
5000 Köln 80

Sprachbeherrschung und Weltherrschaft. Sprache und Sprachwissenschaft in der europäischen Expansion

von Wolfgang Reinhard

Erich Hassinger, dem Humanisten,
zum 22. September 1987 gewidmet.

In der Vorrede seiner „Elegantiae Linguae Latinae" kommt Lorenzo Valla, der wohl bedeutendste Vertreter der rhetorisch-philologischen Richtung des Renaissancehumanismus, auf den Zusammenhang von lateinischer Sprache und römischem Imperium zu sprechen. Die Verbreitung der lateinischen Sprache erscheint ihm weit ruhmreicher als die Expansion des Imperiums, denn sie ist es gewesen,

> „die die Völker und Stämme alle die Künste, die die freien genannt werden, gelehrt hat; sie brachte ihnen die besten Gesetze bei; sie bahnte ihnen den Weg zum Wissen; ihr verdanken sie es, wenn sie nicht länger Barbaren heißen müssen... Jene [Herrschaft] warfen die Völker und Stämme als eine unwillkommene Last von den Schultern, diese [Sprache] aber dünkt sie köstlicher als Nektar, glanzvoller als Seide und köstlicher als Gold und Edelstein, und sie behielten sie bei sich als eine vom Himmel herabgestiegene Gottheit. In der lateinischen Sprache liegt also gleichsam ein Sakrament, ein Zeichen des göttlichen Willens vor, das bei den Fremden, den Barbaren, ja den Feinden so viele Jahrhunderte heilig und fromm gehütet wurde. So dürfen wir Römer nicht klagen, sondern uns freuen und rühmen vor eben der Völkerwelt, die uns zuhört. Rom ging verloren, seine Herrschaft und sein Reich... diese unsere ruhmreichere Herrschaft aber währt noch in weiten Teilen der Welt. Unser ist Italien, unser sind Gallien, Spanien, Germanien, Pannonien, Dalmatien, Illyrien und andere Länder mehr. Denn wo die römische Sprache herrscht, da ist das römische Reich"[1].

---

[1] Laurentius Valla, *Opera Omnia*, Bd. 1. Turin 1962 (Monumenta Politica et Philosophica Rariora I 5), 3 f. (Faksimile): „Haec enim gentes illas populosque omnes omnibus arti-

Wenn wir von der notorischen humanistischen Euphorie einmal absehen, sicher keine ganz unzutreffende Beschreibung der sprachlichen Konstellation am Ende des Mittelalters. Darüber hinaus aber auch ein Anstoß zum Nachdenken, ob wir heute, nachdem abermals ein Reich, nämlich die europäische Herrschaft über die Erde, zu Ende gegangen ist, von den europäischen Sprachen in der Welt nicht ganz Ähnliches behaupten könnten, insbesondere vom Englischen, der Sprache eines Reiches, das nicht ohne Grund immer wieder mit dem römischen verglichen wurde. Dank unserer intellektuellen Fortschritte können wir anders als Lorenzo Valla sogar Zahlen für uns sprechen lassen. Um 1500, als mit der Entdeckung der Neuen Welt die europäische Expansion über die Erde mit Macht einsetzte, hatten die späteren Hauptkolonialmächte folgende Einwohnerzahlen aufzuweisen, von denen wir einmal unterstellen wollen, daß es sich auch um Sprecher der jeweiligen Sprache gehandelt hat, was natürlich keineswegs sicher ist: Portugal 1 Million[2], Kastilien 8,3 Millionen[3], Frankreich 10 Millionen[4], England 2,3 Millionen[5] und nicht zu vergessen Rußland 5,5 Millionen[6]. Bei einer geschätzten Weltbevölkerung von 425 Millionen[7] hätten damals 0,25 % der Weltbevölkerung Portugiesisch gesprochen, 2 % Kastilisch, 2,3 % Französisch, 0,5 % Englisch und 1,3 % Russisch. In der Mitte der siebziger Jahre des zwanzigsten Jahrhunderts aber, als die Dekolonisation so gut wie abgeschlossen war, gab es etwa 133 Millionen Portugiesischsprecher,

---

bus, quae liberales vocantur, instituit: haec optimas leges edocuit: haec viam ad omnem sapientiam munivit, haec denique praestitit, ne barbari amplius dici possent ... Illud pridem, tanquam ingratum onus, gentes, nationesque abiecerunt: hunc omni nectare suaviorem, omni serico splendidiorem, omni auro, gemmaque preciosiorem putaverunt, et quasi Deum quendam e coelo demissum, apud se retinuerunt. Magnum ergo Latini sermonis sacramentum est, magnum profecto numen, quod apud peregrinos, apud barbaros, apud hostes, sancte et religiose per tot secula custoditur, ut non tam dolendum nobis Romanis quam gaudendum sit, atque ipso etiam orbe terrarum exaudiente gloriandum. Amisimus Romam, amisimus regnum, amisimus dominatum ...: veruntamen per hunc splendidiorem dominatum in magna adhuc orbis parte regnamus. Nostra est Italia, nostra Gallia, nostra Hispania, Germania, Pannonia, Dalmatia, Illyricum, multaeque aliae nationes. Ibi nanque Romanum imperium est, ubicunque Romana lingua dominatur." Die Übersetzung folgt: Karl Otto Apel, *Die Idee der Sprache in der Tradition des Humanismus von Dante bis Vico*. Archiv für Begriffgeschichte 8 (1963), 184 f.

[2] *Handbuch der europäischen Wirtschafts- und Sozialgeschichte*, Bd. 3. Stuttgart 1986, 119.
[3] A. W. Conrad/ J. A. Fishman, *English as a World Language: The Evidence*, in: J. A. Fishman/R. L. Cooper/A. Conrad (Hgg.), *The Spread of English*. Rowley 1977, 54.
[4] Ebd.
[5] Nach: *Handbuch* (wie Anm. 2), 118 u. 504 geschätzt.
[6] Ebd. 1038.
[7] C. McEvedy/R. Jones, *Atlas of World Population History*. London 1979, 18.

247 Millionen Spanischsprecher, 115 Millionen Französischsprecher, 600 Millionen Englischsprecher und 242 Millionen Russischsprecher, zweisprachige eingeschlossen[8]. Bei einer Weltbevölkerung von etwa 4 Milliarden bedeutet dies im Falle des Portugiesischen eine Vervierzehnfachung des Anteils an der Weltbevölkerung von 0,25 auf 3,3 %, für das Spanische eine Verdreifachung von 2 auf 6,2 %, für das Französische einen Anstieg von 2,3 auf 2,9 %, im Falle des Englischen eine Zunahme auf das Dreißigfache von 0,5 auf 15 % und für das Russische eine Vervierfachung von 1,3 auf 6 %. Der Gesamtanteil der Sprecher dieser Sprachen stieg von 8 auf 33,4 % der Weltbevölkerung; wenn man nur die muttersprachlichen Sprecher berücksichtigt, immerhin noch auf 22,25 %. Und im Falle des Portugiesischen, Spanischen und Englischen beläuft sich die Menschenzahl der sogenannten „Mutterländer" heute nur auf runde 10 % oder weniger der Gesamtzahl[9]. Fürwahr, ein eindrucksvolles Bild, das aber durch Berücksichtigung qualitativer Komponenten nur noch imposanter wird, vor allem im Falle des Englischen.

Heute lernen mehr als drei Viertel aller Sekundarschüler und bereits ein Sechstel aller Primarschüler der Welt Englisch in der Schule[10], in keiner Sprache werden mehr Veröffentlichungen gedruckt, denn Englisch ist die führende Verkehrssprache der modernen Welt, wissenschaftliche Kommunikation mit eingeschlossen. Es dürfte auch als offizielle UNO-Sprache eine größere Rolle spielen als die anderen fünf: Arabisch, Chinesisch, Französisch, Russisch und Spanisch[11], denn Englisch ist ja in 15 souveränen Staaten alleinige offizielle Sprache, in weiteren 33 neben anderen. Dazu kommen noch zehn abhängige Territorien und 19 weitere Länder, in denen es inoffiziell als Handels- oder Bildungssprache eine wichtige Rolle spielt[12]. Natürlich sind darunter allerhand Inselchen, aber auch Giganten wie Indien oder Nigeria. In bescheidenerem Ausmaß gilt Ähnliches für Französisch in weiten Teilen Afrikas, die früher zu Frankreichs Kolonialreich gehört haben. Vermutlich sind es weniger die besonderen Qualitäten dieser Sprachen, etwa der hochentwickelte technische Wort-

---

[8] H. Kloss (Hg.), *Linguistic Composition of the Nations of the World*, 5 Bde. Quebec 1974–1984, Bd. 5, 799–801, 802 f., 814 f., 816 f., 818 f.
[9] Ebd.
[10] Conrad/Fishman (wie Anm. 3), 16. Vgl. dazu die Spezialzeitschriften: TESOL Quarterly (= Teachers of English to Speakers of Other Languages) und: English Worldwide, A Journal of Variations of English.
[11] F. Coulmas, *Sprache und Staat, Studien zur Sprachplanung*. Berlin–New York 1985, 80.
[12] Ebd. 170. Vgl.: J. A. Fishman/C. A. Ferguson/J. Das Gupta (Hgg.), *Language Problems of the Developing Nations*. New York 1968; *Langues et politique de langues en Afrique noire. L'experience de l'UNESCO*. Nubia 1977.

schatz des Englischen, die zum Festhalten an der Sprache der ehemaligen Kolonialherren geführt haben, als politische Notwendigkeiten vielsprachiger neuer Nationen, wo sich die fremde Herrensprache als neutrales Kommunikationsmedium anbietet[13]. So hat sich trotz gegenteiliger Programme das Englische in Indien als unentbehrlich erwiesen, und sei es nur im Hinblick auf den südindischen Widerstand der Sprecher dravidischer Sprachen gegen das nordindische, arische Hindi als verfassungsmäßige Unionssprache[14]. Darüber hinaus aber weisen die europäischen Sprachen für die einheimischen Eliten häufig immer noch ein höheres Prestige als Kultur- und Bildungssprachen auf, so daß nach dem unverdächtigen Zeugnis von Mazrui zumindest in Afrika die Zahl der Familien mit Englisch oder Französisch als Muttersprache eher weiter zunehmen wird[15]. Schließlich gibt es inzwischen längst eine umfangreiche indische oder afrikanische Literatur in englischer Sprache[16] und selbst die Botschaft der „négritude" wurde auf Französisch verkündet, ein Sachverhalt, der schließlich zur Aufnahme eines Afrikaners in die zur Pflege der französischen Sprache gestiftete Académie Française führen sollte[17].

Natürlich wagt heute kein Europäer mehr, von diesen Dingen mit dem rhetorischen Überschwang eines Lorenzo Valla zu sprechen. Die neuen Nationen in den ehemaligen Kolonialreichen sind weit empfindlicher als es die werdenen Nationen Europas im 15. Jahrhundert waren[18]. Und Europa selbst hat seine Zweifel, sogar Frankreich, denn ausgerech-

---

[13] Coulmas (wie Anm. 11), 264. Zum Französischen vgl.: D. Turcotte, *La politique linguistique en Afrique francophone, Une étude comparative de la Côte d'Ivoire et de Madagascar.* Quebec 1981; ders./H. Aubé, *Lois, réglements et textes administratifs sur l'usage des langues en Afrique Occidentale Française (1826–1959).* Quebec 1983.

[14] Coulmas (wie Anm. 11), 186 f., 193; W. Rau, *Die indische Staatssprache während der letzten fünf Jahre.* Saeculum 6 (1955), 180–185; H. Spitzbart, *English in India.* Halle 1976; J. E. Schwartzberg (Hg.), *A Historical Atlas of South Asia.* Chicago 1978, 100–102, 112, 234–236; B. B. Kachru, *The Indianization of English, The English Language in India.* Delhi 1983; ders., *The Other Tongue: English Across Cultures.* Urbana 1982.

[15] A. A. Mazrui, *The Political Sociology of the English Language, An African Perspective.* Den Haag 1975, 9. Vgl.: J. Spencer (Hg.), *The English Language in West Africa.* London 1971; Coulmas (wie Anm. 11), 44 f., aber auch 68 f. zur sprachlichen Re-Ethnifizierung von einheimischen Eliten. Zu einem praktischen Aspekt: C. Treffgarne, *The Role of English and French as Languages of Communication between Anglophone and Francophone West African States.* London 1975.

[16] J. Schäfer (Hg.), *Commonwealth-Literatur.* Düsseldorf 1981.

[17] Coulmas (wie Anm. 11), 127–134.

[18] In späteren Phasen europäischer Nationwerdung, im 19. Jahrhundert und zwischen den Weltkriegen, sah es dann anders aus, vgl. K. W. Deutsch, *The Trend of European Nationalism – the Language Aspect* (1942), in: J. A. Fishman (Hg.), *Readings in the Sociology of Language.* Den Haag-Paris 1968, 598–606.

net dort wurde die Ausbreitung der europäischen Sprachen als „Glottophagie", als „Sprachenfresserei", als eine Art von linguistischem Kannibalismus denunziert[19]. Nun besteht tatsächlich kein Grund und auch nicht mehr die ernsthafte Möglichkeit dazu, europäische Selbstkritik durch einen neuen sprachimperialistischen Hurra-Patriotismus im Sinne Vallas zu ersetzen. Wir sind inzwischen sensibilisiert für den hohen Preis an Erniedrigung und Leid, der für die Expansion Roms wie diejenige Europas zu zahlen war. Und die Linguistik ist inzwischen zu der Erkenntnis gelangt, daß es wohl unterschiedliche Entwicklungsgrade, nicht aber a priori Rang- und Qualitätsunterschiede von Sprachen gibt. Infolgedessen hat sie sich daran gewöhnt, die Ausbreitung einer Sprache nicht deren inhärenter Selbstdurchsetzungskraft (wie das „Wort" bei Luther!), sondern nicht zuletzt auch außersprachlichen Faktoren zuzuschreiben. Damit ist Sprachpolitik ein ernstgenommener Forschungsgegenstand geworden, auch als Bestandteil der Sprachgeschichte[20]. Aus historischen wie linguistischen Gründen ist es daher heute höchst sinnvoll, sprachliche Prozesse als Bestandteile kolonialer Expansion zu untersuchen. Es fragt sich nur, ob der Renaissancehumanismus, um den es hier doch gehen soll, etwas damit zu tun hat, was über den Aufweis einer mehr oder weniger zutreffenden antiken Analogie hinausgeht.

Doch wenn wir nun mit Konzentration auf die Neue Welt im 16. und 17. Jahrhundert einen etwas genaueren Blick auf Sprachentwicklung und Sprachpolitik im kolonialen Milieu werfen, dann wird sich die Allgegenwart der humanistischen Komponente in diesen Prozessen unverzüglich herausstellen. Wir sehen uns daher schließlich sogar veranlaßt, durch interkulturellen Vergleich zu prüfen, ob das im Humanismus kulminierende, spezifisch abendländische Verhältnis zur Sprache nicht sogar eine der Erfolgsbedingungen der europäischen Expansion gewesen ist. Sollte es wirklich gar nichts miteinander zu tun haben, daß sich die Europäer

---

[19] L.-J. Calvet, *Linguistique et colonialisme, Petit traité de glottophagie*. Paris 1974, deutsch: *Die Sprachenfresser, Ein Versuch über Linguistik und Kolonialismus.* Berlin 1980. Ich benutze die französische Ausgabe. Besprechungen von C. Bierbach und H. Schweizer in: Osnabrücker Beiträge zur Sprachtheorie 12 (1979), 160–176.

[20] Zur Re-Historisierung der Sprachwissenschaft vgl. z. B.: H. H. Christmann, *Idealistische Philosophie und moderne Sprachwissenschaft.* München 1974 (Internationale Bibliothek für Allgemeine Linguistik 19); M. Wandruszka, *Die Mehrsprachigkeit des Menschen.* München 1979; P. Fiala, *La langue dans l'histoire, l'histoire dans la langue,* in: P. Achard u. a. (Hgg.), *Histoire et linguistique.* Paris 1983, 73–98; zur Sprachpolitik: H. Glück/H. Jachnow/U. Maas/J. Gessinger/A. Wigger (Hgg.), *Sprachenrecht, Sprachpolitik, Sprachplanung,* 4 Bde. Osnabrück 1977–1980 (Osnabrücker Beiträge zur Sprachtheorie 4, 5, 12, 14); Coulmas (wie Anm. 11). Volker Hinnenkamp/Augsburg danke ich für wertvolle Hinweise zur Linguistik.

die Erde zu einem Zeitpunkt unterwerfen, als sie dank des Humanismus zu den besten Philologen der Welt avanciert sind? Das Wort „Sprachbeherrschung" im Titel bekommt dadurch eine mehrfache Bedeutung: neben Sprache als Herrschaftsinstrument (1) und Herrschaft über Sprachen, die sich aus der Herrschaft über deren Sprecher ergibt (2), steht die Fertigkeit im Umgang mit der eigenen wie den fremden Sprachen (3). Dank dieser sprachlichen wie sachlichen Mehrdeutigkeit, für die der Humanismus mitverantwortlich ist, ergeben sich Modifikationen am überklaren Geschichtsbild der kritischen Linguistik.

Dort verläuft der Prozeß der kolonialistischen „Sprachenfresserei" in drei Phasen: in einer ersten besetzen die neuen Herren die meist städtischen Zentren des eroberten Landes und machen von dort aus ihre Sprache zu der für das „öffentliche" Leben allein maßgebenden, wobei sie durch Einrichtung von Schulen „mutterländischen" Zuschnitts ihre eigene Kultur und Sprache als *die* Kultur und Sprache verbreiten[21]. Die einheimischen Sprachen verlieren dadurch an Prestige, werden zu Un-Sprachen, während die kollaborationswilligen einheimischen Eliten die neue Sprache der Macht erlernen und zweisprachig werden. In der zweiten Phase sind sie dann bereits einsprachige Sprecher der neuen Sprache, während nun die gesamte Bevölkerung der städtischen Zentren zweisprachig geworden ist. Das Landvolk hingegen verharrt noch bei seiner Muttersprache, ein Zustand, der der Spaltung der kolonialen Wirtschaft in einen exportorientierten und einen subsistenzorientierten Sektor entspricht. Schließlich ist eine dritte Phase möglich, in der die einheimischen Sprachen völlig verschwunden, von der eingeführten Herrensprache „aufgefressen" worden sind[22]. Wo es nicht soweit kommt, spiegeln die sprachlichen Interferenzphänomene, insbesondere die Entlehnungen auf der Wortebene[23], die historischen Machtverhältnisse wider. So wird

---

[21] Vgl.: M. Carnoy, *Education as Cultural Imperialism*. New York 1974.
[22] Calvet (wie Anm. 19), 56–79.
[23] Vgl. U. Weinreich, *Languages in Contact. Findings and Problems*. Den Haag 1953, 8. Auflage 1974, deutsch: *Sprachen im Kontakt*, München 1976; L. F. Brosnahan, *Some Historical Cases of Language Imposition*, in: J. Spencer (Hg.), *Language in Africa*. London 1963, 7–24; M. Wandruszka, *Interlinguistik. Umrisse einer neuen Sprachwissenschaft*. München 1971, 2. Aufl. 1976; W. F. Mackey (Hg.), *Bibliographie internationale sur le bilinguisme*. Quebec 1972; ders., *Bilinguisme et contact des langues*. Paris 1976; E. Glyn Lewis, *Bilingualism and Bilingual Education, The Ancient World to the Renaissance*, in: B. Spolsky/R. L. Cooper (Hgg.), *Frontiers of Bilingual Education*. Rowley 1977, 22–93; G. Tesch, *Linguale Interferenz. Theoretische, terminologische und methodische Grundbegriffe zu ihrer Erforschung*. Tübingen 1978 (Tübinger Beiträge zur Linguistik 105); P. Nelde, *Überlegungen zur Kontaktlinguistik*, in: P. S. Ureland (Hg.), *Die Leistung der Stratasforschung und der Kreolistik*. Tübingen 1982 (Linguistische Arbeiten 125), 15–25; P. Mühlhäusler, *Kritische Bemerkungen zu Sprachmischungsuniversalien*, in: ebd. 407–429; E. Oksaar, *Terminologie und Gegen-*

Sprachgeschichte zu einer Art von Archäologie des Kolonialismus[24]. Stammen nicht die meisten Entlehnungen des Englischen aus dem Französischen aus der Zeit, als letzteres in England die Sprache der Macht war bzw. kurz danach, als es ersetzt werden mußte[25]? Fehlen nicht auf der anderen Seite Entlehnungen des Englischen aus westafrikanischen Sprachen so gut wie vollständig, während umgekehrt kräftige Einflüsse festgestellt werden müssen[26]?

Doch die Interferenzphänomene aus dem Bereich der iberischen Expansion bieten ein weniger eindeutiges Bild. Nicht nur das brasilianische Portugiesisch ist mit tausenden von Wörtern indianischen Ursprungs angereichert[27] – das könnte man der angeblichen besonderen Vermischungsbereitschaft der Portugiesen zugute halten. Aber auch die Sprachen der besonders rassestolzen „Herrenvölker", der Spanier und Engländer, haben sich in nicht unbeträchtlichem Umfang amerikanisches Sprachgut angeeignet[28]. Die Reihe der Lehnwörter beginnt in den Texten zur ersten Reise des Columbus 1492 mit „canoa" („Einbaum"), „cacique" („Häuptling"), „cazave" („Yuccamus") und anderen, wobei Namen von Pflanzen und Tieren sowie Bezeichnungen für Bestandteile des einheimischen soziokulturellen Systems vorherrschen. Das gilt auch für die anschließenden Kontakte der Spanier mit den indianischen Hochkulturen und für die ersten Engländer in der Neuen Welt. Freilich war die anfängliche Offenheit rasch beendet, denn die überwiegende Mehrzahl der Lehnwörter stammt aus den ersten Kontaktsprachen, dem Aruak, dann dem Nahuatl und Ketschua bei den Spaniern, Algonquinsprachen im Falle der Engländer. Redundante Entlehnungen sind selten; häufiger haben Spanier und Engländer Aruak- bzw. Algonquinwörter weiter nach Westen getragen und so zur Verbreitung dieser Sprachen beigetragen. Ansonsten waren sie inzwischen dazu übergegangen, das Neue in erster Linie mit dem Material der eigenen Sprache zu bewältigen,

---

stand der Sprachkontaktforschung, in: W. Besch/O. Reichmann/S. Sonderegger (Hgg.), *Sprachgeschichte. Ein Handbuch zur Geschichte der deutschen Sprache und ihrer Erforschung,* Bd. 2, 1. Berlin–New York 1984, 845-854.

[24] Calvet (wie Anm. 19) 90.
[25] Ebd. 99 f.
[26] Vgl. J. Spencer (Hg.), *The English Language in West Africa.* London 1971, bes. 123-144: A. Kirk-Greene, *The Influence of West African Languages on English.*
[27] W. Reinhard, *Geschichte der europäischen Expansion, Bd. 2: Die Neue Welt.* Stuttgart 1985, 118.
[28] E. F. Tuttle, *Borrowing versus Semantic Shift, New World Nomenclature in European Languages,* in: F. Chiappelli (Hg.), *First Images of America, The Impact of the New World on the Old,* Bd. 2. Berkeley 1976, 595-611; Y. Malkiel, *Changes in the European Languages under a New Set of Sociolinguistic Circumstances,* in: ebd. 581-593.

anscheinend weniger durch Lehnprägungen als durch semantische Neologismen wie „pavo" („Pfau") für Truthahn oder „corn" („Weizen" oder „Roggen") für Mais sowie durch Neuschöpfungen wie „Casa de Contratación" oder „poison ivy". Lehnwörter im Spanischen sind vom indianischen Vorbild oft weniger weit entfernt als im Englischen, wo Verzerrungen bis zu den bekannten Volksetymologien auftreten, etwa „muskrat", im Deutschen dann „Bisamratte", für Algonquin „musquash" (was mit Moschus nichts zu tun hat). Sicherlich stand das Spanische vielen Indianersprachen phonologisch näher[29], man sollte aber auch die Vermittlung durch zweisprachige Sprecher, die im spanischen Bereich sehr viel zahlreicher waren, nicht unterschätzen[30]. Mit anderen Worten, die Interferenzphänomene erweisen sich bereits in den Sprachen der Kolonialherren als teilweise sozial, politisch und sogar ideologisch bedingt.

Und was den Umgang mit den einheimischen Sprachen Amerikas angeht, so stoßen wir bereits in den Anfängen der Conquista auf Zeugnisse für linguistische Ideologien. Auf der einen Seite handelt es sich im Sinne einer realistischen Philosophie um die Vorstellung von einer Isomorphie von Sprache und Wirklichkeit. Danach könnte es keine eigentlichen Verständigungsschwierigkeiten geben, weil die Indianersprachen den europäischen ähnlich oder sogar mit ihnen verwandt seien[31]. Derartiges möchte ich von dem Humanisten Petrus Martyr von Anghiera annehmen, wenn er berichtet, Columbus habe festgestellt, die Indianersprachen seien leicht in lateinischen Buchstaben zu schreiben und ebenso leicht zu lernen[32]. Auf der anderen Seite begegnet uns die uralte Vorstellung, die von nominalistischer Ablehnung der Isomorphie indirekt verstärkt werden konnte[33], daß Fremde Barbaren seien und daher, wie der Name sagt, nicht nur eine unverständliche, sondern auch eine minderwertige Sprache sprächen, sofern sie nicht wie Tiere überhaupt ohne rechte Sprache seien. In der kapholländischen Bezeichnung „Hot-

---

[29] Vgl. Peter Martyr von Anghiera, *Acht Dekaden über die Neue Welt,* übers. u. hg. v. H. Klingelhöfer, Bd. 1. Darmstadt 1972, 32 (I,I 5); Tuttle (wie Anm. 28), 605.
[30] Tuttle (wie Anm. 28), 605.
[31] S. J. Greenblatt, *Learning to Curse, Aspects of Linguistic Colonialism in the 16th Century,* in: Chiappelli (wie Anm. 28), 561–580. Zur immer noch üblichen naiven Isomorphie vgl.: E. Gläser, *Dolmetschen im Mittelalter,* in: K. Thieme u. a., *Beiträge zur Geschichte des Dolmetschens.* München 1956, 65.
[32] Wie Anm. 29.
[33] Nicht zufällig ist der Pariser Nominalist John Major (ca. 1469–1550) Verfechter der Minderwertigkeit der Indianer, vgl. A. Pagden, *The Fall of Natural Man, The American Indian and the Origins of Comparative Ethnology.* Cambridge 1982, 38–41; zu Major als Theologen: H. Feld, *Die Anfänge der modernen biblischen Hermeneutik in der spätmittelalterlichen Theologie.* Wiesbaden 1977, 83–100.

tentotten" („Stammler") für die Nama lebt diese Art deskriptiver Linguistik bis in die Gegenwart fort[34]. Einen frühen Beleg finden wir ebenfalls bei Anghiera, wenn er berichtet, im Innern Hispaniolas gebe es wilde Männer, die ohne Sprache und Gesittung dahinlebten[35]. Die klassische literarische Ausgestaltung dieses Topos ist bekanntlich Caliban in Shakespeares „Sturm", dessen Name ein Anagramm von „canibal" darstellt, was wiederum eine Entlehnung des Stammesnamens der kriegerischen „Kariben" der „Karibik" gewesen ist[36].

Die Vorstellung vom Fremden als Barbaren ohne Gesittung und Sprache ist so alt und allgegenwärtig, daß man sie getrost zur Grundausstattung im Verhaltenskodex menschlicher Gruppen rechnen darf. Auch heute ist sie lebendiger, als man annehmen möchte. Trocken schließt schon Aurelius Augustinus seine Ausführungen über die menschentrennende Verschiedenheit der Sprachen mit der Bemerkung, der Mensch ziehe ja die Gesellschaft eines Hundes derjenigen eines Fremden vor[37]. Selbst die Metaphern zur Schilderung der Barbaren können interkulturell identisch sein. Bei den Griechen wurde topisch das unverständliche Geplapper der Barbaren mit dem Gezwitscher von Vögeln verglichen, und zwar keineswegs von Nachtigallen[38]. Desgleichen krächzen auch bei dem chinesischen Klassiker Menzius die Südbarbaren – das sind die Japaner – wie gewisse Vögel[39]. Man kann die Barbaren auch schlicht für stumm erklären, wie bei Sophokles, wo die Alternative zu Griechenland ein „Land ohne Sprache" ist[40], oder bei den Slawen, wo die Bezeichnung für den deutschen Nachbarn „němec" nichts anderes als „stumm" bedeutet[41]. Der altgriechische Ethnozentrismus benutzte zur Kennzeichnung der Antinomie von Hellenen und Barbaren regelmäßig den Vergleich der letzteren mit Tieren, auch und gerade Aristoteles, dessen Autorität im 16. Jahrhundert keineswegs im Schwinden begriffen war[42]. Und wenn sich seit den Sophisten und der Stoa die Vorstellung von der wesenhaften

---

[34] A. Borst, *Der Turmbau von Babel, Geschichte der Meinungen über Ursprung und Vielfalt der Sprachen und Völker*, 4 Tle. in 6 Bdn. Stuttgart 1957–1963, Bd. 3,1, 1305.
[35] Peter Martyr von Anghiera (wie Anm. 29), 303 (III, VIII 49).
[36] Greenblatt (wie Anm. 31); als Metapher des Kolonialismus verwendet bei: D. O. Mannoni, *Prospero and Caliban, The Psychology of Colonization*. New York 1956, französisch: Paris 1950.
[37] De Civitate Dei XIX 7.
[38] J. Jüthner, *Hellenen und Barbaren, Aus der Geschichte des Nationalbewußtseins*. Leipzig 1923 (Das Erbe der Alten NF 8), 1.
[39] Mong Dsi, *Die Lehrgespräche des Meisters Meng K'o*, übers. v. R. Wilhelm. Köln 1982, 98.
[40] Jüthner (wie Anm. 38), 4.
[41] Ebd.
[42] Ebd. 7, mit Fundstellen.

Gleichheit aller Menschen durchsetzt, so ist die Folge nicht ein Verschwinden, sondern eine Verlagerung des Barbarenbegriffs. Hellene ist nun, wer gebildet, Barbar, wer ungebildet und roh ist[43]. Ungeachtet einer bisweilen damit einhergehenden Idealisierung des einfachen Lebens und des edlen Wilden[44] ist angesichts der kontinuierlichen Propaganda des Renaissancehumanismus von Petrarca bis Erasmus gegen sprachliche „barbaries" zunächst nicht mit viel humanistischer Sympathie für „Wilde" zu rechnen, die nicht einmal Latein können.

In der Tat wurde das Barbarei-Argument von Anfang an gegen die Indianer ausgespielt. Wenn man sie nicht als Halbtiere betrachten wollte, dann zumindest als minderbegabt und der Rationalität nicht fähig. Und wenn man ihnen nicht völlige Sprachlosigkeit vorwerfen konnte, dann zumindest Schriftlosigkeit[45]. Spanische Kronjuristen[46], Theologen[47] und Philosophen[48] wetteifern im Rekurs auf Aristoteles, bei dem ja zu lesen steht, daß bestimmte Menschen infolge ihrer natürlichen Inferiorität Sklaven von Natur aus, d. h. in diesem Fall aber zu ihrem eigenen Besten zu Untertanen der Spanier bestimmt sind. Klassiker dieser Position wurde der humanistische Aristoteliker und Historiker Juan Ginés de Sepúlveda durch seine Kontroverse mit dem Verteidiger der Indianerrechte Bartolomé de las Casas, der ihm bedeutete, daß der Barbarenbegriff zu relativieren sei, weil die Menschen stets das ihnen jeweils Fremde als barbarisch etikettieren würden[49]. Schon vorher hatte Francisco de Vitoria die von ihm keineswegs bestrittene Barbarei der Indianer schlicht auf mangelnde Erziehung zurückgeführt und festgestellt, daß auch spanische Bauern aus demselben Grund manchmal mehr Tieren als Menschen glichen[50]. Aber selbst eine von den Verteidigern der Indianer erwirkte päpstliche Bulle, in der 1537 feierlich erklärt wurde, Indianer seien vernunftbegabte menschliche Wesen und als solche der Christianisierung fähig[51], vermochte der Beliebtheit des Arguments keinen Abtrag

---

[43] Ebd. 49–59.
[44] Vgl. A. O. Lovejoy/G. Boas u. a., *Primitivism and Related Ideas in Antiquity*. Baltimore 1935, Ndr. New York 1965.
[45] Vgl. z. B. Bartolomé de las Casas, *In Defense of the Indians,* übers. u. hg. v. S. Poole. Dekalb 1974, 30 f.
[46] Insbesondere Palacios Rubios, vgl.: Pagden (wie Anm. 33), 51–55 u. ö.
[47] Neben John Major noch andere, vgl. ebd. 38 f., 49 f.
[48] Ebd. 48 f. ein Beispiel.
[49] Nach: Borst (wie Anm. 34), Bd. 3,1, 1157.
[50] Nach: Pagden (wie Anm. 33), 97.
[51] Bulle „Sublimis Deus", vgl. Reinhard (wie Anm. 27), 65.

zu tun. Noch 1567 lesen wir bei dem Juristen Juan de Matienzo, daß Indianer zwar

> „an der Vernunft teilhaben insofern sie sie spüren, sie aber nicht besitzen oder ihr folgen. Darin unterscheiden sie sich nicht von den Tieren (obwohl Tiere Vernunft nicht einmal verspüren), denn sie sind [ebenfalls nur] von ihren Leidenschaften beherrscht"[52].

Und Ende des Jahrhunderts muß José de Acosta immer noch das Vorurteil bekämpfen, sie seien „rohe und viehische Leute ohne Verstand, oder mit sowenig, daß er kaum diesen Namen verdient". Und vor allem viel zu dumm, um richtig Spanisch zu lernen[53] – ein Argument, auf das wir noch zurückkommen müssen.

Wenn der humanistische Barbaries-Topos benutzt wird, um die spanische Kolonialherrschaft über die angeblichen Wilden zu legitimieren, dann könnte man von philologischer Gelehrsamkeit, die sich bemühte, durch Wortvergleich die altweltliche Herkunft der Indianer nachzuweisen, erwarten, daß sie statt dessen zu deren Gleichberechtigung beigetragen habe. Es ist ja seit der Antike im Abendland durchaus üblich, den Anspruch auf kulturelle und sogar politische Gleichrangigkeit genealogisch zu begründen und dabei mit wirklicher oder vorgeblicher Sprachverwandtschaft zu argumentieren[54]. So kamen bereits die Römer, später dann die Briten zu trojanischen Vorfahren. ... Und durch Kultur- und Sprachvergleich sowie durch Verknüpfung mit antiken und biblischen Mythen entstand eine ganze Palette von Theorien zur Herkunft der Indianer[55]. Über Atlantis sollen Nachkommen desselben Noah-Enkels, der auch Spanien besiedelt hatte, nach Amerika gekommen sein. Weil es bei den Mayas Anklänge an Griechisches gibt, soll Odysseus Yukatan erreicht haben. Bezeichnet die Silbe „teo" im Nahuatl nicht dasselbe wie „theos" im Griechischen, nämlich „Gott"? Dazu kommen unter Berufung auf Esdra die sogenannten „verlorenen Stämme" Israels, eine Theorie, die sich durch Vermittlung Neuenglands bei den Mormonen bis

---

[52] Pagden (wie Anm. 33), 42, 208, 246.
[53] A. Filgueira Alvado, *Capacidad intelectual y actitud del Indio ante el Castellano, Algunos factores sociolingüísticos en la castellanización colonial.* Revista de Indias 39 (1979), 170 u. ö. Zum Weiterleben dieser Vorurteile vgl. R. A. Reissner, *El indio en los diccionarios. Exegesis lexica de un estereotipo.* Mexico o. J.
[54] Jüthner (wie Anm. 38), 69 f.
[55] Vgl. L. Eldridge Huddleston, *Origins of the American Indians, European Concepts 1492–1729.* Austin 1967 (Latin American Monographs 11).

heute gehalten hat[56]. Obwohl José de Acosta bereits Ende des 16. Jahrhunderts derartige Thesen empirisch zerfetzt und den beliebten Wortvergleich als unseriös gebrandmarkt hatte[57], lebte das Verfahren fröhlich weiter. Ein so bedeutender Gelehrter wie Hugo Grotius zollte ihm Tribut[58], und noch 1681 argumentierte Diego Andrés Rocha mit kastilischen und sogar baskischen Wörtern in Indianersprachen, z. B. mit der Silbe „gua" im spanischen „Guadalquivir" und amerikanischen „Guatemala"[59]. Gerade bei ihm zeigt sich aber, daß das erkenntnisleitende Interesse dieser philogogischen Arbeit nicht die Würde des Indianers, sondern die Legitimation seiner Beherrschung durch die Spanier gewesen ist. Von den noachitischen Ursprüngen seiner Bevölkerung her ist Amerika bereits spanisch!

Vor allem aber hat humanistisches Sprachdenken dem iberischen Imperialismus durch Verherrlichung der „mutterländischen" Sprachen als ideologisches Vehikel gedient, wobei der Bezug auf die eingangs zitierte Valla-Stelle nicht zu übersehen ist. Der spanische Humanist Antonio de Nebrija veröffentlichte im Jahr der Entdeckung Amerikas 1492 eine kastilische Grammatik, die erste für eine europäische Nationalsprache überhaupt[60]. Obwohl er nicht ahnen konnte, was kommen würde, stimmte er im Vorwort imperiale Töne an: Geist und Sprache eines Volkes, das auf dem Höhepunkt seiner Macht steht, bleiben lebendig; in diesem Sinn folgt auf das hebräische, griechische und lateinische Zeitalter nun das spanische[61]. Deutlicher und häufiger äußern sich Portugiesen, denn ihr hochentwickeltes Sprachbewußtsein steht ja im Dienste der nationalen Selbstbehauptung gegen Kastilien und das Kastilische. Greifen wir aus dem Chor der vielen Stimmen des portugiesischen Humanismus João de Barros heraus, bezeichnenderweise nicht nur der Livius der portugiesischen Expansion, sondern auch der Verfasser einer portugiesischen Grammatik und eines Dialogs über die portugiesische Sprache, der 1540 erschien. Maßstab ist immer noch das Lateinische, aber

---

[56] Alle gesammelt bei: P. Sarmiento de Gamboa, *History of the Incas*. London 1907, Ndr. 1967 (Hakluyt Society Second Series 22), 19–27.
[57] José de Acosta, *The Natural and Moral History of the Indies*, 2 Bde. London 1880, Ndr. 1970–1973 (Hakluyt Society First Series 60–61), 39 f. Vgl. auch Huddleston (wie Anm. 55), 49.
[58] Borst (wie Anm. 34), Bd. 3,1, 1300; Huddleston (wie Anm. 55), 120.
[59] Huddleston (wie Anm. 55), 91 f.
[60] *Gramática de la lengua Castellana* 1492, vgl.: J. Howland Rowe, *Sixteenth and Seventeenth Century Grammars*, in: D. Hymes (Hg.), *Studies in the History of Linguistics, Traditions and Paradigms*. Bloomington-London 1974, 372.
[61] Nach: Borst (wie Anm. 34), Bd. 3,1, 1136.

das Portugiesische ist allen Sprachen und besonders der kastilischen darin überlegen, daß es die lateinische Substanz in Wortschatz und Orthographie (von der Aussprache ist m.W. nicht die Rede!) nicht nur am reinsten bewahrt, sondern sie als lebendige Sprache sogar noch vervollkommnet hat. Damit erscheint ihr Anspruch auf Weltgeltung nur konsequent. Und in der Tat ist sie das Medium für die Ausbreitung des Glaubens wie der portugiesischen Macht in alle Erdteile. Christlicher Glaube, portugiesische Sitte und Sprache werden aber länger dauern als die politische Macht über die Barbaren, die übrigens definiert werden als Leute, die Portugiesisch nicht korrekt schreiben und aussprechen können[62].

Die spanische Sprachpolitik in Amerika scheint auf den ersten Blick dieser Neuauflage des lateinischen Assimilationsgedankens[63] ganz und gar zu entsprechen. Wie man im neueroberten Granada die Predigt des Christentums in arabischer Sprache rasch durch Zwang zum Spanischen und kulturellen Assimilationsdruck ersetzt hatte[64], so ging man auch in Amerika davon aus, daß die Eingeborenen gleichsam von selbst Sprache, Lebensweise und Religion der Spanier übernehmen würden[65]. Das war der Inbegriff der durchaus vorhandenen entwicklungspolitischen Konzeption der spanischen Krone[66]. Sie lag expressis verbis dem maßgebenden Befehl an die Vizekönige vom 7. Juni/17. Juli 1550 zugrunde, der regelmäßigen Spanischunterricht für Indianer vor allem den Missionsorden zu Pflicht machte[67]. Doch die „Sprachenfresser" gingen keineswegs unverzüglich ans Werk. Denn obwohl die Missionare nicht selten der Auffassung waren, die Indianersprachen seien zu „arm an Wörtern, Namen und Ausdrücken, um wichtige Dinge wiederzugeben"[68], und daher zur Vermeidung interkultureller Mißverständnisse[69] die christlichen Schlüsselbegriffe wie „Dios", „santo", „trinidad", „gracia", „cruz", „sacramento", „bautismo" als Fremdwörter in die Indianersprachen ein-

---

[62] A. E. Beau, *Nation und Sprache im portugiesischen Humanismus*. Volkstum und Kultur der Romanen 10 (1937), 65–82.
[63] J. Wils, *Aspects of Sacred Language*. Babel 9 (1963), 36–48.
[64] R. Konetzke, *Die Bedeutung der Sprachenfrage in der spanischen Kolonisation Amerikas*. Jahrbuch für Geschichte von Staat, Wirtschaft und Gesellschaft Lateinamerikas 1 (1964), 72–116.
[65] Vgl. Peter Martyr von Anghiera (wie Anm. 29), 133 (II,I 1), 314 (III,IX 56).
[66] Reinhard (wie Anm. 27), 60.
[67] *Colección de Documentos para la Historia de la Formación Social de Hispanoamerica 1493–1810*, hg. v. R. Konetzke, 3 Bde. Madrid 1953–1962, Bd. 1, 272; gekürzte Fassung in: *Recopilación de las Leyes de los Reynos de las Indias*, 4 Bde. Madrid 1681, Ndr. 1973, Bd. 2, 190.
[68] Konetzke (wie Anm. 64), 87, nach: *Colección* (wie Anm. 67), Bd. 1, 570.
[69] Wie sie z. B. der Jesuitenmissionar Franz Xaver in Japan erleben mußte, vgl. G. Schurhammer, *Das kirchliche Sprachenproblem in der japanischen Jesuitenmission*. Tokio 1928.

führten[70], hielten sie doch an der Glaubensverkündigung in der Muttersprache als der besten Missionsmethode fest und machten daher ihren Ordensmitgliedern das Erlernen von Indianersprachen zur unbedingten Auflage. Das konnte auf einer hohen Einschätzung dieser Sprachen beruhen[71], aber auch auf einer Geringschätzung der indianischen Fähigkeit, eine ausreichende Kenntnis des Spanischen zu erwerben, die ihrerseits mit der Auffassung vom Indianer als Barbar oder zumindest als unmündigem Kind, das der Vormundschaft bedarf, zusammenhängen dürfte[72]. Infolgedessen leisteten die Missionare, obwohl von der Krone bezahlt, deren Hispanisierungspolitik häufig Widerstand, so daß sich im Ergebnis in der Kirche eine pragmatische Zweisprachigkeit einpendelte[73]. Doch als Ende des 16. Jahrhunderts das Scheitern der Christianisierungs- und Hispanisierungspolitik am massiven verdeckten Weiterleben des Heidentums offenbar wurde[74], dessen Vehikel die einheimischen Sprachen waren[75], schlug der Indienrat am 20. Juni 1596 vor, andere Saiten aufzuziehen. In Kirche und Staat sollte eine energische Politik der Zwangshispanisierung eingeleitet werden, wobei alles auf Schulunterricht für die Kinder ankäme, der der kommenden Generation das Spanische vertraut machen und sie die Muttersprache vergessen lassen sollte. Zur Begründung diente zunächst nur der offensichtliche Zusammenhang von Sprache und Religion auf der heidnischen wie der christlichen Seite[76], wir wissen aber, daß auch die spanische Reichsideologie dahinter steckte. „Es ist [doch] traurig, daß die Römer und Griechen den Besiegten ihre Sprachen gaben, wir aber nicht den Indianern"[77]. Eine Zusammenfassung dieser Argumentation lieferte der berühmte Jurist Solorzano im 26. Kapitel des 2. Buches seiner „Politica Indiana" von 1647[78], obwohl oder gerade weil sie nicht zum Erlaß einer entsprechenden Verordnung geführt hatte. Denn König Philipp II. entschied sich 1596 gegen Zwang und für Beibehaltung der Zweisprachigkeit[79], mit dem Erfolg, daß die Vertreter der Reichseinheit gegen Ende des 18. Jahrhun-

---

[70] E. J. Burrus. *The Language Problem in Spain's Overseas Dominions*. Neue Zeitschrift für Missionswissenschaft 35 (1979), 164.
[71] Vgl. Rowe (wie Anm. 60), 364.
[72] Vgl. Filgueira Alavado (wie Anm. 53).
[73] Konetzke (wie Anm. 64), 86 f.
[74] Vgl. Reinhard (wie Anm. 27), 81 f.
[75] Konetzke (wie Anm. 64), 87 f.
[76] *Colección* (wie Anm. 67), Bd. 2, 38–40.
[77] Nach: Konetzke (wie Anm. 64), 89 Anm. 48.
[78] Juan de Solorzano y Pereyra, *Politica Indiana*, hg. v. J. M. Ots Capdegui, 5 Bde. Madrid 1930, Ndr. 1972 (Biblioteca de autores espanoles 252–256), Bd. 1, 395–403.
[79] *Colección* (wie Anm. 67), Bd. 2, 39.

derts im Zeichen des „aufgeklärten Absolutismus" die Spanischkenntnisse der Indianer immer noch als höchst unzureichend empfanden. 1769 schrieb der Erzbischof von Mexiko an den König: „Es hat keine Kulturnation in der Welt gegeben, die ihr Reich ausdehnte und dabei nicht dasselbe für ihre Sprache erstrebte"[80], Reichseinheit und Glaubensverbreitung verlangen beide gebieterisch die Unterdrückung der Indianersprachen, um die es im übrigen angesichts ihrer Minderwertigkeit auch nicht weiter schade wäre[81]. 1770 wurden prompt entsprechende Bestimmungen erlassen, denn es galt als ausgemacht, daß die Indianer vor allem durch Ausrottung ihrer Muttersprache zu braven Untertanen und guten Christen gemacht werden könnten[82]. Das klingt weit eher als Früheres nach „Sprachenfresserei", scheint aber auch nicht erfolgreicher gewesen zu sein.

Denn wenn wir auf die Ergebnisse schauen, dann hat die spanische Politik halbherziger Zweisprachigkeit, die ja einer ebenso inkonsequent verwirklichten Politik der Rassentrennung im Sinne eines frühen Konzepts „getrennter Entwicklung" entspricht[83], eine beachtliche Selbstbehauptung indianischer Sprachen zur Folge gehabt. Verglichen mit anderen historischen Fällen wären die Bedingungen für eine weit vollständigere Durchsetzung des Spanischen nämlich durchaus gegeben gewesen: langdauernde Kolonialherrschaft, Vielsprachigkeit der Kolonie, Charakter der dominierenden Sprache als Instrument sozialen Aufstiegs[84]. Statt dessen haben wir nicht nur Zeugnisse für unzureichende Sprachkenntnisse der Indianer[85], sondern genug Quellen, die von ihrer ausgesprochenen Abneigung gegen das Spanische berichten, eingeschlossen die widerwillige Zweisprachigkeit von Leuten, die das Spanische zwar verstehen, sich aber weigern, es zu gebrauchen. Filgueiro Alvado meint feststellen zu können, daß diese Verweigerung in den alten Hochkulturzonen, wo sich das Spanische zuerst rasch verbreitete, am häufigsten und erfolgreichsten gewesen sei[86]. Dazu kam die Rückendeckung durch manche Missionare, etwa jenen Jesuiten in Niederkalifornien, dessen Schüler dem Erzbischof und Vizekönig auf Befragen gestanden, sie beherrschten Gebete und Glaubenslehre nicht auf Spanisch, son-

---

[80] Nach: Konetzke (wie Anm. 64), 96 Anm. 79.
[81] Ebd. 97.
[82] Ebd. 105.
[83] Vgl. M. Moerner, *La Corona española y los foraneos en los pueblos de indios de America*. Stockholm 1970.
[84] Brosnahan (wie Anm. 23).
[85] Konetzke (wie Anm. 64), passim.
[86] Filgueira Alvado (wie Anm. 53), 177–185.

dern in ihrer Muttersprache, und der auf den strikten Befehl zum Gebrauch des Spanischen ungerührt mit der Feststellung antwortete: „Arme Indianer, wenn wir solchen Befehlen gehorchen würden"[87]. Festhalten an der Muttersprache ist in kolonialer Situation eine der wichtigsten Möglichkeiten breiten passiven Widerstandes[88]. Dabei bietet die hergebrachte Religion die wohl wichtigste Verstärkungsmöglichkeit für soziale Distanz[89]. Doch kann auch eine neue, von Missionaren eingeführte Religion auf lange Sicht eine ähnliche Funktion übernehmen, falls sie konsequent in der dominierten Sprache gepredigt wird[90]. Das wird häufig übersehen, weil die kurzfristigen Auswirkungen eher in die entgegengesetzte Richtung verlaufen, wenn die neue Religion zugleich diejenige der Kolonialherren ist.

Doch vermag sie vielleicht auch dann den notorischen Selbsthaß des sozio-kulturellen und linguistischen Renegaten[91] zu mildern und ihn zu synkretistischen Anstrengungen ermutigen, die aus der Perspektive heutiger Kolonialkritik freilich gerne als Verrat oder Korruption von Kommunikation denunziert werden[92]. So hat der Inca Garcilaso de la Vega bei grundsätzlicher Bejahung des neuen Herrschaftssystems doch der Gewalt der Conquista die indianische Friedensordung eines idealisierten Inkareiches gegenübergestellt[93], zugleich ein früher Fall literarischer Aktivität eines Produktes kolonialer Expansion in der Sprache der Kolonialherren. In Mexiko gibt es Entsprechendes, dazu aber noch umfangreiche Aufzeichnungen indianischer Traditionen durch Missionare in Nahuatl. So wurde indianischen Sprachen zum ersten Mal Schriftform gegeben, denn was im alten Amerika an Schriften entwickelt wurde, ist

---

[87] Nach: Burrus (wie Anm. 70), 164 f.
[88] Interessante Beobachtungen in dieser Hinsicht lassen sich an den Cherokee-Indianern in North Carolina und Oklahoma anstellen, vgl.: J. Gulik, *Language and Passive Resistance among the Eastern Cherokees*. Ethnohistory 5 (1958), 60–81; J. K. White, *On the Revival of Printing in the Cherokee Language*. Current Anthropology 3 (1962), 511–514.
[89] Man vgl. das „Gastarbeiterdeutsch" in der BRD, dazu: I. Keim, *Gastarbeiterdeutsch als Spiegel des Kontaktprozesses,* in: Ureland: *Leistung* (wie Anm. 23), 441, und besonders die Rolle des Islam für die Aufrechterhaltung der Identität der türkischen Gruppe.
[90] Etwa im Fall der frühen Slawenmission: R. Jakobson, *The Beginning of National Self-Determination in Europe (1945)*, in: Fishman (wie Anm. 18), 585–597.
[91] R. L. Ninyoles, *Selbsthaß und andere Reaktionen*, in: G. Kremnitz (Hg.), *Sprachen im Konflikt, Theorie und Praxis der katalanischen Soziolinguisten*. Tübingen 1979 (Tübinger Beiträge zur Linguistik 117), 102–110.
[92] S. Jákfalvi-Leiva, *Traduccion, escritura y violencia colonizadora, Un estudio de la obra del Inca Garcilaso*. Syracuse 1984.
[93] Ebd. 59.

kaum über eine Kombination von Bilder- und Rebusschrift hinausgekommen und stellt insofern keine Schriftlichkeit im strengen Sinn dar[94].

Die Folge dieser Verschriftung ist zunächst einmal, daß uns linguistisches Quellenmaterial konserviert wurde, so in Mexiko massenhaft Archivalien, die in Nahuatl von Nahuatlsprechern für Nahuatlsprecher geschrieben wurden. Damit ist nicht nur das Weiterleben der Sprache in der Kolonialzeit belegt, sondern es läßt sich damit und mit den Sammlungen der Missionare auch der Einfluß des Spanischen auf eine dominierte Sprache genauer untersuchen. Für den Zeitraum 1548–1736 ist man dabei zu folgenden Ergebnissen gekommen: In der Mitte des 16. Jahrhunderts ist der Widerstand der Sprachgemeinschaft gegen das Spanische nicht zu verkennen. Ähnlich wie im oben geschilderten umgekehrten Fall, aber in der Gewichtung grundverschieden, werden zunächst nur die allernotwendigsten Namen entlehnt, während ansonsten semantische Neologismen und umschreibende Neubildungen bevorzugt wurden; man blieb in der eigenen Sprache. Die Bedeutung von „ichcatl" („Baumwolle") wird ausgeweitet auf „Wolle" und schließlich auf „Schaf"[95]; „tentzone" („Besitzer eines Bartes") umschreibt „Ziege"[96], „cavallo ypan ycpolli" („Sitz auf einem Pferd") „Sattel"[97] und „castilla xonacatl" („Kastilische Zwiebel") „Knoblauch"[98]. Die spanischen Wörter für „Pferd" und „Kastilien" gehören dabei offensichtlich zu den unausweichlichen Entlehnungen. In einer zweiten Phase seit dem späten 16. Jahrhundert werden reichlich Nomina entlehnt, aber keine Verben, höchstens bildet man neue Verben aus Lehnwörtern. Das spanische Material wird aber dem Nahuatl stark assimiliert. Da es dort keine Unterscheidung von stimmhaft und stimmlos gibt, wechseln z. B. „tipudados" und „diputados"[99]. Spanische Wörter werden der dort üblichen Nasalierung unterworfen, „tasación" wird zu „tansanción"[100], und können strukturell vollständig integriert werden. So erscheint z. B. in dem Wort „amotlaçoanimantzin" („deine lieben Seelen") das Lehnwort „anima" verbunden mit einem

---

[94] Vgl. J. Friedrich, *Geschichte der Schrift unter besonderer Berücksichtigung ihrer geistigen Entwicklung*. Heidelberg 1966; D. Diringer/R. Regensburger, *The Alphabeth. A Key to the History of Mankind*, 2 Bde. 3. Aufl. London 1968; H. Jensen, *Die Schrift in Vergangenheit und Gegenwart*, 3. Aufl. Berlin 1969.
[95] F. Karttunen/J. Lockhart, *Nahuatl in the Middle Years, Language Contact Phenomena in Texts of the Colonial Period*. Berkeley 1976, 42.
[96] Ebd.
[97] Ebd. 40.
[98] Ebd. 42.
[99] Ebd. 2.
[100] Ebd.

Adjektiv, in der Besitzform und mit einem Respektssuffix[101]. Die dritte Phase ist schließlich durch geringere Assimilation der neuen Lehnwörter, durch Lehnbildungen, durch Übernahme von Verben und Partikeln, durch Veränderungen der Morphologie und Syntax gekennzeichnet. Offenbar war im späten 17. Jahrhundert der Alltagskontakt mit der zahlenmäßig stark angewachsenen Gemeinschaft der Spanischsprecher so intensiv, daß man spanische Ausdrücke brauchte. Diese Phase dauert anscheinend noch an, doch hat sich die Grundstruktur des Nahuatl nach wie vor behauptet[102].

Ähnliches läßt sich auch anderswo feststellen. Es gibt nicht nur in Mexiko heute noch spanisch-indianische Zweisprachigkeit[103], sondern in den Anden ca. 1 Mio. reine Aymará-Sprecher, die erst neuerdings stärker unter spanischen Einfluß geraten[104], oder Ketschua-Rückzugsgebiete, die durch Eindringen moderner Verkehrsmittel aufgebrochen wurden[105]. Und in Yucatan behaupteten sich Maya-Sprachen nicht zuletzt dank der Verschriftung durch Missionare in solchem Umfang, daß sie noch im 19. Jahrhundert in der „Guerra de Castas" eine erfolgreiche nativistische Bewegung und sogar ein verhältnismäßig langlebiges indianisches Gegen-Gemeinwesen tragen konnten[106]. Freilich scheinen Indianersprachen, die sich lange behauptet haben, *heute* stärker unter Assimilationsdruck zu geraten als je zuvor, so daß Zweifel an der Wirksamkeit oder sogar der Ernsthaftigkeit des „indigenismos" angemeldet werden können[107].

In Paraguay sieht es freilich anders aus. Während man sonst in Lateinamerika Zweisprachigkeit als Übergangsstadium von einer Einsprachigkeit zur nächsten auffassen kann, als Schritt zum kulturellen Weiß-Werden ganz im Sinne der „Sprachenfresser"-Theorie, liegt in Paraguay bei 52% der Bevölkerung und bei 76% der Einwohner der Hauptstadt dauernde Zweisprachigkeit vor. Dabei ist das Guaraní die Muttersprache

---

[101] Ebd. 18.
[102] Ebd. 49. Nicht zugänglich war mir: J. E. Hill/ K. C. Hill, *Speaking Mexicano, Dynamics of Syncretic Language in Central Mexico*. 1986.
[103] R. E. Hamel/H. Muñoz Cruz, *Conflit de diglossie et conscience linguistique dans des communautés indigènes bilingues en Mexique*, in: N. Dittmar/B. Schlieben-Lange, *Die Soziolinguistik in romanischsprachigen Ländern*. Tübingen 1982, 249–269.
[104] M. Roudný, *Palabras españoles en la lengua aimará*. Ibero-Americana Pragensia 13 (1982), 89–98.
[105] B. Gnärig, *Zwischen Quechua und Spanisch, Sprachwahl und -verwendung als Momente kultureller Konkurrenz, Zwei Beispiele aus Peru*. Frankfurt 1981.
[106] W. Kummer, *Die Geschichte der Sprach- und Indigenismuspolitik in Yucatan (Mexiko)*, in: Osnabrücker Beiträge 14 (wie Anm. 20), 2–74.
[107] Zu diesem Schluß kommt Gnärig (wie Anm. 105).

der ländlichen Bevölkerung; Spanisch wird erst in der Schule gelernt[108]. Und Guaraní ist dortzulande auch offizielle Sprache, ein Zustand, den sich Peru trotz alles „indigenismo" nicht herzustellen getraute[109]. Grundlage für diesen bemerkenswerten Zustand ist die Leistung der Jesuitenmissionare des 17. Jahrhunderts, die das Guaraní zur Schriftsprache gemacht, lexikalisch erfaßt und eine Orthographie (einschließlich diakritischer Zeichen für die Aussprache) sowie eine Grammatik erarbeitet haben[110].

Natürlich kann man mit Levi-Strauss die Einführung der Schrift unter solchen Umständen als Instrument der Ausbeutung, der Unterwerfung, der intellektuellen Kontrolle statt der Aufklärung interpretieren[111]. Dem braucht aber nicht zu widersprechen, daß man mit Goody den von Levi-Strauss angesprochenen Übergang vom „wilden" zum „domestizierten Denken" in erster Linie als durch die Schriftlichkeit bewirkte Medienrevolution betrachten, denn die Schrift (und später erneut der Buchdruck?) restrukturiert das Denken und macht bestimmte Prozesse erst möglich. Empirisch exakte Beschreibung, Abstraktion, introspektive Religion, hermeneutischer Umgang mit Texten setzen Schriftlichkeit voraus[112]. Aber auch wenn wir nicht in der Lage sind, für amerikanische Indianersprachen, die verschriftet wurden, den Nachweis für die subtileren Folgen des Übergangs zur Schriftlichkeit zu führen[113], so ist doch, auch und gerade am Beispiel Paraguay, die konservierende und stabilisierende Wirkung der Schriftlichkeit auf die Sprache nicht zu verkennen.

Sollte es mit der planmäßigen Verbreitung des Spanischen einerseits, mit der frühen Verschriftung und damit Konservierung von Indianersprachen andererseits zusammenhängen, daß im Gegensatz zum portugiesischen und englischen Imperium, wo andere Bedingungen herrschten, Pidgins und Kreolsprachen im spanischen Amerika selten sind oder

---

[108] J. Rubin, *Language and Education in Paraguay*, in: Fishman/Ferguson/Das Gupta (wie Anm. 12), 477–488.
[109] Gnärig (wie Anm. 105), 13.
[110] Antonio Ruiz de Montoya, *Arte, y Bocabulario de la lengua Guarani*. Madrid 1640.
[111] C. Levi-Strauss, *Tristes Tropiques*. Paris 1955, 341–345.
[112] W. Ong, *Orality and Literacy, The Technologizing of the Word*. London-New York 1982, 82–105; J. Goody, *The Domestication of the Savage Mind*. New York 1977, 11, 16; J. Zimmermann (Hg.), *Sprache und Welterfahrung*. München 1978.
[113] Vgl. außer den in Anm. 112 genannten Werken: F. Coulmas, *Über Schrift*. Frankfurt 1981; R. Scollon/S. B. K. Scollon, *Narrative, Literacy and Face in Interethnic Communication*. Norwood 1981; *Writing, The Nature, Development and Teaching of Written Communication*, 2 Bde. Hillsdale 1981; F. Coulmas (Hg.), *Writing in Focus*. Berlin 1983; J. Derrida, *Grammatologie*. Frankfurt 1983; G. Sampson, *Writing Systems, A Linguistic Introduction*. London 1985.

der Vergangenheit angehören[114]? Sollte im Sinne einer zyklischen Entwicklung eine De-Kreolisierung stattgefunden haben[115]? Wäre der Sachverhalt einer solchen relativen Stabilisierung der sprachlichen Verhältnisse aus historisch-politischer Sicht positiv zu beurteilen, als Aufhalten oder wenigstens Verlangsamen kolonialer „Glottophagie" in einer frühen Phase? Oder negativ, als verpaßte kommunikative Chance, nachdem immerhin mit guten Gründen behauptet wurde, der Welterfolg des Englischen gehe auf seine lange Kreolisierungsgeschichte zurück[116]? Hat vom Humanismus inspirierter Sprachpurismus hemmend gewirkt oder waren es die spezifischen Umstände im spanischen Imperium? Wenn man die häufige Kreolisierung des mindestens ebenso puristisch gepflegten Französisch in Westindien und anderen Weltgegenden in Betracht zieht, erscheint das letztere wahrscheinlicher. Zahlreiche Fragen in diesem Bereich können aber (noch) nicht beantwortet werden, die Reduktionssprachenforschung ist noch zu sehr im Fluß[117].

Statt dessen kommt es angesichts der wiederholt beobachteten Bedeutung der Missionare für die sprachliche Interferenzsituation im spanischen Amerika für unsere Zwecke mehr darauf an, *deren* Aktivitäten etwas genauer unter die Lupe zu nehmen. Dabei werden wir erneut auf den Humanismus stoßen, im Gegensatz zu bisher aber nicht mehr bei der Schaffung ideologischer Grundlagen für das Imperium, sondern im sprachpraktischen Alltagsvollzug. D. h. es geht um die Missionare als humanistisch geschulte Philologen. Bei kritischen Linguisten hat Missionarsphilologie heute eine schlechte Presse, weniger wegen ihrer Beiträge zur Wissenschaft, deren Bedeutung nicht bestritten werden kann, als wegen ihrer unbewußt oder freiwillig übernommenen Rolle als Agent des Imperialismus, des Ethnozid und der Glottophagie[118]. Wir sahen

---

[114] Vgl. I. F. Hancocks Repertorien und Karten in: D. Hymes (Hg.), *Pidginization and Creolization of Languages.* Cambridge 1968, 509–523; und: A. Valdman (Hg.): *Pidgin and Creole Linguistics.* Bloomington-London 1977, 362–391.

[115] Vgl. Valdman (wie Anm. 114), 129 ff.; A. Bauer, *Die soziolinguistische Status- und Funktionsproblematik von Reduktionssprachen.* Frankfurt 1975 (Forum anglicum 6), 56.

[116] C.-J. N. Bailey/K. Maroldt, *The French Lineage of English,* in: J. Meisel (Hg.), *Langues en contact – Pidgins – Creoles – Languages in Contact.* Tübingen 1977 (Tübinger Beiträge zur Linguistik 75), 53.

[117] Konsultiert wurden neben den bereits zitierten Werken: L. Todd, *Pidgins and Creoles.* London-Boston 1974, 2. Auflage unter dem Titel: *Modern Englishes: Pidgins and Creoles.* Oxford 1984; M. K. Adler, *Pidgins, Creoles and Lingua francas. A Sociolinguistic Study.* Hamburg 1977; I. F. Hancock (Hg.), *Readings in Creole Studies.* Gent 1979; N. Boretzky, *Kreolsprachen, Substrate und Sprachwandel.* Wiesbaden 1983; U. Fleischmann, *Das Französisch-Kreolische in der Karibik.* Tübingen 1985 (Tübinger Beiträge zur Linguistik 278).

[118] Vgl. dazu besonders: Arbeitskreis ILV, *Die frohe Botschaft unserer Zivilisation, Evangelikale Indianermission in Lateinamerika.* Göttingen-Wien 1979; dazu die Selbstdarstel-

jedoch bereits, daß solche Vorwürfe vielleicht in vielen Fällen berechtigt sind, aber dennoch nicht undifferenziert erhoben werden können – die Dinge sind wieder einmal komplizierter.

Von ihren „principia" im doppelten Sinn, ihren Anfängen und ihren Grundsätzen her, ist die christliche Mission an sich nicht sprachgebunden. Dadurch unterscheidet sie sich deutlich vom Islam und anderen Religionen. Freilich ergab sich rasch eine Art von ethnozentrischem Rückfall des welthistorisch normalen Typs, insofern nur eine Sprache, das Latein, oder auch drei, die heiligen Sprachen Hebräisch, Griechisch und Latein, im Abendland als Sprachen im Vollsinn angesehen wurden[119]. Das hängt mit dem bereits erwähnten Isomorphieprinzip des philosophischen Realismus zusammen, nach dem die „modi significandi et intelligendi" und die ewigen „modi essendi", grob vereinfacht: Zeichen und Bezeichnetes, sich genau entsprechen müssen[120]. Dann kann es nämlich prinzipiell, strukturell oder besser: substantiell nur eine Sprache und Grammatik geben, Wortschatz und Lautung sind demgegenüber zufällig-akzidentell. Beste Manifestation dieser Universalsprache ist aber das Latein[121], dem daher auch von dem für Fremdsprachen wahrlich aufgeschlossenen Missionstheologen Ramón Lull die Rolle der Weltsprache zugedacht wurde[122].

Die humanistische Bewegung bringt zunächst eher eine weitere Verengung dieses abendländischen Ethnozentrismus mit sich. Noch bei Erasmus verdienen im Grunde nur die Kultursprachen Griechisch und Latein die Bezeichnung „Sprache"; alle anderen sind „Halbsprachen" („semilinguae") von Barbaren[123]. Freilich haben Marsilio Ficino, Gio-

---

lung der Angegriffenen: E. E. Wallis/H. A. Bennett, *Two Thousand Tongues to Go. The Story of the Wycliffe Bible Translators*. New York 1959. Ferner zur kritischen Linguistik: Calvet (wie Anm. 19); Carnoy (wie Anm. 21); W. Kummer, *Historischer Abriß über Funktion und Aufgaben sprachwissenschaftlicher Forschung* (Ms., o. O., o. D.); ders., *Malinche, Patron-Saint of Informants?* in: F. Coulmas (Hg.), *Festschrift for Native Speaker*. Den Haag 1981, 175–193. Dazu aber: *Herrschaft und Gesellschaft in der Sprache*. Jahrbuch der Deutschen Akademie für Sprache und Dichtung 1973 (Heidelberg 1974), 79–221, bes. 82.

[119] Vgl. G. Mounin, *Histoire de la linguistique des origines au XX siecle*. 2. Auflage Paris 1970, 112.

[120] J. Pinborg, *Die Entwicklung der Sprachtheorie im Mittelalter*. 2. Auflage Münster 1985 (Beiträge zur Geschichte der Philosophie und Theologie des Mittelalters. Texte und Untersuchungen XLII 2); H. Arens, *Sprachwissenschaft, Der Gang ihrer Entwicklung von der Antike bis zur Gegenwart*. 2. Auflage Freiburg 1969, 41–49.

[121] Borst (wie Anm. 34), Bd. 2,2, 799; V. E. Hanzeli, *Missionary Linguistics in New France. A Study of Seventeenth and Eighteenth-Century Descriptions of American Indian Languages*. Den Haag 1969, 32 f.

[122] B. Bischoff, *The Study of Foreign Languages in the Middle Ages*. Speculum 36 (1961), 223 f.

[123] So im „Methodus": Erasmus von Rotterdam, *Ausgewählte Schriften*, hg. v. W. Welzig, Bd. 3, bearb. v. G. B. Winkler. Darmstadt 1967, 42 f.

vanni Pico della Mirandola und Nikolaus von Kues demgegenüber betont, daß Wahrheit und Weisheit in allen Sprachen zum Ausdruck kommen[124]. Und schließlich greifen Theoretiker wie Sperone Speroni auf die unvergessenen Lehren des Aristoteles und des Nominalismus zurück und betonen die Gleichwertigkeit aller Sprachen und ihren Charakter als menschliche Kunstprodukte[125].

Die Wendung der Reformation zu den Volkssprachen bringt in der alten Kirche automatisch Mißtrauen gegen diese hervor. Auf dem Konzil von Trient muß Kardinal Madruzzo ihre religiöse Gleichberechtigung verteidigen. Schließlich kommt die Häresie ja nicht aus dem Volk, sondern von den Gelehrten[126]. Wie in anderen Fällen endet auch dieser Konflikt mit einem Kompromiß. Das Konzil *ver*bietet die Liturgie, aber *ge*bietet die Seelsorge in der Volkssprache[127]. Die Theologen des 16. Jahrhunderts interpretieren dieses Programm erstaunlich pragmatisch. Der Jesuitenkardinal Bellarmin läßt sogar die traditionelle heilsgeschichtliche Sprachgeschichte über Bord gehen und begründet die Stellung des Latein als Kirchensprache nur mit seiner Universalität, die auf seiner Stabilität als tote Sprache beruht[128]. Damit liegt er ganz auf der Linie des Ordensgründers Ignatius von Loyola. Auch für diesen ist Latein die „Muttersprache" der Kirche, die es daher perfekt zu beherrschen gilt. Darum ist sie nicht nur die Ausbildungssprache der Jesuiten, sondern auch die Umgangssprache in ihren Kollegien. Aber das hat nichts mehr mit irgendwelchen essentiellen Qualitäten des Latein zu tun. Und für die Seelsorge haben die Jesuiten Volks- und Fremdsprachen zu lernen, die amerikanischen bereits eingeschlossen[129]. Mit diesem Bildungsprogramm der Jesuiten ist deren Umgang mit den Sprachen der Neuen Welt bereits vorprogrammiert. Sie werden mit lateinischen Kategorien an die neue Spracherfahrung herangehen.

Ein solches Bildungsprogramm bedeutet aber einen beträchtlichen Fortschritt gegenüber dem Mittelalter, und dies nicht zuletzt dank des

---

[124] Nach: Borst (wie Anm. 34), Bd. 3,1, 1027–1029.
[125] Sperone Speroni, *Dialogo delle lingue*, Zweisprachige Ausgabe, übers. u. hg. v. H. Harth. München 1975 (Humanistische Bibliothek II 11), 116–119.
[126] Borst (wie Anm. 34), Bd. 3,1, 1119, nach: *Concilium Tridentinum*, Bd. 5, 30 f., Bd. 12, 528 f.
[127] De ref. XXII 8, XXIV 7, nach: Borst (wie Anm. 34), Bd. 3,1, 1174.
[128] Borst (wie Anm. 34), Bd. 3,1, 1176 f. Der Gedanke einer Sprach*entwicklung* ist darin offensichtlich schon eingeschlossen.
[129] Ebd. 1148; Hanzeli (wie Anm. 21), 33 f.; G. P. Brizzi, *„Studia humanitatis" und Organisation des Unterrichts in den ersten italienischen Kollegien der Gesellschaft Jesu*, in: W. Reinhard (Hg.), *Humanismus im Bildungswesen des 15. und 16. Jahrhunderts*. Weinheim 1984 (Acta humaniora, Mitteilung XII der Kommission für Humanismusforschung der Deutschen Forschungsgemeinschaft), 155–170.

Humanismus. Während die Missionare des Mittelalters sicher eine gute Lateinkenntnis besaßen, war es mit Fremdsprachen schlecht bestellt. Deren Kenntnis wurde, wenn überhaupt, dann vor Ort von Dolmetschern und durch die Praxis erworben. Von einem methodischen und organisierten Sprachenstudium kann trotz gelegentlicher guter Absichten offenbar nicht die Rede sein[130]. Die Jesuitenmissionare hingegen profitierten während ihrer gründlichen Ausbildung von allen Errungenschaften der humanistischen Philologie[131] und waren wie andere Humanisten in der Lage, die dabei gewonnenen Kategorien und Fertigkeiten auf andere Sprachen zu übertragen. Ihre Grammatiken und Wörterbücher für Sprachen der Neuen Welt entstanden gleichzeitig und zum Teil sogar vor den ersten Grammatiken und Lexika für europäische Sprachen[132].

Das humanistische Lateinstudium der Jesuiten sollte nach der „Ratio Studiorum" die ausführliche Grammatik des Portugiesen Emmanuel Alvarez von 1572 zugrunde legen (von der natürlich alsbald auch in Dillingen eine Ausgabe gedruckt wurde)[133]. Die Spanier pflegten aber auf das grammatische Werk ihres Landsmanns Antonio de Nebrija zurückzugreifen[134]. Und die in Kanada tätigen französischen Jesuiten hielten

---

[130] Bischoff (wie Anm. 122); B. Altaner, *Sprachstudien und Sprachkenntnisse im Dienste der Mission des 13. und 14. Jahrhunderts.* Zeitschrift für Missionswissenschaft und Religionswissenschaft 21 (1931), 113–136; ders., *Die fremdsprachliche Ausbildung der Dominikanermissionare während des 13. und 14. Jahrhunderts.* Ebd. 23 (1933), 233–241; ders., *Zur Geschichte des Unterrichts und der Wissenschaft in der spätmittelalterlichen Mission.* Ebd. 26 (1936), 165–171.

[131] Vgl. Brizzi (wie Anm. 129).

[132] Vgl. J. Platzmann, *Verzeichniß einer Auswahl amerikanischer Grammatiken, Wörterbücher, Katechismen usw., gesammelt von J. P. Leipzig 1876;* J. Dahlmann, *Die Sprachkunde und die Missionen, Ein Beitrag zur Charakteristik der älteren katholischen Missionstätigkeit (1500–1800).* Freiburg 1891 (Ergänzungshefte zu den Stimmen aus Maria Laach 50); W. Zaunmüller, *Bibliographisches Handbuch der Sprachwörterbücher, Ein internationales Verzeichnis von 5600 Wörterbüchern der Jahre 1460–1958 für mehr als 500 Sprachen und Dialekte.* Stuttgart 1958; Rowe (wie Anm. 60); A. Palau y Dulcet, *Manual del librero hispano-americano,* 32 Bde. Barcelona 1948–1984, Bd. 4 des Sachindex unter „Lingüística".

[133] Emmanuelis Alvari *e Societate Iesu De Institutione Grammatica Liber Primus.* Dillingen: Sebald Mayer 1574; ders., *Grammaticorum Institutionum Liber Secundus, De Constructione Octo Partium Orationis.* 2. Auflage ebd. 1575; ders., *Liber Tertius, De Syllabarum Dimensione, etc. De Figurata Constructione.* Ebd. 1574; vgl. W. Keith Percival, *The Grammatical Tradition and the Rise of the Vernaculars,* in: T. A. Sebeok (Hg.), *The Historiography of Linguistics.* Den Haag-Paris 1975 (Current Trends in Linguistics 13), Bd. 1, 242.

[134] Der Verfasser der ersten Ketschua-Grammatik Domingo de Santo Tomás schrieb 1560: „Diese Grammatik ist gemacht und eingerichtet in erster Linie für kirchliche Personen, die Latein verstehen. Daher wird angenommen, daß sie die Definition und Erklärung der acht Teile der Rede aus der Grammatik des Antonio de Nebrija und die latei-

sich an die 1536 gesammelt veröffentlichten grammatischen Schriften des Jan van Pauteren/Despauterius, denn die französische Ordensprovinz lehnte die Rezeption anderer Werke ab[135]. Wenn ich richtig sehe, sind all diesen Autoritäten folgende Eigenschaften gemeinsam: sie sagen kaum etwas zur Aussprache und nichts zur Phonologie; sie sind schon von ihrem klassischen Aufbau nach den „octo partes orationis" her überwiegend wortorientiert, berücksichtigen zwar alle „Ausnahmen", weniger aber die strukturellen Probleme, was möglicherweise die Vorstellung suggeriert, man „könne" eine Sprache, wenn man alle ihre Wörter wisse, und so zu einem „wortbesessenen" Umgang mit Fremdsprachen führen mag; sie sind dogmatisch und universalistisch und nähren damit die Tendenz, in anderen Sprachen exakte Entsprechungen für Phänomene der lateinischen zu erwarten[136].

Mit dieser linguistischen Ausrüstung kamen die Missionare nach Amerika oder erwarben sie sich dort[137], um dann mit Hilfe zweisprachiger Informanten oder durch Eintauchen in ein einsprachiges Milieu mit mehr oder weniger christlicher Demut die Schülerrolle zu übernehmen, zunächst lange Wörterlisten zu erstellen und sich schließlich mit Hilfe der erlernten Kategorien zu einer Elementargrammatik durchzutasten. Dann wurden Gebete, Lieder, Katechismen produziert, bevor man sich mit besserer Kenntnis der Sprache an Predigten, Bibelübersetzungen und erbauliche Texte bis hin zu frommen Schauspielen in Indianersprachen vorwagen konnte[138].

Was von den Jesuiten gesagt wurde, gilt cum grano salis auch von anderen Orden, die ja in der spanischen Mission zunächst die Vorhand hatten. Die erste Ketschua-Grammatik wurde 1560 von dem Dominikaner Domingo de Santo Tomás veröffentlicht. Er war von dieser Sprache

---

nische Sprache kennen", nach: Rowe (wie Anm. 60), 364. Vermutlich ist die lateinische Grammatik von 1481 („Introductiones latinae") und nicht die spanische von 1492 gemeint, denn Alonso de Molina, *Arte de la lengua mexicana y castellana*. Mexico 1571, 5v schreibt, die seinige sei gemacht nach dem Vorbild des „Antonio de Lebrixa en su arte de Latin"; vgl. R. O. Jones, *Historia de la literatura española, Siglo de oro, Prosa y poesia*. Barcelona 1974 (englisch: London 1971), 26.

[135] Benutzt: Ioan. Despauterii Ninivitae, *Grammaticae Instituionis Lib. VII, Docte et concinne in compendium redacti*, per Sebastianum Duisburgensem... Edinburgh 1627; Ioan. Despauterii *Syntaxis*... ebd. 1632; vgl. Hanzeli (wie Anm. 121), 36.

[136] Hanzeli (wie Anm. 121), 37–43. Zu den antiken Ursprüngen der „Octo partes orationis" vgl. Arens (wie Anm. 120), 23.

[137] Vgl. T. B. Jones, *The Classics in Colonial Hispanic America*. Transactions and Proceedings of the American Philological Association 70 (1939), 37–45; nicht zugänglich war mir: A. Rubio, *De la Obra Cultural de la Antiqua España, Trabajos Filologicos en Indias durante los Siglos XVI, XVII y XVII*. Panama 1939.

[138] Hanzeli (wie Anm. 121), 45–54.

so begeistert, daß er in bemerkenswerter Umkehrung der üblichen Argumentationsweise ihre Kultiviertheit als Beweis dafür ins Feld führte, daß ihre Sprecher *keine* Barbaren sein könnten [139]. Der Franziskaner Alonso de Molina spielte für das Nahuatl eine noch wichtigere Rolle. Angeblich ist er mit Indianern herangewachsen und konnte daher schon früh seinen späteren Ordensbrüdern als Informant dienen[140]. Später schrieb er dann grundlegende Werke in und über Nahuatl, insbesondere Wörterbücher, die heute noch wichtig sind[141], und die dazu gehörige Grammatik[142]. Letztere ist in spanischer Sprache abgefaßt und nach dem Vorbild Nebrijas bewußt knapp gehalten. Ihre erste Hälfte ist wie üblich nach den acht Redeteilen aufgebaut und verwendet die gewohnte Terminologie, um Regeln aufzustellen. Er arbeitet aber dennoch weniger normativ, als kontrastiv, d. h. das Lateinische oder Hebräische, meistens aber das Spanische sind weniger der Normalfall, an dem gemessen wird, als das Bekannte, mit dessen Hilfe das Unbekannte eingeführt wird, etwa wenn er erklärt, wie das Nahuatl den „Genitivus possesivus" präpositional ausdrückt, weil die Sprache keine flektierten Casus kennt[143]. Interessanter ist der zweite Teil, der sich mit den ungewohnten spezifischen Schwierigkeiten des Nahuatl herumschlägt, etwa dem Zählen und Rechnen in einem anderen System und mit unterschiedlichen Zahlwörtern, je nachdem *was* gezählt wird, mit den Feinheiten des höchst komplizierten Verbalsystems und nicht zuletzt mit der korrekten Aussprache. Insgesamt gewinnt man den Eindruck, daß Molina dem Nahuatl unbefangen-positiv gegenübersteht und ebenso geschickt wie undogmatisch von seinem linguistischen Instrumentarium Gebrauch macht.

Ähnliches gilt nicht nur von anderen Missionsphilologen in Lateinamerika, sondern auch für die Kanadajesuiten, deren linguistische Produktion zwar großenteils Manuskript geblieben ist, die uns aber dafür publizierte Berichte über ihre Arbeit hinterlassen haben. Bereits diejenigen der beiden Patres LeJeune über das Montagnais und Brebeuf über das Huronische von 1634 und 1636 ringen wie üblich mit der fremden Aussprache, eine Aufgabe, für die sie wie alle lateinisch ausgebildeten Missionare schlecht gewappnet waren. In Paraguay freilich gelang es Antonio

---

[139] Jákfalvi-Leiva (wie Anm. 92), 78.
[140] Dahlmann (wie Anm. 132), 91.
[141] Alonso de Molina, *Vocabulario en lengua castellana y mexicana*. Mexico 1571, Ndr. Madrid 1944; ders. *Vocabulario en lengua mexicana y castellana*. Mexico 1571, Ndr. Madrid 1944.
[142] Alonso de Molina, *Arte de la lengua mexicana y castellana*. Mexico 1571, Ndr. Madrid 1945.
[143] Ebd. 6v, 9v.

Ruiz de Montoya 1640 das Problem mittels diakritischer Zeichen für das Guaraní zu bewältigen[144]. Für andere Probleme hingegen erweisen sich unsere Gewährsleute in Kanada besser gerüstet. Sie beobachten, daß Wörter fehlen, weil es die Sachen nicht gibt, sind aber auf der anderen Seite fasziniert von den unendlichen Zusammensetzungsmöglichkeiten, die sie natürlich als Wortreichtum interpretieren. Und sie nehmen unbefangen so ungewohnte Erscheinungen zur Kenntnis wie unterschiedliche Verben für Belebtes und Unbelebtes oder den obligatorischen Gebrauch von Personalzeichen mit bestimmten Wörtern. Sie ziehen daraus bereits den Schluß, daß die trinitarische Formel theologisch korrekt auf Huronisch lauten muß: „Im Namen *unseres* Vaters, *seines* Sohnes und *ihres* Heiligen Geistes". Doch obwohl sie sich weit vom europäischen weg in das amerikanische Sprachgut vorgewagt haben, vermögen sie nicht die gewohnte Unterscheidung von Deklination und Konjugation aufzugeben, wie es spätere Linguisten angesichts der Struktur nordamerikanischer Indianersprachen taten. Dennoch hat sich ihr Vorgehen nicht darin erschöpft, die unbekannte Sprache durch Reduktion auf grammatische Regeln lateinischen Verständnisses zu bändigen. Sie waren vielmehr durchaus bereit, die eigentümliche „Ökonomie", wie sie es nannten, einer neuen Sprache ausfindig zu machen[145].

So hat die Missionslinguistik in Amerika, und nicht nur dort, eine stolze Erfolgsbilanz aufzuweisen, selbst wenn man die ungedruckten Arbeiten der Kanadajesuiten unberücksichtigt läßt[146]. Die gängigen Listen verzeichnen bereits für das 16. Jahrhundert sieben Wörterbücher und fünf Grammatiken bisher unbekannter amerikanischer Sprachen, für das 17. dann sechs Wörterbücher und 14 Grammatiken[147]. Es gab also bereits vier gedruckte Grammatiken von Indianersprachen, als 1584 die erste englische Grammatik erschien[148]. Schon im 16. Jahrhundert erschlossen wurden die wichtigen Sprachen Nahuatl[149], Ketschua[150] und Tupi[151], im 17. folgen Aymará[152], Chibcha[153], Guaraní[154] und Maya[155]. Die

---

[144] Wie Anm. 110.
[145] Hanzeli (wie Anm. 121), 55–66, 118.
[146] Die ebd. aufgelistet sind.
[147] Nach: Rowe (wie Anm. 60) und: Zaunmüller (wie Anm. 132).
[148] Rowe (wie Anm. 60), 362.
[149] Alonso de Molina (wie Anm. 141 u. 142).
[150] Domingo de Santo Tomás, *Grammatica o arte de la lengua general de los indios de los reynos del Peru*. Valladolid 1560.
[151] José de Anchieta, *Arte de grammatica da lingoa mais usada na costa do Brasil*. Coimbra 1595.
[152] Ludovico Bertonio Romano, *Arte y Grammatica muy copiosa de la lengua Aymara*. Rom 1603.

Gesamtzahl wird für das 16. Jahrhundert auf 212, für das 17. auf 250 linguistische Veröffentlichungen veranschlagt[156], ausnahmslos von Missionaren. Selbst die einzige publizierte Grammatik einer nordamerikanischen Indianersprache, des Massachusett, stammt von einem Missionar, dem Puritaner John Eliot[157]. Eine Art Summe der frühneuzeitlichen Missionarslinguistik, die ja gleichzeitig auch viele asiatische Sprachen in derselben Weise erschlossen hat, schrieb Ende des 18. Jahrhunderts der gelehrte Jesuit Lorenzo Hervas y Panduro in seinem sechsbändigen „Catalogo de las Lenguas de las Naciones Conocidas"[158], Abschluß einer Gattung, die mit Werken wie Gessner[159] und Duret[160] begonnen hatte. Nicht zufällig gilt der Amerika-Band des „Catalogo" als der beste[161].

Die linguistische Expansion Europas ist also zunächst und für lange das Werk der Missionare, wobei der Renaissancehumanismus ihnen die notwendige linguistische Ausrüstung dazu geliefert hat. Ihre Motivation ist allerdings die hergebrachte christliche; hier spielt der Humanismus nur im Bereich mehr oder weniger säkularer Legitimationsideologien eine größere Rolle. Indirekt freilich hat humanistisch vervollkommnete abendländische Philologie entscheidend zur Verwirklichung von Sprachbeherrschung beigetragen, und zwar weniger im Sinne elementarer Glottophagie als auf subtilere Weise, indem der Europäer via Sprachenlernen für seine Zwecke in die geistige Welt des Indianers eindringt, ihr als Philologe durch Verschriftung und Erstellen von Grammatiken und Wörterbüchern Gesetze gibt und die so unter seine Kontrolle gebrachte Sprache als Beeinflussungs- und Herrschaftsinstrument nutzt. Es ist natürlich kaum möglich, die Bedeutung dieses Vorgangs für die koloniale Expansion Europas exakt abzuschätzen, doch könnte der intensive Zugriff auf

---

[153] Bernardino de Guzman, *Gramatica de la lengua general del Nuevo Reyno, llamada Mosca.* Madrid 1619.
[154] Ruiz de Montoia (wie Anm. 110).
[155] Gabriel de San Buenaventura, *Arte de la lengua Maya.* Mexico 1684.
[156] W. L. Wonderly/E. A. Nida, *Linguistics and Christian Missions.* Anthropological Linguistics 5,1 (1963), 117.
[157] John Eliot, *The Indian grammar begun; or, an essay to bring the Indian language into rules, for the help of such as desire to learn the same, for the furtherance of the Gospel among them.* Cambridge/MA 1666.
[158] Lorenzo Hervás y Panduro, *Catálogo de las lenguas des las Naciones Conocidas,* 6 Bde. Madrid 1800–1805; vgl.: *Estudios sobre Lorenzo Hervás y Panduro 1735–1809,* 2 Bde. Madrid 1936.
[159] Conrad Gessner, *Mithridates sive de differentia linguarum.* 1555, wo noch kaum etwas zu Sprachen der Neuen Welt zu finden ist.
[160] Claude Duret, *Thresor de l'histoire des langues de cest univers.* 1613, Ndr. Genf 1972; auch hier dominiert Altweltliches bei weitem.
[161] Wonderly/Nida (wie Anm. 156), 120 f.

die Sprache durchaus als eine ihrer Erfolgsbedingungen angesehen werden, vor allem wenn sich durch interkulturellen Vergleich herausstellen sollte, daß sie in dieser Form nur dem Abendland möglich war. Wir radikalisieren also unsere Fragestellung, indem wir zu den Wurzeln des Humanismus in der abendländischen Tradition zurückgehen, und was wir dort vorfinden, dem Umgang anderer Kulturen mit Sprachen gegenüberstellen. Dabei handelt es sich um ein bisher weder von Historikern noch von Linguisten näher untersuchtes Problem[162]. Dennoch zeigt sich beim Durchsehen von Literatur zur Sprachwissenschaft anderer Kulturen, daß dort hervorragende linguistische Leistungen anders als im Abendland in der Regel kein Interesse an *fremden* Sprachen miteinschließen. Im Regelfall ist auch die Linguistik ethnozentrisch!

So hat der islamische Kulturkreis, bevor er seit dem 18. Jahrhundert unter den Druck des expandierenden Abendlandes geriet, zwar eine hochstehende Philologie hervorgebracht, aber im Wesentlichen nur eine solche der arabischen Sprache. Das Erlernen von Sprachen der Ungläubigen galt als eine Art Beschmutzung und war im übrigen nicht nötig. Nur mit Persisch und Türkisch mochte es sich anders verhalten, denn diese Sprachen wurden von Rechtgläubigen gesprochen[163]. Es gab zwar zwischen dem 8. und dem 10. Jahrhundert unserer Zeitrechnung eine umfangreiche Rezeption von altgriechischem Bildungsgut durch Übersetzung ins Arabische (von der später das Abendland noch profitieren sollte!), aber dieser Vorgang war auf naturwissenschaftliche, medizinische und bestimmte philosophische Texte beschränkt und erfolgte zum Teil durch Vermittlung christlicher Untertanen. Wie sich an der 830 geschaffenen Übersetzerschule von Bagdad zeigen läßt, stand konkreter wissenschaftlicher und theologischer Bedarf dahinter[164]. Im 11. Jahrhundert war die Übersetzungswelle ausgelaufen und die entsprechenden Fertigkeiten verkamen[165]. Demgemäß ist die an sich hochentwickelte arabische Lexikographie stets einsprachig[166] und sie behandelt Fremdwörter rein

---

[162] Vgl.: *Bibliographie linguistique de l'année*. Den Haag, seit 1939/1947; Arens (wie Anm. 120); Mounin (wie Anm. 119); R. H. Robins, *Ideen- und Problemgeschichte der Sprachwissenschaft*. Frankfurt 1973; ders., *Some Continuities and Discontinuities in the History of Linguistics*, in: H. Paret (Hg.), *History of Linguistic Thought and Contemporary Linguistics*. Berlin 1976, 13–31; Kummer, *Historischer Abriß* (wie Anm. 118); Thieme (wie Anm. 31); W. Koller, *Einführung in die Übersetzungswissenschaft*. 2. Auflage Heidelberg 1983; Sebeok (wie Anm. 133).
[163] B. Lewis, *The Muslim Discovery of Europe*. New York-London 1982, 71 f.
[164] So zumindest: R. Paret, *Der Islam und das griechische Bildungsgut*. Tübingen 1950.
[165] F. Rosenthal, *The Classical Heritage in Islam*. London 1975 (deutsch: *Das Fortleben der Antike im Islam*. Zürich 1965), 16 f.

deduktiv als Abweichungen von einer arabischen Norm[167]. In letzter Instanz ist der geschilderte Sachverhalt religiös begründet, insofern die arabische Philologie im Dienst der Koranexegese entwickelt, der Koran aber nach der vorherrschenden Auffassung von Gott *wörtlich* mitgeteilt wurde. Damit ist er ungeachtet aller Auslegungsprobleme einer Übersetzung entzogen; Übersetzen ist soziokulturell uninteressant, weil es im Falle des wichtigsten Buches auf Blasphemie hinausliefe. Im Gegensatz zum prinzipiell polyglotten Gott der Christen spricht der Gott der Moslems nur Arabisch[168].

Aus ganz anderen Gründen gilt für die altindische Sprachwissenschaft im Ergebnis dasselbe. An und für sich wird die altindische Grammatik, die in Panini im 5.–4. vorchristlichen Jahrhundert kulminiert, als erster und lange nicht übertroffener Höhepunkt der Philologie überhaupt betrachtet, von dem auch Einflüsse auf die Griechen und Araber ausgegangen sein mögen[169]. Doch auch wenn andere Sprachen des indischen Kulturkreises, in denen sich ja hinreichend Interferenzphänomene nachweisen lassen, bisweilen miteinbezogen werden[170], ist der Gegenstand der sprachwissenschaftlichen Bemühungen sonst ausschließlich das Sanskrit, die Sprache der Götter und der bisweilen von jenen unabhängig gedachten heiligen Vedentexte. Gerade weil nicht unbedingt ein göttlicher Autor dahintersteht, dessen Absicht man zum besseren Verstehen des Textes ergründen könnte, wie es in der Bibelexegese versucht wird, kommt hier alles auf extreme Buchstaben- und Lauttreue an, um dem heiligen Text seine Heilswirksamkeit zu erhalten[171]. Darum geht es, und

---

[166] J. A. Haywood, *Arabic Lexicography, Its History and its Place in the General History of Lexicography*. 2. Auflage Leiden 1965; die einzige bemerkenswerte Ausnahme ist bezeichnenderweise das arabisch-persische Wörterbuch des al-Zamakhshari.

[167] L. Kopf, *The Treatment of Foreign Words in Medieval Arabic Lexicography*. Scripta Hierosolymitana 9 (1961), 191–205.

[168] I. Goldziher, *Die Richtungen der islamischen Koranauslegung*. Leiden 1920, 2. Aufl. 1952, Ndr. 1970; D. Rahbar, *Aspects of the Qur'an Translation*. Babel 9 (1963), 60–68; M. Ata al Sid, *The Hermeneutical Problem of the Qur'an in Islamic History*. Diss. (PhD) Temple University 1975. Für Hinweise zum Islam danke ich Hans Roemer/Freiburg.

[169] Mounin (wie Anm. 119), 66–74; R. Rocher, *India*, in: Sebeok (wie Anm. 133), Bd. 1, 3–45/67; R. H. Robins, *A Short History of Linguistics*. 2. Auflage London 1979, 136–149. Hingegen handelt: E. Windisch, *Geschichte der Sanskritphilologie und der Indischen Altertumskunde*, 3 Bde. Straßburg–Berlin–Leipzig 1917–1921 nur von der modernen Philologie.

[170] W. Preston, *Borrowing from Sanskrit into Kannada*. Babel 9 (1963), 68–70; J. F. Staal, *The Origin and Development of Linguistics in India*, in: Hymes (wie Anm. 60), 69; Rocher (wie Anm. 169), 15 f.

[171] *Wort und Wertung des heiligen Buches in den nichtchristlichen Religionen*, C. Papali, *Im Hinduismus*. Concilium 3 (1967), 847–849.

nicht etwa um Kommunikation mit Menschen außerhalb dieser Kulturgemeinschaft!

Etwas anders liegen die Dinge im Falle des ebenfalls in Indien entstandenen Buddhismus, der einzigen prinzipiell universalen und nicht an eine Kultur gebundenen Weltreligion neben dem Christentum. Auch ist die Quellenlage hier ähnlich wie dort, es gibt ein uneinheitliches Corpus von heiligen Texten und verschiedene Richtungen und Sekten, die aus den heiligen Schriften unterschiedliche Schlüsse ziehen[172]. Es hat denn auch allerhand Transfer- und Übersetzungsanstrengungen gegeben, die freilich letztendlich im sozio-kulturellen Milieu ihrer Zielgesellschaften stecken geblieben sind.

So ist der Buddhismus zwischen dem 4. und 8. Jahrhundert in China eingedrungen[173], was die Aufgabe einer möglichst getreuen Übertragung seiner heiligen Texte ins Chinesische mit sich brachte. Angesichts beträchtlicher Strukturunterschiede zwischen dieser Sprache und ihrer Schrift und den indo-arischen war dies eine nicht leicht zu lösende Aufgabe[174]. Indische Einflüsse auf die chinesische Lautlehre waren die Folge[175], insgesamt setzten sich aber starke Sinisierungstendenzen durch, nicht zuletzt um ethnozentrische Argumente gegen den fremden Aberglauben zu konterkarieren[176]. So ließ sich der gewohnte Ethnozentrismus retten, nach dem es keine Kultur und Sprache im Vollsinn außerhalb Chinas geben kann, weshalb das „Reich der Mitte" ja auch keinen Völkernamen trägt wie die Länder der Barbaren[177]. Fremdherrschaft vermochte daran nichts zu ändern, neue Herren wurden auf kurz oder lang kulturell eingeschmolzen. Doch entstand in diesem Zusammenhang eine amtliche, in Behörden organisierte Sprachlehr- und Übersetzungstätigkeit mit einer entsprechenden Literatur[178]. Radius und Stoßkraft die-

---

[172] Bayu Watanabe, *Im Buddhismus*. Ebd. 849–850.
[173] E. Zürcher, *The Buddhist Conquest of China, The Spread and Adaptation of Buddhism in Early Medieval China*, 2 Bde. Leiden 1959, Ndr. 1972 (Sinica Leidensia 11).
[174] Ebd., Bd. 1, 39 f.; mit höchst instruktiven Beispielen: L. Hurvitz, *The Problem of Translating Buddhist Canonical Texts into Chinese*. Babel 9 (1963), 48–52.
[175] A. von Rosthorn, *Indischer Einfluß in der Lautlehre Chinas*. Wien–Leipzig 1941 (Akademie der Wissenschaften Wien, Phil.-Hist. Klasse 219,4).
[176] Zürcher (wie Anm. 173), Bd. 1, 264–285.
[177] R. A. Miller, *The Far East*, in: Sebeok (wie Anm. 133), Bd. 2, 1220 f.
[178] Herbert Franke/München, führender Experte auf dem Gebiet chinesischer Übersetzungen, verwies mich auf die folgende einschlägige Spezialliteratur: H. Franke, *Two Chinese-Khitan Macaronic Poems*, in: *Tractata Altaica*, Festschrift Denis Sinor. Wiesbaden 1976, 175–180; ders., *Chinese Historiography under Mongol Rule. The Role of History in Acculturation*. Mongolian Studies 1 (1974), 15–26; ders., *Ein mongolisch-chinesisches Buchfragment der Yüan-Zeit*, in: *Serta tibeto-mongolica*, Festschrift Walter Heissig, Wies-

ser politisch oder höchstens kulturpolitisch motivierten und daher der christlichen Mission im Wirkungsgrad nicht entfernt vergleichbaren Einrichtungen beschränkte sich aber auf anderthalb Dutzend Nachbarvölker und -sprachen. Außerdem könnte die Initiative in manchen Fällen durchaus von dort und nicht aus China gekommen sein, wissen wir doch, daß das Königreich Korea häufig aus einer Position der Schwäche gegenüber seinen Nachbarn eine entsprechende Politik getrieben hat[179].

Die Japaner befanden sich in einer anderen Lage. Ihnen war es wegen ihrer offenkundigen Abhängigkeit von chinesischer Kultur und Sprache nicht möglich, die ihrige für die einzige in der Welt zu erklären wie die Chinesen. Sie haben sich freilich durch jenen Mythos revanchiert, der die japanische Sprache nicht zur einzigen, wohl aber zu einer einzigartigen gemacht hat[180]. Aber japanische Sprachwissenschaftler mußten sich notgedrungen mit fremdsprachlichem Material befassen, freilich nur mit chinesischem, das darüberhinaus in erstaunlichem Umfang ins Japanische integriert wurde. Auch die buddhistischen Texte wurden Japan nur auf Chinesisch zugänglich; Direktübersetzungen aus dem Urtext sind eine Errungenschaft des 20. Jahrhunderts unter dem Einfluß der westlichen Philologie[181]. Die Beschäftigung mit anderen Sprachen blieb minimal, so daß höchstens die ständige Adaptation aus dem Chinesischen, nicht aber eine ausgesprochene Fremdsprachenphilologie Japan für die später so erfolgreiche Öffnung zum Westen geschult haben könnte.

Anders Europa. Zwar haben sich die Griechen mit ihrem notorischen Desinteresse für das Geplapper der Barbaren vom weltgeschichtlich normalen linguistischen Ethnozentrismus kaum unterschieden[182]. Ihre Lei-

---

baden 1973, 97–103; E. Haenisch, *Die Schriftfrage im mongolischen Ostreich*, in: *Oriente Poliano*, Rom 1957, 103–110; ders., *Chinas polyglottes Schrifttum*, in: *Sino-Japonica*, Festschrift Andre Wedemeyer. Leipzig 1956, 67–73; ders., *Sinomongolische Dokumente vom Ende des 14. Jahrhunderts*. Berlin 1950 (Abhandlungen der deutschen Akademie der Wissenschaften 1950,4); P. Pelliot, *Le Sseu-yi kouan et le Houei-t'ong-kouan*. T'oung Pao 38 (1947–1949), 207–290.

[179] Vgl.: Hiu Lie, *Die Mandschu-Sprachkunde in Korea mit besonderer Berücksichtigung des Mandschustudiums im 18. Jahrhundert*. Diss. phil. Göttingen 1967, Bloomington 1972; vgl. Rezension von H. Franke, Zeitschrift der deutsch-morgenländischen Gesellschaft 125 (1975), 458–468.

[180] Miller (wie Anm. 177), 1244; ders., *Japan's Modern Myth, The Language and Beyond*. New York–Tokio 1982. Diesen Hinweis und andere verdanke ich Bruno Lewin/Bochum.

[181] J. M. Kitagawa, *Buddhist Translation in Japan*. Babel 9 (1963), 53–59; B. Lewin, *Sprachbetrachtung und Sprachwissenschaft im vormodernen Japan*. Wiesbaden 1982 (Rheinisch-Westfälische Akademie der Wissenschaften, Vorträge).

[182] Mounin (wie Anm. 119), 94.

stungen liegen auf anderen Gebieten. Durch Ausstattung des semitischen Alphabets mit Vokalzeichen sollen sie die Möglichkeit zum bisher höchstmöglichen Abstraktionsgrad von Denken geschaffen haben[183]. Tatsächlich waren sie ja die ersten, die sich für die Sprache um ihrer selbst willen zu interessieren begannen[184]. So entwickelte sich in Europa im Gegensatz zu Indien die Sprachphilosophie vor der Grammatik[185]. Die für das Abendland grundlegende griechische Grammatik ist eben nicht Produkt der Klassik, sondern des Hellenismus[186]. Und selbst die Römer brachen nicht aus dem üblichen Schema aus; ihr Verhältnis zum Griechischen könnte man durchaus noch mit demjenigen der Japaner zum Chinesischen vergleichen[187].

Etwas grundsätzlich Neues kommt erst auf, als das Christentum, eine missionarische Universalreligion ohne ethnische Bindung[188], seit der Spätantike in ein soziokulturelles Milieu eingeht oder dieses gar erst schafft, in dem Mehrsprachigkeit zum legitimen Dauerzustand für die kulturelle Elite wird. Das ständige Leben mit mehreren aufeinandergestapelten Sprachen hat die Europäer für Fremdsprachigkeit sensibilisieren können wie niemanden sonst[189]. In einem solchen Milieu, wo ganze Literaturen zunächst nur aus Übersetzungen bestehen[190] und wo die Muttersprachen erst in Auseinandersetzung mit der Kultursprache entdeckt werden müssen[191], kann das Dolmetschen erstmals eine anerkannte Rolle bekommen[192]. Jetzt erst kann eine ausgesprochene Theorie der Übersetzung entstehen, die sich auf eher beiläufige Bemerkungen von Cicero[193] und Horaz[194] beruft, wo das Problem noch kein großes

---

[183] Ong (wie Anm. 112), 90.
[184] Mounin (wie Anm. 119), 88 f.
[185] E. Coseriu, *Die Geschichte der Sprachphilosophie* I. Tübingen 1969, 18.
[186] H. Steinthal, *Geschichte der Sprachwissenschaft bei den Griechen und Römern mit besonderer Rücksicht auf die Logik*, 2 Bde. 2. Auflage Berlin 1890–1891, Ndr. Hildesheim 1916, Bd. 2, 13 f.
[187] Mounin (wie Anm. 119), 100 f.; vgl.: L. Romeo, *Rome,* in: Sebeok (wie Anm. 133), Bd. 1, 127–177.
[188] Nach: Dahlmann (wie Anm. 132), 5 betrachtete der bedeutende Indologe Max Müller das Christentum als Voraussetzung der Sprachwissenschaft, weil es den üblichen ethnozentrischen Barbarenbegriff durch Brüderlichkeit ersetzen wollte.
[189] Borst (wie Anm. 34), Bd. 1, 357; Wils (wie Anm. 63); Glyn Lewis (wie Anm. 23).
[190] H. Eggers, *Deutsche Sprachgeschichte,* Bd. 1. Reinbek 1963, 194 stellt fest, daß „die althochdeutsche Literatur zu ihrem größten und wichtigsten Teil in Übersetzungen besteht oder doch ... der Übersetzung sehr nahe kommt und jedenfalls den Zusammenhang mit lateinischen Vorlagen niemals verleugnet ..."
[191] Apel (wie Anm. 1), 95.
[192] Thieme (wie Anm. 31), 21.
[193] Nach: W. Schwarz, *The History of Principles of Bible Translation in the Western World.* Babel 9 (1963), 5–22.

Gewicht hat, und im Humanismus mit Etienne Dolet „La maniere de bien traduire d'une langue en autre" 1540 einen vorläufigen Höhepunkt erreicht[195]. Dazwischen hatte die Bibelübersetzung als Schrittmacher gedient[196]. Der christliche Gott spricht ja nicht direkt, sondern durch Medien, wobei prinzipiell eine Sprache so dienlich ist wie die andere. Und nachdem sich im späten 16. Jahrhundert sogar in der katholischen Kirche ein nur mehr schwach ideologischer, sondern überwiegend pragmatischer Standpunkt in der Frage der Sprachenvielfalt durchgesetzt hatte[197], konnte die massive Expansion der Bibelübersetzungen beginnen. Bis 1962 waren größere Teile der Bibel in 1181 Sprachen übersetzt und damit 97% der Weltbevölkerung unmittelbar zugänglich, während die komplette Bibel in 226 Sprachen vorlag, die von 90% der Menschheit gesprochen wurden[198]. Um dieses „Wort" zu verbreiten, setzt sich der Missionar an die Spitze der europäischen Expansion und wird Protagonist der Sprachbeherrschung im dreifachen Sinn linguistischer Fertigkeit, Unterwerfung der fremden Sprache unter die eigenen Zwecke und Ausbreitung der eigenen bei den Unterworfenen. Sprachbeherrschung also, aber nicht ohne weiteres Sprachenfresserei!

Vervollkommnete Sprachkontrolle unter Zwang zu ständigem Hin- und Herübersetzen muß aber natürlich auch Auswirkungen auf die Sprachen und die Denkgewohnheiten des Abendlandes selbst gehabt haben, Auswirkungen, die sich freilich dann ihrerseits wieder als fruchtbar für die europäische Expansion erweisen mögen. Da Übersetzen stets auch Interpretieren, Auslegen bedeutet, ist zu erwarten, daß eine Kultur, der Übersetzen für Jahrhunderte eine Lebensfrage war, auch eine besonders verfeinerte Auslegungskunst entwickelt hat, die sich sowohl für den aufgeschlossenen Umgang mit fremden Kulturen als auch zur Rechtfertigung des eigenen Vorgehens als brauchbar erweisen könnte. Laut der maßgebenden Autorität für deutsche philosophische Hermeneutik besteht ja deren Leistung „grundsätzlich immer darin, einen Sinnzusammenhang aus einer anderen „Welt" in die eigene zu übertragen"[199]. Das

---

[194] Nach: ebd.
[195] E. Cary, *Etienne Dolet*. Babel 1 (1955), 17–20, mit Textabdruck; vgl. E. A. Nida, *Toward a Science of Translating, with Special Reference to Principles and Procedures Involved in Bible Translating*. Leiden 1964.
[196] Wils (wie Anm. 63); Schwarz (wie Anm. 193); Nida (wie Anm. 195).
[197] S. o., dazu: Apel (wie Anm. 1); R. A. Hall, *Linguistic Theory in the Italian Renaissance*. Language 12 (1936), 96–107.
[198] Wonderly/Nida (wie Anm. 156), 104.
[199] H.-G. Gadamer, *Hermeneutik*, in: J. Ritter (Hg.), *Historisches Wörterbuch der Philosophie*, Bd. 3. Basel-Stuttgart 1974, 1061.

haben die Europäer zuerst an der Aufgabe gelernt, das Alte Testament mit dem Neuen in Einklang zu bringen. Exegese heiliger Texte gab es auch anderswo, aber dort, beim Koran oder den Veden, konnte man sich ahistorische Buchstabentreue leisten[200]. Nicht so das Christentum, weil es sich unausweichlich der historischen Differenz verschiedener Texte stellen mußte. Es entwickelte zu diesem Zweck die Lehre vom mehrfachen Schriftsinn, borgte sich bei den Griechen die Allegorese aus und entfaltete die Lehre vom Typos[201]. Und auch nach der humanistisch-reformatorischen Rückkehr zum Wortsinn hielt die Lehre vom „Vollsinn" der Spekulation Spielraum offen[202]. Sollte diese Art von intellektuellem Training bei den missionarischen Protagonisten der europäischen Expansion völlig ohne Wirkung geblieben sein? Die Forschung freilich hat bis heute das Problem eines interkulturellen Vergleichs von Hermeneutiken noch nicht einmal als solches erkannt[203], so daß *diese* Untersuchung nach wenigen Andeutungen abgebrochen werden muß.

Wir fragten nach der Rolle von Sprache und Sprachwissenschaft in der frühen europäischen Expansion und dem besonderen Beitrag des Renaissancehumanismus dazu. Von kritischen Linguisten belehrt, haben wir dabei den Verdacht der „Sprachenfresserei" gehegt. Doch hat sich solcher Argwohn in unserem Fall nicht rundum als begründet erwiesen. Nicht daß es maßgebenden Kolonisatoren Amerikas an der Absicht dazu gefehlt hätte – romanischer Assimilationswille ist offensichtlich älter als die französische Revolution! Aber es gab eine erfolgreiche Gegenkraft in Gestalt der Mission, die mittels humanistisch geschulter Sprachbeherrschung eine subtilere Art von Herrschaft über die Sprachen und ihre Sprecher zu errichten gedachte. Sie blieb dabei einer Tradition verpflichtet, die vom platonischen wie vom christlichen Humanismus des 15. und 16. Jahrhunderts erneut artikuliert wurde. „In der Vielfalt der Sprachen

---

[200] Etwas anders, freilich prinzipiell ebenfalls ahistorisch, stellt sich das Problem in China, weil dort durchaus mehrere sinnvolle Bedeutungen eines Schriftzeichens möglich sein können, vgl.: A. Forke, *Die Gedankenwelt des chinesischen Kulturkreises.* München–Berlin 1927 (Handbuch der Philosophie 5,3), 9.

[201] Vgl. R. Schäfer, *Die Bibelauslegung in der Geschichte der Kirche.* Gütersloh 1980; dazu auch: H. Brinkmann, *Mittelalterliche Hermeneutik.* Tübingen 1980.

[202] Vgl. Borst (wie Anm. 34), Bd. 3,2, 2028–2034.

[203] Vgl.: N. Henrichs, *Bibliographie der Hermeneutik und ihrer Anwendungsbereiche seit Schleiermacher.* Düsseldorf 1968, unveränderter Ndr. 1972. Auch die zahlreichen später erschienenen Werke, die durchgesehen wurden, enthalten nichts dazu. Besonders enttäuschend waren: M. Pye/R. Morgan (Hgg.), *The Cardinal Meaning, Essays in Comparative Hermeneutics, Buddhism and Christianity.* Den Haag 1973; R. Panikkar, *Myth, Faith and Hermeneutics, Cross-Cultural Studies.* New York 1979, denn es geht dort um unterschiedliche Inhalte, nicht etwa verschiedene Ausprägungen der Methode.

wird dasselbe ausgesagt" hatte Nikolaus von Kues geschrieben[204]. Und der Erasmianer Petrus Mosellanus erklärte 1518 in seiner Leipziger Antrittsvorlesung, daß trotz des Vorrangs der drei heiligen Sprachen Hebräisch, Griechisch und Latein dennoch derjenige Gott am nächsten und dem Tier am fernsten stehe, der die meisten Sprachen beherrsche, „denn Gott und seine Heiligen verstehen alle Zungen"[205]. Wären solche Aussagen in einem anderen Kulturkreis möglich gewesen? Nicht daß die Europäer weniger ethnozentrisch gedacht hätten als andere, aber im Unterschied zu jenen gab es im europäischen Ethnozentrismus traditionell ein hohes Maß intellektueller Beweglichkeit, die es gestattete, auf fremde Sprachen und Kulturen einzugehen, bis hin zur aufrichtigen Begeisterung eines Kanadajesuiten, der nach dem Studium einer Algonquinsprache zu dem Schluß kam: „Ich habe alle Geheimnisse einer der schönsten Sprachen des Universums entdeckt"[206]. Abermals erhebt sich die Frage: wäre diese Aussage dem Vertreter einer anderen Kultur möglich gewesen?

Dank einer langen, im Renaissancehumanismus gipfelnden Tradition der Mehrsprachigkeit ist daher die europäische Sprachbeherrschung in jedem Sinn des Wortes sehr viel differenzierter als anderswo. Dadurch ergeben sich aber Ansatzpunkte für eine *Dialektik des Kolonialismus*, die merkwürdigerweise gerade von kritischen Linguisten gerne übersehen wird. Denn obwohl die Europäer selbstverständlich bei allem, was sie tun, die Errichtung und Stabilisierung ihrer eigenen Herrschaft im Sinn hatten, stellten sie dennoch durch dieses ihr Tun nicht selten die Instrumente für die spätere Befreiung der Beherrschten bereit. Dazu gehört nicht zuletzt die Sprache. Unverdächtige indische und afrikanische Nationalisten haben ja ohne Zögern festgestellt, daß ihnen erst die englische Sprache Nationwerdung und Unabhängigkeit ermöglicht hat[207]. Ist es nicht bemerkenswert, daß der amerikanische Bürgerrechtler Martin Luther King sich für seinen Kampf an Gandhis Ideen inspirieren konnte?

---

[204] Borst (wie Anm. 34), Bd. 3,1, 1027–1029.
[205] Ebd. 1053.
[206] Hanzeli (wie Anm. 121), 117.
[207] Kachru, *Indianization* (wie Anm. 14), 91 berichtet von der Radhakrishnan-Kommission von 1950/51, die Englisch als Elitensprache für eine höchst undemokratische Staatssprache hält, aber nichtsdestoweniger feststellt, daß „the concept of nationality and the sentiment of nationalism are largely the gifts of the English language and literature to India"; vgl.: Mazrui (wie Anm. 15); ders., *The English Language and Political Consciousness in British Colonial Africa*. Journal of Modern African Studies 4 (1966), 295–311.

Der Nachfahre von in eine andere Welt geschleppten und ihrer Muttersprache beraubten Afrikanern liest Bücher eines indischen Asketen, von dem ihn Welten trennen würden, wäre letzterer nicht zugleich englischer Rechtsanwalt und Publizist in englischer Sprache! Und wie einst im Reformationsjahrhundert könnte die Übersetzung der Bibel in eine neue Sprache dort den Anfang von Schriftlichkeit und Literatur bedeuten und deren Sprechern zu einem neuen Identitäts- oder gar Nationalbewußtsein verhelfen[208]. Und selbst wo die „Sprachenfresser" erfolgreich waren und den Kolonisierten die Sprache ihrer Herren aufzwingen konnten, haben sich zumindest im Falle des Englischen die neuen Sprecher längst ihrer neuen Sprache gestaltend bemächtigt und zahlreiche „New Englishes" hervorgebracht. England hat nicht nur sein Empire verloren, es wurde auch seiner Sprache enteignet[209]. Hier irrte Lorenzo Valla, als er glaubte, Latein in seiner verflossenen Reinheit wiederherstellen und damit für Rom reklamieren zu können, wo doch längst die aus dem Imperium herausgewachsenen Völker von der Herrensprache auf mannigfaltige Weise Besitz ergriffen hatten.

---

[208] Derartige Andeutungen macht: W. J. Bradnock, *Religious Translation into Non-Western Languages within the Protestant Tradition.* Babel 9 (1963), 33.

[209] So vor allem: Kachru, *The Other Tongue* (wie Anm. 14); ders., *English in South Asia,* in: T. A. Sebeok (Hg.), *Linguistics in South Asia.* Den Haag 1969 (Current Trends in Linguistics 5), 627–678; dazu: J. B. Pride (Hg.), *New Englishes.* Rowley 1982; R. W. Bailey/M. Görlach (Hgg.), *English as a World Language.* Ann Arbor 1982; J. Platt/H. Weber/Ho Miau Lian, *The New Englishes.* London 1984.

Frühe Rezeption der Neuen Welt in der graphischen Kunst

von Tilman Falk

In Augsburgs schönstem profanen Festraum, dem 1770 eingeweihten Rokoko-Saal des Schaezler-Palais an der Maximilianstraße (heute Teil der Städtischen Kunstsammlungen und daher für jeden zugänglich), befindet sich ein farbig leuchtendes Deckengemälde des italienischen Freskanten Gregorio Guglielmi (1714–1773) als malerischer Hauptschmuck. Es zeigt, dem Auftrag des Bauherrn gemäß, des Kaufmanns und Silberhändlers Benedikt Adam von Liebert, eine Allegorie des die damalige Welt umspannenden und die Kontinente verbindenden Fernhandels. Mit der Fertigstellung des Saales zum Besuch der nach Frankreich durchreisenden Marie Antoinette setzte der kürzlich geadelte Hausherr im letzten Jahrzehnt des Rokoko seiner rasch zu Ehren aufgestiegenen Familie, mehr noch seinem Berufsstand ein glanzvolles Denkmal. Trotz des künstlerischen Aufwandes mehr für den Augenblick als für die Ewigkeit geschaffen, selten genutzt, bald in Vergessenheit geraten, bedeutet der Saal erst für unsere wissenschaftlich zergliedernde, auf Distanz urteilende und wertende Generation eine erstaunliche tour de force im Gebiet der schönen Künste, zugleich ein Objekt der Bewunderung für die Touristen[1].

In der Mitte des Freskos thront, als jugendliche Frau, „Europa" in kaiserlicher Gewandung. Merkur und Fama, unter ihr in den Lüften, verbinden sie optisch und inhaltlich mit der Darstellung der beiden seit altersher bekannten Kontinente Afrika und Asien, die das von der Hauptblickrichtung her untere Bilddrittel einnehmen. Diametral von der anderen Schmalseite des Saales zu betrachten, zeigt sich mit mächtigen Felsblöcken aufragend, nur mit Hilfe Neptuns zu erreichen, der spät ins

---

[1] Zur Bau- und Kunstgeschichte des Saales siehe: *Städtische Kunstsammlungen Augsburg / Bayerische Staatsgemäldesammlungen, Deutsche Barockgalerie, Katalog der Gemälde.* Augsburg 1984 (zweite Auflage), 9–17.

Bewußtsein getretene Kontinent Amerika. Deutlich wird also die „Neue Welt" in dieser Erdteil-Allegorie von den „altbekannten" Weltteilen, die benachbart ineinander übergehen, kompositionell distanziert.

Der neue Kontinent wird beherrscht von der allegorischen Gestalt der „Amerika" als üppiger junger Frau in Federkopfschmuck, Federschurz und mit den Attributen einer Jägerin. Neptun bietet ihr Korallen und Perlmuscheln dar. Ihre Begleiterinnen links, beide hellhäutig, scheinen als Volkstypen nicht näher gekennzeichnet zu sein. Zu ihren Füßen steigt eine wilde, fast nackte Männergestalt mit verschiedenen Hack- und Schürfinstrumenten aus einer Schlucht oder Höhle empor. Außer zwei nicht genauer bestimmbaren auffliegenden Kranichvögeln ist merkwürdigerweise keine Tierwelt angedeutet. Ebenso merkwürdig und vorläufig unerklärt ist die Tatsache, daß das Schiff an dieser Stelle ein Medici-Wappen trägt.

Jedenfalls wird die „Neue Welt" hier in einer konzentrierten, keineswegs ausschweifend geschilderten allegorischen Form repräsentiert, als den übrigen Kontinenten gleichwertig, nur durch räumliche Isolierung etwas herausgehoben; sie gilt als entferntes Stück Erde, das sich vor allem durch Fruchtbarkeit und reiche Bodenschätze auszeichnet und daher weite Handelsfahrten wert ist. Kriterium der Erkennbarkeit bleibt fast allein der Federschmuck als Attribut der Hauptfigur. Es sei festgehalten – und darauf kam es uns einleitend an –, daß diese Wiedergabe des Kontinents Amerika aus dem späteren 18. Jahrhundert in ihrer allegorischen Form von allen Phantastereien freigehalten, auf wenige Elemente beschränkt und den anderen Kontinenten gegenüber nicht moralisch oder in anderer Weise wertend eingestuft ist. So zeigt sich die geklärte Vorstellung dieses Themas im späten Barock – man könnte ebenso das berühmtere und aufwendiger ausgestattete Fresko Tiepolos aus dem Treppenhaus der Würzburger Residenz als Beispiel vorführen. Daß der Weg zu solcher Gestaltung jedoch erstaunlich lange Zeit in Anspruch nahm, sollen die folgenden Betrachtungen zeigen, die das 16. Jahrhundert zum Inhalt haben.

*

Die im Thema ausgesprochene Beschränkung auf „Graphik" ist dabei kein willkürlicher und Material ausschließender Akt. Denn die Vorlagen für die Verbreitung bildlicher Erfahrungsberichte und Motive sind stets zeichnerischer Art, und die Verbreitung selbst geschieht in der Regel von Graphik zu Graphik. Erstaunlicherweise haben sich Gemälde, sowohl vor Ort wie in Europa entstandene, bis ins 17. Jahrhundert hinein nicht erhalten, und es hat sie wohl auch kaum gegeben. Selbst Stiche und Holzschnitte, die neue Kenntnisse und Eindrücke verbreiten sollten, sind oftmals nach schriftlichen Notizen, nicht einmal nach gezeichneten Vorbildern entstanden und schon daher in vielen Fällen kaum mehr als Phantasieprodukte.

Künstler von Format hatten – um eine Feststellung vorwegzunehmen – das gesamte 16. Jahrhundert hindurch keine Gelegenheit, an Expeditionen in ferne Kontinente teilzunehmen. Daß der Mainzer Kanoniker Bernhard von Breydenbach um 1485 sich von einem Maler aus Utrecht namens Erhart Reuwich in das Heilige Land begleiten ließ, dem wir die frühesten Holzschnitt-Ansichten von Ortschaften des östlichen Mittelmeerraumes, den Heiligen Stätten in und um Jerusalem selbst sowie orientalischen Menschentypen verdanken, war eine rühmliche Ausnahme geblieben[2].

Es bedeutete in den ersten Jahrzehnten der kriegerischen Expeditionen oder Handelsfahrten in die Neuen Welten schon viel, wenn ein zeichnerisch geschickter Teilnehmer, oft wohl der begleitende Kartograph, sich zu bildlichen Skizzen anregen ließ. Und es blieb Zufall, ob diese nach der Rückkehr in interessierte Hände gelangten und durch Umsetzung in Graphik verbreitet wurden. Von einem speziellen Auftrag an einen Zeichner, die Eindrücke einer Reise systematisch und im Hinblick auf eine Publikation festzuhalten (wie bei Breydenbach/Reuwich) – und sei es auch nur in naturwissenschaftlichem Interesse –, ist uns bis zur Mitte des 16. Jahrhunderts in keinem Fall etwas bekannt.

Um so höher sind auch die schlichtesten Zufallsprodukte der frühesten Bildschilderungen einzuschätzen, um so genauer wären sie auszuwerten. Die blickfangenden Illustrationen der Erst- und Frühdrucke des Columbus-Briefes sowie der Vespucci-Berichte zeigen schlaglichtartig, welche Charakteristika der neu entdeckten Welt und ihrer Bewohner als früheste ins Bewußtsein der Europäer drangen (Abb. 1): Bevölkerungsreichtum, Nacktheit und Langhaarigkeit (im Gegensatz zu kraushaarigen Typen Schwarzafrikas!), fremdartiger Pflanzenwuchs (dargestellt etwa durch Palmen), Holz- oder Strohhütten[3]. Nichts Monströses

---

[2] Bernhard von Breydenbach, *Peregrinatio in Terram Sanctam*. Mainz (E. Reuwich, mit Typen Peter Schöffers) 1486 (= GW 5075). Im selben Jahr erschien auch eine deutsche Ausgabe (= GW 5077).

[3] Abbildung nach: Giuliano Dati, *La lettera dell'isole che ha trovato nuovamente il Re di Spagna*. Firenze 1493. S.: Ausstellungskatalog *The European Vision of America*, ed. H. Honour, Washington DC – Cleveland 1975/1976, Nr. 1 (im folgenden zitiert: *European Vision*). Parallel zum Katalog erschien: H. Honour, *The New Golden Land: European Images of America from the Discoveries to the Present Time*. New York 1975.

oder moralisch Abwertendes ist in dieser Schilderung zu sehen. Freilich gibt der Zeichner auch nicht eigenes Erleben, sondern lediglich Einzelelemente aus dem schriftlichen Wortlaut, der ihm vorlag, wieder. Nach diesen durchaus neutral und sachlich wirkenden Erstlingen der Illustration tauchte bedauerlicherweise sehr bald das allzugern geglaubte und schon in frühen Berichten oft wiederholte Motiv des Kannibalismus auf, das die eher irritierende Schilderung des Kolumbus von freundlichen, gesitteten, keineswegs schwarzhäutigen, häßlichen oder monströsen Eingeborenen auf weite Strecken verdrängte und zum beliebten Bildmotiv wurde. Nicht zufällig erwiesen sich die in dieser Hinsicht „skandalöseren" Schilderungen Vespuccis als erfolgreicher in ihrer Verbreitung[4].

Einen Text des Vespucci verbreitet auch jenes nur in Wolfenbüttel erhaltene Flugblatt[5], das einem Leipziger Drucker zugewiesen wird und im Jahr 1505 entstanden sein muß (Abb. 2). Seine Illustration, die die Ankunft mehrerer europäischer Schiffe an den felsigen, dichtbevölkerten Küsten jenseits des Ozeans zeigt, setzt im allgemeinen Schema eine Kenntnis des italienischen Holzschnitts des Columbus-Briefes oder eines Derivats offenbar voraus. Insofern wird sicherlich nicht die „Einfahrt in eine Flußmündung"[6], sondern die Vorstellung eines Inselreichs zu erwecken gesucht. Laut Schlußsatz des Textes beruht das Flugblatt auf einem lateinischen Bericht, der im Mai 1505 von Paris ausging. Wenn sich diese Vorlage auch nicht genau identifizieren ließ[7], so scheint doch eindeutig, daß alle früheren Versionen dieses Vespucci-Textes nicht als Einblattdruck, sondern als Broschüre im Oktavformat erschienen waren; wenn sie überhaupt eine Illustration aufwiesen, so zeigte diese lediglich König Manuel von Portugal mit Szepter und Wappenschild. Die Leistung des deutschen Druckers war also die Umsetzung in ein Flugblatt und damit die Möglichkeit einer großformatigen (ca. 18 x 26 cm) Bildbeigabe; diese ist ein bemerkenswerter Erstling in mancherlei Hinsicht[8], vor allem

---

[4] Ausstellungskatalog *Mythen der Neuen Welt. Zur Entdeckungsgeschichte Lateinamerikas*, hg. v. K.-H. Kohl. Berlin 1982, 17 f. (im folgenden zitiert: *Mythen);* vgl. auch *European Vision* (wie Anm. 3), Nr. 2.
[5] Ausstellungskatalog *Die Neue Welt in den Schätzen einer alten europäischen Bibliothek*. Wolfenbüttel 1976, Nr. 3; Gesamtabbildung 11, farbige Detailabbildung auf dem Umschlag (im folgenden zitiert: *Katalog Wolfenbüttel).*
[6] *Mythen* (wie Anm. 4), 286, Nr. 2/2.
[7] Vgl. H. Harrisse, *Bibliotheca Americana Vetustissima. A Description of the Works relating to America 1492–1551*. New York–Paris 1866, 1872 (2 Bde.), 37–39. Kataloge der John Carter Brown Library, Providence R.I., u.a.
[8] Die in: *Mythen* (wie Anm. 4), 286 erwähnte Version der Universitätsbibliothek Minnesota (USA) ist mir nicht bekannt, jedoch dürfte es sich bei dem Holzschnitt, da sei-

auch darin, daß erstmals Federschmuck an Kopf und Leib als charakteristisches, dominierendes Kennzeichen des amerikanischen Ureinwohners vorgestellt ist.

Zur Widersprüchlichkeit der Schilderungen bei den frühen Entdeckern kam die noch längere Zeit anhaltende Unklarheit der geographischen Verhältnisse hinzu: Solange man in der „Neuen Welt" und ihren Inselreichen noch die östlichsten Ausläufer des indischen bzw. asiatischen Kontinents vermutete, ist den Künstlern nicht zu verdenken, daß sie die Einwohner der „Neuen Welt" mit vertrauten Zügen ihnen bereits bekannter asiatischer Menschentypen ausstatteten. Und da diese schon in der antiken Reiseliteratur von Ptolemäus und Strabo bis Diodorus Siculus geschildert wurden, die primitive Nacktheit der Exoten mit der idealisierten der Antike zu verbinden war (oder verwechselt wurde), ergab sich das seltsame, auch im Literarischen beobachtete Phänomen, daß die Bewohner der „Neuen Welt" bisweilen in ausgesprochen antikisierenden Gestalten und Posen auftraten.

Auch die etwa gleichzeitige Erschließung des östlichen Seeweges nach Indien, um die Südspitze Afrikas, brachte ja Berichte über unbekannte Länder und Völker. So ist daher bei manchen bildlichen Einzelzeugnissen nicht ohne weiteres – d. h. ohne Kenntnis des größeren Zusammenhanges – zu entscheiden, ob es sich um Schilderung „Indischer" oder „Indianischer" Bewohner und ihrer Umwelt handelt[9]. Hans Burgkmair von Augsburg hatte 1508 einen kurzen Reisebericht Balthasar Springers aus Vils mit einer Serie von friesartig aneinanderzureihenden Holzschnitten ausgestattet, die – obwohl heute äußerst selten – doch großen Eindruck gemacht haben müssen, da sie alsbald in Nürnberg, in den Niederlanden und später in Italien kopiert wurden. Springer hatte als deutscher Faktor an der portugiesischen Indienexpedition von 1505 bis 1507 teilgenommen, an der unter Führung der Welser-Kompagnie auch die Augsburger Handelshäuser der Fugger, Höchstätter und Gossenbrot

---

tenverkehrt, um eine direkte Kopie handeln. – Als erste Illustrationsfolge zu Vespucci-Berichten erschienen die vier Holzschnitte zu: „Diß büchlin saget wie die zwen durchlüchtigsten herren Fernandus K. zu Castilien ...", Straßburg (J. Grüninger) 1509. Siehe: *Mythen* (wie Anm. 4), Nr. 2/6 und *Katalog Wolfenbüttel* (wie Anm. 5), Nr. 4 mit Abbildung aller vier Illustrationen auf Seite 15.

[9] Der Illustrator Jörg Breu d. Ä. schilderte z. B. federgeschmückte Eingeborene auf einem Holzschnitt zu: Lodovico Varthema (Vartoman), „Die ritterliche und lobwürdige Reise ...", Augsburg (J. Miller) 1515, die sich dem Text nach auf Sumatra befanden. G. Pochat, *Der Exotismus während des Mittelalters und der Renaissance*. Stockholm 1970 (Acta Universitatis Stockholmiensis 21), 156.

Abb. 1. Illustration zu: La lettera dell'isole..., Firenze 1493 (sog. Columbus-Brief). Holzschnitt.

Abb. 2. Flugblatt-Illustration: Das sind die new gefunden menschen …, (Leipzig?) 1505. Holzschnitt. Herzog-August-Bibliothek, Wolfenbüttel.

Abb. 3. Hans Burgkmair, Kalikutisch Leut. Holzschnitt (131) aus: Triumphzug Kaiser Maximilians I.

Abb. 4. Hans Burgkmair, Eingeborener mit Keule und Schild. Getuschte Federzeichnung. London, British Museum.

Abb. 5. Hans Burgkmair, Eingeborener mit Spieß. Getuschte Federzeichnung. London, British Museum.

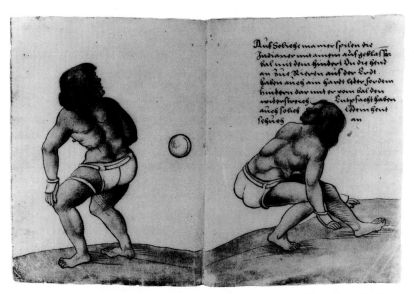

Abb. 6. Christoph Weiditz, Eingeborene Ballspieler (Tafel XIII aus dem Trachtenbuch). Aquarell. Zeichnung. Nürnberg, Germanisches Nationalmuseum.

Abb. 7. Christoph Weiditz, Eingeborener als Jongleur (Tafel XV aus dem Trachtenbuch). Aquarell. Zeichnung. Nürnberg, Germanisches Nationalmuseum.

Abb. 8. Christoph Weiditz, Stehender Eingeborener mit Lanze (Tafel XXIII aus dem Trachtenbuch). Aquarell. Zeichnung. Nürnberg, Germanisches Nationalmuseum.

Er bleyb gleichwol noch eyn zeitlang kranck/aber er ward widderumb geſundt/vnnd ſeiner frawen eyne/welche auch kranck war. Aber es ſturben vngeferlich acht võ ſeiner freunt ſchafft/one andere mehr/welche mir auch hatten groß leydt angethon. So waren noch zwen andere könige auß zweyen andern hütten/der eyne Vratinge Waſu/der ander Kenrimakui genãt. Dem Vratinge Waſu hatte getreumbt/ Jch were vor jnen komen/vnd hette zů jme geſagt/Er ſolte ſterben/Vnd er kam des morgens frů zů mir/vnd klagte e

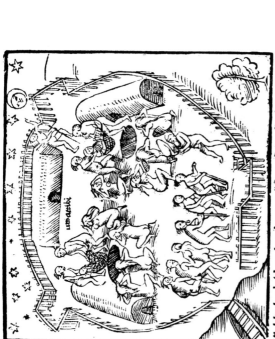

Abb. 9. Illustration aus: Hans Staden, Warhafftige Beschreybung …, Marburg 1557. Holzschnitt. Augsburg, Staats- und Stadtbibliothek.

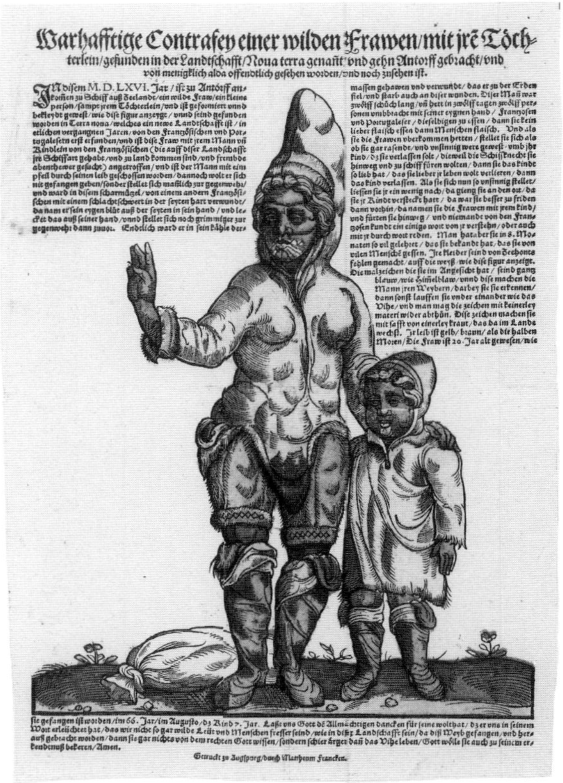
Warhafftige Contrafey einer wilden Frawen/mit jrẽ Töchterlein/gefunden in der Landtſchafft/Noua terra genañt/vnd gehn Antorff gebracht/vnd von menigklich alda offendtlich geſehen worden/vnd noch zuſehen iſt.

JN diſem M. D. LXVI. Jar/iſt zu Antörff ankomen zu Schiff auß Zeelandt/ein wilde Fraw/ein kleine perſon/ſampt jrem Töchterlein/vnd iſt geformiert vnnd bekleydt geweſt/wie diſe figur anzeygt/vnnd ſeind gefunden worden in Terra noua/welches ein newe Landtſchafft iſt/in etlichen vergangnen Jaren/von den Frantzöſiſchen vnd Portugaleſern erſt erfunden/vnd iſt diſe Fraw mit jrem Mann vñ Kindlein von den Frantzöſiſchen (die auff diſer Landſchafft jre Schiffart gehabt/vnd zu land kommen ſind/vnd frembde abenthewer geſucht) angetroffen/vnd iſt der Mann mit eim pfeil durch ſeinen leib geſchoſſen worden/dannoch wolt er ſich nit gefangen geben/ſonder ſtellet ſich mañlich zur gegenwehr/ vnd ward in diſem ſcharmützel/von einem andern Frantzöſiſchen mit einem ſchlachtſchwert in der ſeyten hart verwundt/ da nam er ſein eygen blůt auß der ſeyten in ſein hand/vnd lecket das auß ſeiner hand/vnnd ſtellet ſich noch grimmiger zur gegenwehr dann zuvor. Endtlich ward er in ſein kähle dermaſſen gehawen vnd verwundt/das er zu der Erden fiel/vnd ſtarb auch an diſer wunden. Diſer Mañ war zwölff ſchůch lang/vñ hett in zwölff tagen zwölff perſonen vmbbracht mit ſeiner eygnen hand/Frantzoſen vnd Portugaleſer/dieſelbigen zu eſſen/dann ſie kein lieber flaiſch eſſen dann Menſchen flaiſch. Vnd als ſie die Frawen vberkommen hetten/ſtellet ſie ſich als ob ſie gar raſendt/vnd vnſinnig were geweſt/vmb jhr kind/dz ſie verlaſſen ſolt/dieweil die Schiffknecht ſie hinweg vnd zu ſchiff füren wolten/dann ſie das kindt ſo lieb hat/das ſie lieber jr leben wolt verlieren/dann das kind verlaſſen. Als ſie ſich nun ſo vnſinnig ſtellet/ lieſſen ſie jr ein wenig nach/da gieng ſie an den ort/da ſie jr Kindt verſteckt hatt/da war ſie beſſer zu friden dann vorhin/da namen ſie die Frawen mit jrem kind/ vnd fürten ſie hinweg/vnd niemandt von den Franzoſen kundt ein einigs wort von jr verſtehn/oder auch mit jr durch wort reden. Man hat aber ſie in 8. Monaten ſo vil gelehret/das ſie bekandt hat/das ſie von vilen Menſchẽ geſſen. Jre kleider ſeind von Zechonts fehlen gemacht/auff die weyß/wie diſe figur anzeigt. Die malzeichen die ſie im Angeſicht hat/ſeind gantz blauw/wie Hĩmelblaw/vnnd diſe machen die Mann jren Weybern/darbey ſie ſie erkennen/ dann ſonſt lauffen ſie vnder einander wie das Vihe/vnd man mag die zeichen mit keinerley materi wider abthůn. Diſe zeichen machen ſie mit ſafft von einerley kraut/das da im Lande wechſt. Jr leib iſt gelb/braun/als die halben Moren/Die Fraw iſt 20. Jar alt geweſen/wie ſie gefangen iſt worden/im 66. Jar/im Auguſto/dz Kind 7. Jar. Laßt vns Gott dẽ Allmächtigen dancken für ſeine wolthat/dz er vns in ſeinem Wort erleüchtet hat/das wir nicht ſo gar wilde Leüt vnd Menſchen freſſer ſeind/wie in diſer Landſchafft ſein/da diß Weyb gefangen/vnd herauß gebracht worden/dann ſie gar nichts von dem rechten Gott wiſſen/ſondern ſchier ärger dañ das Vihe leben/Gott wölle ſie auch zu ſeinem erkendtnuß bekeren/Amen.

Getruckt zu Augſpurg/durch Mattheum Francken.

Abb. 10. Eskimo-Frau mit Kind. Flugblatt mit Holzschnitt, Augsburg 1566. Zürich, Zentralbibliothek.

Abb. 11. Jost Amman, Eskimo im Kajak. Holzschnitt-Illustration aus: De Martini Forbisseri Navigatione ..., Nürnberg 1580. Augsburg, Staats- und Stadtbibliothek.

PRIMA *nauigatione, quum Columbus terram attigit, crucem ligneam in littore statuit: deinde prouectus in Hoytin Insulam appellit, quam Hispaniolam nuncupat, & in terram cum multis Hispanis descendit. Ibi quum ab eius loci Cacico (regulum ita appellant) cui nomen Guacanarillo, summa comitate exceptus esset, muneribus inuicem datis & acceptis, ambo fidem amicitiæ futuræ sanxere. Columbus, indusiis, pileolis, cultellis, speculis & similibus eum donauit. Cacicus contra satis magno auri pondere Columbum remuneratus est.*

Abb. 12. Columbus' Ankunft auf den Westindischen Inseln. Kupferstich aus: Theodor de Bry (Hg.), Americae Pars Quarta ..., Frankfurt a. M. 1594, fol. C 2.

beteiligt waren[10]. Obwohl hier durch Umstände und Texterläuterungen deutlich wird, daß es sich um Schilderung afrikanischer und asiatischer Stämme handelt, entsprechen einzelne Gruppen, etwa die Frauen aus „Gros-India", in wesentlichen Zügen den frühen Darstellungen „indianischer", d. h. westindischer Eingeborener im Gefolge der Columbus-Berichte. Dadurch werden Springer und Burgkmair so wenig unglaubwürdig wie die früheste Wiedergabe mittelamerikanischer Menschentypen, es sind eben jeweils Näherungsversuche aufgrund vager Beschreibungen oder dilettantischer Skizzen.

Schwieriger als hier gestaltet sich die ethnographische Differenzierung ein Jahrzehnt später in einigen auf die neuen Entdeckungen bezüglichen Holzschnitten des „Triumphzugs Kaiser Maximilians I."[11]. Das unter Maximilians persönlicher Anleitung erarbeitete Programm sah unmittelbar vor dem Schlußabschnitt (dem Heerestroß) eine Darstellung der Völkerschaften vor, die zu seinen Zeiten wenn nicht in den Macht-, so doch in den Einflußbereich der habsburgischen Politik und des Reiches gelangt waren. Diese Gruppen des Zuges (Holzschnitte 129–131) sind zusammengefaßt unter dem Begriff der „Kalikutischen Leut" nach Kalikut, einer Küstenstadt auf der westlichen Seite der Südspitze Indiens. Kalikut war das äußerste Ziel der erwähnten portugiesisch-deutschen Indienexpedition gewesen und daher wohl zeitweise namengebend für indisch-asiatische Menschentypen. Aber unter die Scharen, die dem Elefantenreiter (Nr. 129) folgen, mischen sich zahlreiche Männer und einzelne Frauen in Federschmuck und knielangem Federschurz, deutlich abgesetzt von den übrigen als nicht-negroide Typen (Abb. 3). Derartiger Federschmuck, der erstmals in den noch relativ kunstlosen, aber wichtigen deutschen Illustrationen zu Ausgaben des dritten Vespucci-Briefes von 1505 auftauchte[12], wird nun bald zum Kennzeichen der Bewohner der „Neuen Welt" schlechthin, ob nun das nordamerikanische Festland, die „westindischen Inseln", oder Brasilien – wie bei Vespucci – gemeint sind.

Auch die Tiere, Pflanzen und Ausrüstungsgegenstände im „Triumphzug" beziehen sich zumeist auf afrikanische und asiatische Herkunft:

---

[10] F. Schulze, *Balthasar Springers Indienfahrt 1505/06*. Straßburg 1902. – *Ausstellungskatalog Hans Burgkmair – Das Graphische Werk*. Augsburg–Stuttgart 1973, Nr. 23–26, mit Abbildungen.
[11] *The Triumph of Emperor Maximilian I. 137 woodcuts by Hans Burgkmair and others*, ed. S. Appelbaum. New York 1964. – *Ausstellungskatalog Hans Burgkmair* (wie Anm. 10), Nr. 204–219 sowie dazu einleitender Text. – *European Vision* (wie Anm. 3), Nr. 5; *Mythen* (wie Anm. 4), 25–29.
[12] Siehe oben im Text; außerdem: *Mythen* (wie Anm. 4). Abb. 14 und Nr. 2/3.

Papageien, Affen, Fettschwanz-Hammel, Früchte u.a.m. Bei den Waffen sind nur einzelne auf ihre Herkunft bestimmbar. Hervorzuheben ist jedoch, daß unter den pflanzlichen Produkten Maiskolben mitgetragen werden, da dies als früheste Wiedergabe der in Mittelamerika entdeckten Maispflanze in der europäischen Kunst gilt[13]. Schwer zu entscheiden bleibt, was nach Schilderungen, was aus eigener Anschauung dargestellt sein kann. Konkrete Hinweise auf nach Deutschland bzw. Mitteleuropa gelangte Pflanzen, Tiere, Gegenstände sind in dieser Frühzeit spärlich – es gab sie natürlich, doch fanden sie selten schriftlichen oder gar literarischen Niederschlag.

Um so beachtenswerter scheint uns eine Stelle aus einem Brief Konrad Peutingers, des mit Bartholomäus (IV) Welser verschwägerten und auch mit der Familie Höchstetter verwandten Augsburger Stadtschreibers und Kaiserlichen Rats, bei dem sich humanistisch-kosmographisches mit handfestem geschäftlichem Interesse an den Fernfahrten verband. Das Zitat findet sich in einem Schreiben an Sebastian Brant vom 7. April 1507, also wenige Monate nach der Rückkehr der erwähnten portugiesisch-deutschen Indienexpedition, und ist daher unmittelbar auf sie zu beziehen. Peutinger vermerkt dort: „Vellem, ut aliquando videres papageios meos humane loquentes (psitacos non appello, cum alium quem Plinius describit colorem habeant) multaque alia ex India a nostris factoribus quae mihi transmissa sunt: ligna, arcus, pela, conchae et alia. Iterum vale..."[14]

Sebastian Brant als Empfänger dieses Briefes läßt uns deshalb aufmerken, weil er im „Narrenschiff" (1494), immerhin eine der frühesten literarischen Reaktionen überhaupt, folgende Zeilen verfaßte:

„Ouch hatt man sydt in Portugal
und in Hyspanien uberall
Golt-inslen funden, und nacket lüt
Von den man vor wust sagen nüt"[15],

damit das weltbewegende Ereignis, wie mir scheint, doch noch mit einer abwinkenden Handbewegung banalisierte und sein christlich-spätmittelalterliches Weltbild nicht im geringsten erschüttern ließ. Solche Reaktion von Gelehrtenseite war offenbar zunächst nicht vereinzelt. Hier aber

---

[13] H. Honour, in: *Mythen* (wie Anm. 4), 25 und Nrn. 5/10, 5/11.
[14] Konrad Peutingers *Briefwechsel*, gesammelt, hg. und erläutert von E. König. München 1923 (Veröffentlichung der Kommission für Erforschung der Geschichte der Reformation und Gegenreformation. Humanisten-Briefe I), 77 f. (Nr. 48).
[15] Sebastian Brant, *Narrenschiff*. Basel 1494 (u. spätere Ausgaben). Zitiert u.a. in: *Katalog Wolfenbüttel* (wie Anm. 5), 43 f.

wird er von Peutinger als unmittelbar informiertem und beteiligtem Zeitzeugen eindringlich zur Anteilnahme aufgefordert. Als typische Reaktion von seiten Peutingers darf andererseits der Vergleich der ihm zugesandten Papageien mit der antiken Schriftquelle, nämlich Plinius „Historia naturalis", gelten. Humanist und Künstler, in diesem Falle Peutinger und Burgkmair, standen offensichtlich in engem Kontakt in der Verwertung solcher Neuigkeiten. All die genannten Geschenke dürften dem Künstler bekannt geworden und bereits in die Holzschnittserie zu Springers Bericht von 1508 eingearbeitet sein; die Triumphzug-Holzschnitte werten sie ein zweites Mal aus, dazu neue Kenntnisse über amerikanische Entdeckungen und Trophäen, deren Quelle nicht unmittelbar nachzuweisen ist.

Im dritten Jahrzehnt waren es vor allem die Berichte von der Eroberung Mexikos mit seiner alten Hauptstadt Tenochtitlàn durch Cortèz und dadurch heimgebrachte Merkwürdigkeiten des Aztekenreiches – keinesfalls nur Gold- und Silberobjekte! –, die der Phantasie neue Nahrung gaben und einige künstlerische Reaktionen auslösten. Nach wie vor waren allerdings die „Neuen Zeitungen", die die Berichte des Eroberers verbreiteten, im allgemeinen flugblattähnlich primitiv und unrealistisch illustriert, wenn es auch gelegentlich Einzelleistungen von überraschender Qualität gab, wie etwa die in einem Nürnberger Druck des Cortèz-Berichtes von 1524 enthaltene bemerkenswert sachliche oder glaubhaft umgesetzte Vogelschauansicht von Tenochtitlàn, dem „Groß-Venedig" Mexikos[16]: dies ist einer der wenigen Fälle, wo ein eher kartographisches Thema auch in der druckgraphischen Übertragung künstlerischen Reiz gewinnt, und um so höher zu bewerten, als es sich noch um einen Holzschnitt, nicht um die weitaus detailreicher arbeitende Technik des Kupferstiches handelt[17].

Auf Geschenke an Karl V., die Cortèz aus Mexiko gebracht hatte und die in Brüssel ausgestellt wurden, bezieht sich vor allem jene bekannte Stelle aus Dürers niederländischem Tagebuch vom August 1520, die man oft erwähnt, aber selten in ihrer Gesamtheit zitiert findet:

---

[16] H. Cortèz, *Praeclara de Noua maris Oceani Hyspania Narratio...*, Nürnberg 1524. Siehe H. Budde, in: *Mythen* (wie Anm. 4), 173 f. und farbige Abb. 262.

[17] Nicht gerechtfertigt ist es, wenn Budde (wie Anm. 16), 174, den Riesenholzschnitt der Stadtansicht Venedigs von Jacopo de'Barbari (1500 erschienen) zum qualitativen Vergleich heranzieht. Dieser ist ein in jahrelanger Arbeit unter großen finanziellen Mühen entstandenes Auftragswerk, jener von 1524 die graphische Umsetzung einer Skizze von unbekannter Exaktheit in eine bescheidene Buchillustration.

„Auch hab ich gesehen die Dieng, die man dem könig auß dem neuen gulden land hat gebracht: ein gancz guldene sonnen, eines ganczen klaffter braith, deszgleichen ein gancz silbern mond, auch also groß, deszgleichen zwo kammern voll derselbigen rüstung, deszgleichen von allerley ihrer waffen, harnisch, geschucz, wunderbahrlich wehr, selczamer Klaidung, pettgewandt und allerley wunderbahrlicher ding zu maniglichem brauch ... Diese ding sind alle köstlich gewesen, das man sie beschäczt vmb hundert tausend gulden werth. Und ich hab aber all mein lebtag nichts gesehen, das mein hercz also erfreuet hat als diese ding. Dann hab ich darin gesehen wunderliche künstliche ding und hab mich verwundert der subtilen ingenia der menschen in frembden landen ..."[18]

Diese Zeilen sind in ihrer Unbefangenheit und unverhohlenen Bewunderung einzigartig. Hier bedarf es keiner humanistischen Vermittlung. Die Fähigkeit, die mexikanischen Schätze nicht nur als Kuriositäten oder, soweit aus Gold oder Silber bestehend, als Wertobjekte, sondern als Zeugnisse menschlichen Ingeniums *unabhängig von europäischen ästhetischen Maßstäben* anzusehen, war allerdings nur wenigen gegeben – bis weit in das 18. Jahrhundert hinein. Hier erweist sich Dürer, wie bei anderen Gelegenheiten, als wahrhaft kosmopolitischer und humanistischer Geist, der die Erweiterung des Horizonts des menschlichen Geistes durch die Entdeckungen der neuen Länder und Völkerschaften zumindest vorausahnt.

Dürer hatte offensichtlich schon früher Kunde von amerikanischen Eingeborenen erhalten, da er unter seinen Randzeichnungen im „Gebetbuch Kaiser Maximilians" (1515) eine Figur darstellt, die kaum anders als ein Mexikaner oder Brasilianer zu deuten ist und gewiß keinen direkten bildlichen Vorgänger hatte[19]. Um so erstaunlicher ist der intuitiv gelungene Eindruck des fremdartigen Typus. Wenn Hans Christoph von Tavel in seiner Untersuchung über den ikonographisch-symbolischen Gehalt der Zeichnungen[20] die Figur mit ihren Attributen als „Wehrbereitschaft des Friedfertigen" deutet, so kommt er damit auf eine richtige Spur,

---

[18] Dürer, *Schriftlicher Nachlaß*, hg. v. H. Rupprich, Bd. 1. Berlin 1956, 155, 184 (Anm. 194 f.). – Auch Dürer benutzt in anderem Zusammenhang im niederländischen Tagebuch den Ausdruck „kalikutisch" für exotisch, nämlich für eine hölzerne Waffe, deren Herkunft nicht näher erläutert wird.
[19] G. Leidinger, *Albrecht Dürers und Lucas Cranachs Randzeichnungen zum Gebetbuch Kaiser Maximilians in der Bayerischen Staatsbibliothek*. München 1922, Taf. 35. Kleine Abb. auch in *Mythen* (wie Anm. 4), 27.
[20] H. Ch. von Tavel, *Die Randzeichnungen Albrecht Dürers zum Gebetbuch Kaiser Maximilians*. Münchner Jahrbuch der bildenden Kunst, 3. Folge XVI (1965) 55–120; die besprochene Miniatur: Nr. 41 r mit Abb. 48.

obwohl er die absolute Neuartigkeit der exotischen Aufmachung (das Blatt steht zeitlich *vor* den Triumphzug-Holzschnitten!) nicht erkannte: Federschurz, Aztekenschild, pelzmützenartige Kopfbedeckung und pflanzen(?)umwundene Spitze des Speers – sie entspringen nicht Dürers Phantasie, sondern können nur auf Nachrichten neuesten Datums beruhen. Unmittelbarer Ausgangspunkt im Textzusammenhang ist zwar der Psalmvers „Domini est terra / et plenitudo eius orbis terrarum / et universi, qui habitant in eo" (Ps. 24,1); aber charakteristisch für den Nürnberger Künstler ist, daß er die naturhaften, paradiesischen Züge der „Neue Welt"-Bewohner und ihre ursprüngliche Friedfertigkeit herausstellt gegenüber den bereits zu spürenden zweckhaften Tendenzen einer Abwertung der „Wilden" aus fehlgeleiteter christlicher Moral, materieller Habgier und kriegerischem Überlegenheitsgefühl.

Auf die neuen, ab 1521 verbreiteten Cortèz-Berichte aus Mexiko können auch zwei Zeichnungen zurückgehen, die wiederum Hans Burgkmair aus Augsburg zugeschrieben werden, jedenfalls wohl erst aus dem 3. Jahrzehnt des 16. Jahrhunderts stammen (Abb. 4 u. 5)[21]. Sie zeigen zwei einzelne, statuarisch aufgerichtete Eingeborene, einen jüngeren und hellhäutigeren, dessen Körper sich von schwarzgetuschtem Hintergrund abhebt, und einen älteren, bärtigen mit dunklerer Haut vor hellem Grund. (Die Unsicherheit der Zuschreibung ist charakteristisch für den Zweck der Arbeiten, da der Zeichner – nach meiner Meinung unzweifelhaft Hans Burgkmair – zugunsten einer sachlichen Vorstellung seine sonstige ornamentale Schönlinigkeit zurücktreten läßt!) Wichtig ist nun aber, daß die Figuren durch ihre Ausstattung nicht mit Springers Reiseberichten von 1508 zusammenhängen können. Der jüngere hält eine kurze Keule und einen „eindeutig aztekischen"[22], wenn auch zu klein geratenen Schild, der ältere einen Langspieß mit einem fransengeschmückten oder langhaarigen Schrumpfkopf(?). Beide tragen in gleicher Weise Federschmuck um Kopf und Hals, wobei die Halskrause in ein nur den rechten Oberarm bedeckendes Teil übergeht. Vor allem ist jedoch aus den unpraktikablen und vermutlich auch mißverstandenen Federröcken Dürers und Burgkmairs im Triumphzug eine Art Schurz geworden, der das linke Bein und wohl ebenso die Rückfront größtenteils frei läßt. Da Burgkmair die fremdartigen Gestalten nicht zu Gesicht bekam (Dürer

---

[21] P. Halm, *Hans Burgkmair als Zeichner.* Münchner Jahrbuch der bildenden Kunst, 3. Folge 13 (1962) 125, 128 (London, British Museum; Größe je ca. 235 x 160 mm). – H. Honour, in: *Mythen* (wie Anm. 4), 26 f.

[22] H. Honour, in: *Mythen* (wie Anm. 4), 26.

zeichnete immerhin 1508 in Venedig das Porträt eines Negers und 1521 in Antwerpen die schwarze Magd eines portugiesischen Faktors nach dem Leben[23]!), ist ethnologische Bestimmbarkeit der Typen nicht zu erwarten. Anlaß, Zweck, Vorbild und Zusammenhang der Zeichnungen sind gänzlich unbekannt.

Etwa ein Jahrzehnt später ist eine Gruppe von Zeichnungen anzusetzen, welche sozusagen eine wirkliche Berührung mit der exotischen Welt spüren läßt und sich im sogenannten „Trachtenbuch" des Christoph Weiditz findet[24]. Der Autor und Zeichner, ein vom Oberrhein stammender, zeitweise in Augsburg tätiger Medailleur, reiste um 1530 mit dem Augsburger Harnischmacher Colman Helmschmid an den Hof Karls V. in Spanien, vermutlich um Privilegien gegen Konkurrenz und Zunftbindungen zu erlangen. (Von ihm stammt übrigens eine der bekanntesten Bildnismedaillen des Cortèz.)

In diesem Trachtenbuch taucht nun neben zahlreichen landschaftsgebundenen Menschen- und Kleidertypen Spaniens eine Gruppe zumeist mexikanischer Indianer auf, die von Cortèz 1528 dem Kaiser nach Europa gebracht worden sein sollen (Tafeln XI-XXIII des Trachtenbuches). Da gibt es die Motive der mit Steinen Würfelnden, eine Art Morra Spielenden, eigenartige Ballspieler (Abb. 6) und reine Standfiguren, die nur um der Bekleidung willen geschildert sind. Da diese Blätter nie in Druckgraphik vervielfältigt wurden, ist eigentlich zu vermuten, daß sie nicht weithin bekannt waren (siehe jedoch unten: Theodor de Bry!); doch gibt es die Ballspieler immerhin noch in mindestens zwei anderen Versionen, wobei die mir aus der Graphischen Sammlung Schloß Wolfegg bekannte sogar künstlerisch überlegen und feiner, auch mit Goldhöhung, durchgeführt ist. Auf anderen Seiten wird in drei Stadien das Jonglieren und Hochwerfen eines schweren „mannslangen" Holzklotzes mit den Füßen vorgeführt (Abb. 7). Bei den „Artisten" wie den Standfiguren ist nüchterne, ungekünstelte Wiedergabe der im übrigen etwas derben, grobkonturigen Blätter als Ziel deutlich; es kommt auf charakteristische Details etwa der Gewandung und Ausrüstung, auch der Frisur und Physiognomie mit den „eingesetzten" Edelsteinen (vgl. auch Abb. 6) an. Gerade in dieser Schlichtheit wirken sie glaubwürdig und einer Augenzeugenschilderung nahe – im Gegensatz zum Schlußblatt der Gruppe

---

[23] F. Winkler, *Die Zeichnungen Albrecht Dürers*. Berlin 1936–1939. Bd. 2, 431 und Bd. 4, 818.
[24] Th. Hampe, *Das Trachtenbuch des Christoph Weiditz von seinen Reisen in Spanien (1529) und den Niederlanden (1531/32)*. Berlin–Leipzig 1927. – Siehe auch: *Mythen* (wie Anm. 4), 28–31.

(Tafel XXIII), wo offenbar gesehene oder beschriebene indianische Waffen einem braun gefärbten Aktfigürchen europäischen Typs mit antikischem Kontrapost appliziert worden sind (Abb. 8). Diese – wohl unwillkürliche – Umsetzung ins gewohnte antikische (renaissancehafte) Muster ist ein fast untrügliches Indiz, daß es sich nicht um „Zeichnung nach der Natur", sondern nach schriftlicher oder mündlicher Tradierung handelt.

Diese Beispiele, wenn sie auch ziemlich peripher wirken, sind allesamt so etwas wie „ethnologische Inkunabeln" und bilden die Art von sachlicher und zugleich künstlerischer Information oder Informationswiedergabe, wie man sie erwartet, mit der sich aus vielen Einzelheiten doch allmählich ein Vorstellungsbild des Lebens in der fernen Welt hätte zusammensetzen können. Aber Ansätze solcher Art fanden zunächst keine Nachfolge. Erstaunlich ist auch, daß von den amerikanischen Eingeborenen, die seit Columbus' Zeiten immer wieder einmal nach Europa mitgebracht wurden, keine einzige porträthafte Abbildung in Quellen überliefert, geschweige denn erhalten ist[25]. Selbst von den Vorführungen einer Schar von Brasilianern, die 1550 in Rouen anläßlich des Einzugs Henris II. abgehalten wurden und bei denen man ein ganzes Urwalddorf am Seineufer errichtete, verbreitete sich kaum ein künstlerischer Niederschlag. Ein illustriertes Manuskript für den König, das die Vorgänge festhielt, und ein einzelner Buchholzschnitt konnten keine Wirkung auf ein breiteres Publikum erzielen[26].

Vermutlich aus Mangel an neuer und reicherer Information über die neuentdeckten Gebiete konnte dann 1554 in Basel ein Werk wie Johannes Herold's „Heydenwelt und irer Götter anfänglicher ursprung" mit einer deutschen Übersetzung von Diodorus Siculus' Weltbeschreibung als Hauptteil erscheinen[27] nebst einem Kapitel „Von Neuw erfundenen Inseln, so in Occeano gegen Mittag gelegen"; in ihm werden alle antiken

---

[25] Ein lebensgroßes Bildnis von Montezuma II. (1503–1520) aus dem Besitz von Großherzog Cosimo III. Medici, vielleicht ehemals Teil einer Serie solcher Bilder, scheint auf Vorlagen mexikanischer Bilderhandschriften zurückzugehen und erst im späten 16. Jahrhundert gemalt worden zu sein, außerdem erst kurz vor 1700 nach Europa gelangt zu sein. D. Heikamp in: *Mythen* (wie Anm. 4), 143 ff. mit Abb. und weiterer Literatur. Ein Stich nach dem Bildnis erschien in Antonio de Solis „Istoria della conquista del Messico", Florenz 1699; siehe *Katalog Wolfenbüttel* (wie Anm. 5), Nr. 25, Abb. 18 – womit der terminus ante für die Überführung nach Florenz gegeben ist.

[26] Siehe: *European Vision* (wie Anm. 3), Nr. 8; sowie: *Mythen* (wie Anm. 4), Nr. 5/12 und Abb. 217.

[27] Publiziert bei Henricpetri, Basel 1554. Vgl. *Mythen* (wie Anm. 4), 282 f. und Nr. 1/15.

Ammenmärchen von exotischen Monstrositäten, tierköpfigen oder kopflosen Leuten, Kannibalismus bei den alten Ägyptern etc. sorgsam wieder aufgewärmt. Die kopflosen Menschen mit einem Gesicht zwischen den Schultern, die dann noch 1595 Sir Walter Raleigh in Guayana angetroffen haben will[28], führen über solche Zwischenstufen ihr Dasein in Illustrationen sogar bis ins 18. Jahrhundert hinein fort, und da in Vorzeiten Plinius sowie der Hl. Augustinus ähnliches aus Asien berichtet hatten, fand sich kein humanistischer Gelehrter, der dieser Fabelei entgegentrat[29]! Eine andere Illustration Herolds (die nicht wie die meisten aus Münsters Cosmographie oder anderen Werken übernommen ist) zeigt wiederum auffällig, wie alle neuen Erkenntnisse über Körpertypus, Kleidung, Physiognomien der Exoten negiert scheinen zugunsten blasser und fast unbeholfener Nachbildung antiker Standfiguren[30]. Dies als „Einwohner der neu erfundenen Inseln" in den Jahren nach 1550 vorzustellen, wirkt geradezu weltfremd und beschämend. Im Anhang des Buches findet sich übrigens eine illustrierte Deutung der Hieroglyphen des Horus Apollo. Vielleicht ist es nicht untypisch, daß in Humanistenkreisen gerade solche Werke wieder aufgegriffen werden: hier kommt doch etwas von Schreibtischnaturen und Vorbeisehen an den aktuellen, wenn auch räumlich fernliegenden Ereignissen zum Ausdruck. Daher kann man es auch einem so ernsthaften Forscher wie Konrad Gessner nicht verübeln, wenn selbst er in seiner ab 1551 erschienenen „Historia Animalium" haarsträubende Tiermonster und mensch-tierische Mischwesen aus exotischen Ländern vorstellt, die „den kopfschüttelnden Leser nicht vergessen lassen dürfen, daß es sich hierbei trotz allem um ein grundlegendes Werk der modernen Zoologie handelt"[31]. Um die Jahrhundermitte ist fast ein Stillstand der Rezeption zu beobachten, der dann doch in den fünfziger Jahren von der Wirkung neuer authentischer Erlebnisschilderungen abgelöst wurde.

An erster Stelle zu nennen ist das ungemein erfolgreiche Büchlein von Hans Staden: „Wahrhaftige Beschreybung eyner landschafft der wilden nacketen grimmigen menschenfresser leuthen in der neuen Welt Ame-

---

[28] *Katalog Wolfenbüttel* (wie Anm. 5), Nr. 38 mit Abb. 23; auch: *Mythen* (wie Anm. 4), 22 f. mit Abb. 12/13.
[29] In der deutschen Übersetzung von Raleighs Reisebericht durch Levin Hulsius, publiziert Nürnberg 1599, „werden Zweifel an dieser Theorie ausdrücklich zerstreut unter Berufung auf Autoritäten des klassischen Altertums, Plinius Secundus und Augustinus…" *(Katalog Wolfenbüttel* – wie Anm. 5-67).
[30] Abb. 263 in: *Mythen* (wie Anm. 4).
[31] St. Andreae, in: *Mythen* (wie Anm. 4), 298.

rica gelegen ..." (Marburg 1557)[32]. Dieser, ein Hesse biederer Herkunft, verdingt sich den Portugiesen als Söldner, gelangt nach Südamerika, wo er übrigens einen Sohn des Humanisten Aelius Eobanus (Hessus) als Faktoreischreiber antrifft, und gerät in die Gefangenschaft der Tupinamba, aus der er erst nach vielen abenteuerlichen Verwicklungen und Bedrohungen, getötet und verspeist zu werden, etwa zehn Monate später entkommt. Es ist ein überaus sachlicher und lebendiger Bericht der Lebensweise eines Eingeborenenstammes mit vielen völkerkundlich wertvollen Einzelnachrichten. Illustriert ist er offenbar nach flotten und im Faktischen gar nicht ungeschickten Skizzen von Staden selbst, vielfach in einer Art Vogelschauansicht, die vom Formschneider wohl wörtlich, aber ziemlich kunstlos und kleinformatig in den Holzschnitt umgesetzt wurden (Abb. 9).

Merkwürdigerweise befällt Staden in der Schilderung dessen, was uns bahnbrechend erscheint, noch das schlechte Gewissen des wohlerzogenen Christen, so daß er seine Darlegungen mittenhinein (am Schluß von Kapitel XL) mit folgendem Einschub unterbricht: „Bitte derohalben den Leser, das er wölle achtung haben auf mein Schreiben, Dann ich thu diese mühe nit der gestalt, das ich lust hette etwas newes zu schreiben, sondern alleyne die erzeygte wolthat Gottes an den tag zu bringen." Der Neuigkeitsgehalt als Selbstzweck erscheint verdächtig, die Einordung solcher „unglaublichen" Erlebnisse ins christliche Weltbild bereitet erhebliche Mühe.

Die Vorrede der dem Landgrafen Philipp von Hessen gewidmeten Schrift verfaßte Johann Dryander, Medizinprofessor in Marburg. Dieser setzt sich u.a. mit der Legende der „Antipoden" auseinander – es komme einfach auf den Standpunkt auf dem Erdenrund an, alles Oben und Unten ist relativ! – und beteuert eigens die Glaubwürdigkeit von Stadens Erlebnissen, auch wenn Kirchenväter, Theologen und Historiker von derartigen Dingen nichts wüßten. Merkwürdig also, wieviel Rechtfertigung eine solche Schrift brauchte, und wie zaghaft man in humanistisch gesinnten Bürgerkreisen (die man hier einmal zu fassen glaubt) an solche Aktualitäten heranging. So populär die Schrift auch wurde, so anschaulich die Holzschnitte in Verbindung mit dem Text sein mögen, so wenig konnten sie in ihrem Dilettantismus künstlerisch(!) weiterwirken,

---

[32] *European Vision* (wie Anm. 3), Nr. 60; E. Luchesi, in: *Mythen* (wie Anm. 4), 71–74. Von mir benutztes Exemplar in der Staats- und Stadtbibliothek Augsburg, deren kürzlich verstorbenen Leiter Dr. Josef Bellot ich viel Dank für bereitwillige Hilfe schulde.

obwohl sie (siehe unten) im Kupferstich nachgebildet und weiterverbreitet wurden.

Anders steht es mit den etwa gleichzeitig erschienenen Illustrationen zu dem Bericht von André Thevet „Les singularitez de la France Antartique, autrement nommé Amerique" (Paris 1557), eines französischen Franziskaners, der nach Brasilien zog, aber wegen Erkrankung nach nur zwei Monaten zurückkehren mußte[33]. So ist schon sein Text zum größten Teil keine originäre Quelle; um so weniger sind es die Illustrationen, die nun Stileigenheiten des eleganten französischen Manierismus der „Schule von Fontainebleau" aufweisen (Jean Cousin d. J. zugeschrieben). In dem Maße, in dem sie künstlerisch hochwertiger sind, verlieren sie wiederum an Echtheit und Glaubwürdigkeit. Die Produktivität Thevet's gipfelte in einer „Cosmographie Universelle …" (Paris 1575) und einer Porträtgalerie berühmter Männer und Frauen von der Antike bis zur Gegenwart in Kupferstich (1584), die auch das Bildnis eines Kannibalenhäuptlings „Quoniambee" aufweist! So konnten seine Berichte und deren Illustrationen schon ihrer Menge wegen nicht unbeachtet bleiben, auch wenn aus heutiger Sicht ihr Rang als künstlerische Dokumentation nicht hoch anzusetzen ist.

Als dritter Gewährsmann dieser Jahre muß Jacques le Moyne de Morgues erwähnt werden, der als Kartograph ausgebildet war und 1564 in die französische Kolonie in Florida reiste. Bemerkenswert, daß bei ihm tatsächlich einmal die gestellte Aufgabe überliefert ist: „… die Küste kartographisch aufzunehmen, die Positionen der Städte und Flüsse, ihre Tiefe und Richtung festzulegen sowie die Lage der Häfen; ebenso die Orte der Eingeborenen wiederzugeben und alles, was in der Provinz einer Beobachtung wert ist."[34] Über le Moynes künstlerische, nicht nur kartographische Fähigkeiten können wir uns allerdings kaum ein Bild machen, da seine Schilderungen nach einem Jahr in der Fremde – angeblich auch nachträglich gefertigte Gemälde – nicht im Original erhalten sind, sondern nur aus späteren Stichwiedergaben (siehe unten) erschlossen werden können.

Schließlich ist der englische Zeichner John White hervorzuheben, unter anderem als Kartograph und Zeichner auf Sir Walter Raleigh's Expedition von 1585 tätig, dessen Name auch mit dem tragischen Schick-

---

[33] *European Vision* (wie Anm. 3), Nr. 61. Über Thevets Beziehungen zu humanistischen Kreisen auch: Pochat (wie Anm. 9), 193, 195.
[34] *European Vision* (wie Anm. 3), Nr. 65. Vgl. auch den Hinweis in: *Mythen* (wie Anm. 4), bei Nr. 1/24. – St. Lorant, *The New World. The First Pictures of America by John White and Jacques le Moyne*. New York 1946 (nicht eingesehen).

sal der ersten Virginia-Ansiedlung verbunden ist[35]. Seine Studien von Eingeborenen und ihren Riten und Gebräuchen, von Tieren und Pflanzen, meist kolorierte Zeichnungen oder Gouachen, befinden sich seit 1788 im British Museum; ihr früheres Schicksal ist unklar, aber sie übten zu Whites Lebzeiten und um 1600 beträchtlichen Einfluß durch Kopien und durch Übernahmen in illustrierte, vor allem englische naturwissenschaftliche Werke aus[36]. Bei ihm verbindet sich erstmals, so möchte man meinen, Kenntnis der „Neuen Welt" aus erster Hand und der Wille zur Objektivität mit einem beachtlichen oder wenigstens befriedigenden künstlerischen Niveau.

Stellt man für das späte 16. Jahrhundert Kategorien auf, in denen die neuentdeckten Länder und Völker illustrativ ausgewertet wurden, so müßten außer den bisher genannten Einzelwerken die populäre Flugblattgraphik aufgeführt werden, weiterhin naturwissenschaftliche Lexika der Pflanzen- und Tierwelt, die zeitweise sehr beliebten Trachtenbücher, die Einbeziehung Amerikas in die Erdteil-Allegorien und schließlich eine neue, gegen Ende des Jahrhunderts gipfelnde Welle von umfangreichen Reiseberichten oder -kompendien.

Bei der Durchsicht der Flugblattgraphik überrascht allerdings die relative Seltenheit der „Neue Welt"-Thematik, wobei man sich fragt, ob – wie für andere Gebiete – auch hier mit dem Verlust des größten Teils der Belege gerechnet werden muß. Tatsächlich scheint nur eine Entdecker-Neuigkeit in diesen Jahrzehnten Furore gemacht zu haben: die Ankunft der ersten Eskimos in Europa. Erstmals war eine Frau mit Kind 1566 in Antwerpen zu sehen (Abb. 10), dann gelangte eine weitere Gruppe von Eskimos durch Martin Frobishers Expedition von 1577 nach Neufundland und Baffinland an den englischen Hof[37]. Zwei Typen von illustrierten Flugblättern sind überliefert – jeweils in mehreren Versionen aus verschiedenen Druckorten –, die beispielhaft zeigen, wie rasch sich eine solche Neuigkeit durch Nachdrucke verbreitete[38]. Der spätere Typus, des-

---

[35] *European Vision* (wie Anm. 3), 21 f. und Nr. 9–13 (mit Einleitungstext dazu). – St. Lorant (wie Anm. 34), 1946. – P. Hulton/D. B. Quinn, *The American Drawings of John White 1577–1590*. London–Chapel Hill, N.J. 1964.

[36] *European Vision* (wie Anm. 3), Nr. 30–34.

[37] B. Weber, „*Die Welt begeret allezeit Wunder*", Versuch einer Bibliographie der Einblattdrucke von Bernhard Jobin in Straßburg. Gutenberg-Jahrbuch 1976, 270–290 (bes. 273).

[38] W. L. Strauss, *The German Single-leaf Woodcuts 1550–1600*, 3 vols. New York 1975. Der frühere Typus (Frau mit nebenstehendem Kind) ist vertreten mit Drucken aus Frankfurt, Augsburg und Nürnberg: Strauss 135, 201, 376. Der spätere Typus von 1578 (Eskimofamilie, hinten See und Kajak) ist vertreten mit Drucken aus Nürnberg und Augsburg: Strauss 423, 667. Bei Strauss fehlt die (nach dem Text Fischarts zu schließen) ursprüngliche deutsche Version von Jobin in Straßburg: Weber (wie Anm. 37), Bibliographie Nr. 59, Abb. S. 272.

sen deutscher Text übrigens von Johann Fischart stammt, geht in seiner Illustration einer Eskimo-Familie nachweislich auf Zeichnungen von John White zurück[39]. Die Berichte über ihr Aussehen, Kleidung, Lebensweise, ihr Geschick in Handwerk und Jagd sind bemerkenswert ausführlich und sachlich – offenbar erweckten bekleidete Exoten weniger Emotionen als unbekleidete! Von Frobishers Expeditionsbericht erschien nach der englischen und französischen Ausgabe (1578) sowohl eine lateinische wie eine deutsche Übersetzung 1580 in Nürnberg[40], die uns insofern interessiert, als die beigegebene Illustration zur Lebensweise der Eskimos (Abb. 11) einmal von einem namhaften Künstler, nämlich Jost Amman, stammen muß[41].

Innerhalb der Trachtenbücher (als eigener, in diesen Jahrzehnten modischer Gattung), die jeweils Einzelfiguren aller Herren Länder aufreihten – von Bertelli (Venedig 1563) angefangen über Abraham de Bruyn in Köln (1577), Hans Weigel in Nürnberg (1577), Jean Jacques Boissard in Mecheln (1581) bis zu Cesare Vecellio (Venedig 1590), um nur die wichtigsten zu nennen –, ist natürlich keine originäre Information zu erwarten[42]. Es handelt sich dabei im allgemeinen um Wiedergaben oder Kompilationen älterer Darstellungen, die jedoch innerhalb der geforderten Aufgabe ihren Zweck mehr oder weniger erfüllten.

Für die Anfänge allegorischer Fixierung des Erdteils „Amerika" sei beispielhaft der Stich von Cornelius Visscher nach Adriaen Collaert aufgeführt[43]. Der Typus der „Amerika" als nackter, rittlings auf einem Gür-

---

[39] Vgl. die entsprechenden Zeichnungen von John White in: *European Vision* (wie Anm. 3), Nr. 10.
[40] *European Vision* (wie Anm. 3), Nr. 63.
[41] In den bisherigen Werkverzeichnissen von Amman nicht aufgeführt. Weber (wie Anm. 37), 273 nennt sie „im Stil von Jost Amman"; die Zuschreibung scheint mir kaum zweifelhaft. – Lateinische Ausgabe „De Martini Forbisseri Angli Navigatione in regiones occidentis et septentrionis Narratio historica / ex Gallico sermone in Latinum translata per D. Joan. Tho. Freigium", Nürnberg 1580, in der Staats- und Stadtbibliothek Augsburg; der Holzschnitt mißt 130 x 165 mm. – Ein weiterer, von Amman monogrammierter Holzschnitt „Amerikanische Wilde beim Mahl" (A. Andresen, *Der Deutsche Peintre-Graveur*, Bd. 1. Leipzig 1864, 224, Nr. 66) erscheint erst in der spätesten Ausgabe von S. Münsters „Cosmographie" (1628); seine zweifellos viel frühere Erstverwendung hat sich noch nicht feststellen lassen.
[42] Vgl. Artikel *Exoten*, in: *Reallexikon zur Deutschen Kunstgeschichte*, Bd. VI, München 1973, Sp. 1491–1512. Dort über Trachtenbücher: Sp. 1508 f.
[43] *European Vision* (wie Anm. 3), Nr. 93 A mit Abb. – Dies ist bereits eine Version aus der Mitte des 17. Jahrhunderts, während der Stich Collaerts, den Visscher reproduziert, noch vor 1600 entstanden war. Wie der Typus in dieser Zeit bereits abgewandelt und in kleine Münze umgesetzt wurde, zeigt z. B. das Titelkupfer von: U. Schmidel, „Warhafftige Beschreibung der unglückhafften Schiffahrt ...". Frankfurt (de Bry) 1604. Siehe: *Mythen* (wie Anm. 4), 16, Abb. 2.

teltier sitzender Frau mit Federkrone, Pfeil und Bogen scheint auf den im späten 16. Jahrhundert prominentesten Antwerpener Maler, Marten de Vos, und dessen Triumphbogen-Dekoration zum Einzug des Erzherzogs Ernst im Jahr 1594 zurückzugehen. Eine solche, durch den Kupferstich aufgenommene Motivprägung ist für lange Nachfolge prädestiniert. Das Gürteltier war eine nur diesem Kontinent vorbehaltene Neuentdeckung. Bereichert wird der Stich von Visscher/Collaert durch zwei Nebenszenen, den Kannibalismus und eine Schlacht zwischen Europäern und nackten Eingeborenen darstellend. So mischen sich auch hier phantastische Elemente mit historischen Assoziationen.

Den Höhepunkt der Reisekompendien am Ende des 16. Jahrhunderts bildet zweifellos Theodor de Bry's (und seiner Söhne) monumentales Amerika-Werk, in vierzehn Bänden oder Teilen samt Zusätzen, unter wechselnden Titeln ab 1590 in Frankfurt im Familienverlag erschienen[44]. Es handelt sich größtenteils um Bearbeitungen, Übersetzungen, Zusammenfassungen längst erschienener Expeditionsberichte, und die Illustrationen all dieser früheren Arbeiten sind begierig aufgenommen und zu einem im Umfang imponierenden stecherischen Einheitsbrei verkocht worden. So finden sich die Motive und Ereignisschilderungen fast aller genannten Illustratoren der Zeit nach 1550 wieder, und andere mehr. De Bry als Herausgeber und Verleger kannte und verwertete nicht nur die frühere Druckgraphik, sondern auch die Zeichnungen von Le Moyne und John White, von denen er große Partien auf Reisen in England erwarb[45]; selbst die bescheidenen Illustrationen des Hans Staden, dessen Bericht im dritten Teil des Werkes übernommen ist, finden eine erstaunliche verwandelte Auferstehung[46]. Das Niveau der niederländischen Kupferstichkunst dieser Zeit ist hoch; die Mitglieder der Familie de Bry waren ausgesprochene Feinstecher. Dadurch werden die bildlichen Schilderungen zweifellos eleganter, aber keineswegs authentischer.

Einen besonderen Akzent erhält Theodor de Bry's Sammelwerk dadurch, daß er, als protestantischer Glaubensflüchtling von den Niederlanden nach Deutschland gezogen, sich bemüßigt fühlt, die Grausamkeiten der Spanier bei der Eroberung Mexikos und Südamerikas besonders

---

[44] Die ersten beiden Bände erschienen in den lateinischen Erstausgaben unter den Titeln „Admiranda Narratio... de commodis et incolarum ritibus Virginiae" und „Brevis Narratio eorum quae in Florida... acciderunt", erst danach setzt der Serientitel „Americae tertia pars" etc. mit jeweiligem Untertitel ein. Deutsche Übersetzungen erschienen in den neunziger Jahren etwa parallel. Die Teile zehn bis vierzehn lagen erst zwischen 1618 und 1634 vor: *Katalog Wolfenbüttel* (wie Anm. 5), 17 und Nr. 78.
[45] *European Vision* (wie Anm. 3), Nr. 9, 64, 65.
[46] Bildbeispiele dafür: *Mythen* (wie Anm. 4), 71–76.

herauszustellen; der vierte bis sechste Band enthält die dafür ergiebigen Werke des Girolamo Benzoni aus Mailand[47], dessen im Original unansehnliche Illustrationen bei de Bry wesentlich um- und neugestaltet, jedenfalls aufgewertet werden. Es entspricht dieser Tendenz, daß Columbus auch im Bildteil als positive, ja heldische Figur erscheint und seine Taten fast bis zur allegorischen Stilisierung verklärt werden.

Die Fülle des de Bry'schen Bildmaterials, auf die hier nicht näher eingegangen werden kann, läßt sich etwa in drei Gattungen einteilen. In den ersten drei Bänden überwiegen die Riten- und Sittenschilderungen bestimmter Volksgruppen, großenteils nach den Vorlagen Le Moynes und John Whites gestaltet, wobei die Abgrenzung zwischen beiden wohl noch nicht genauer festzulegen ist. In den Folgebänden dominieren eindeutig die Historienschilderungen, von denen einige, wie „Die Ankunft des Columbus in Amerika"[48], eine gewisse Bekanntheit erreicht haben (Abb. 12); ihr Verhaftetsein in traditionellen ikonographischen Formeln wird deutlich, wenn man z. B. merkt, daß der „Abschied des Columbus vom spanischen Königspaar"[49] gänzlich einer Darstellung vom „Aufbruch des verlorenen Sohnes aus dem Elternhaus", wie sie in niederländischer Graphik des 16. Jahrhunderts gängig ist, entspricht! Einen großen Anteil nehmen die Schlachten- und Greueldarstellungen ein, und bei zahlreichen Bildern sucht man vergeblich nach völkerkundlich relevanten Details. Schon bei der Serie über Francis Drake (in Band VIII) wird der Schematismus der Darstellungsweise vollends deutlich. Als dritte Gruppe kann man die eingestreuten topographischen Ansichten zusammenfassen: eine Gattung, die zwischen Braun/Hogenberg und Merian in dieser Zeit einem künstlerischen Höhepunkt zustrebte. Aus ihr sei beispielhaft die dem sechsten Band beigefügte doppelblattgroße Ansicht von Cuzco in Peru erwähnt[50], von Theodor de Bry selber nach unbekannter Vorlage gestochen und signiert, – nicht nur als Beispiel für künstlerischen Rang, sondern vor allem deshalb, weil bei ihr im linken Vordergrund die mexikanischen Gaukler und die Ballspieler wieder auftauchen, die wir aus dem Weiditz'schen Trachtenbuch kennen – ein Beispiel für die Zähigkeit, mit der sich einmal eingeführte Motive über viele Jahrzehnte fortpflanzen, wenn auch die Wege der Vermittlung oft nicht verfolgbar sind.

---

[47] *European Vision* (wie Anm. 3), Nr. 62, 66, 67. – *Katalog Wolfenbüttel* (wie Anm. 5), Nr. 30.
[48] Siehe: *Mythen* (wie Anm. 4), Abb. 45.
[49] *Katalog Wolfenbüttel* (wie Anm. 5), Abb. 12.
[50] „Cusco urbs nobilissima", doppelblattgroßer Kupferstich, ca. 285 x 400 mm, in: Theodor de Bry (Hg.), *Americae pars Sexta …*, Frankfurt a. M. 1596, nach 108.

So geben die de Bry'schen Bände doch eine wesentliche Zusammenfassung dessen, was sich die Graphik des 16. Jahrhunderts in erzählerischer Weise von der Neuen Welt angeeignet hat (die wissenschaftliche Illustration bleibt hier außer Betracht); sie komprimieren zugleich nochmals, sowohl in Bild wie Schrift, die ambivalente Haltung des Europäers jener Zeit den Bewohnern des neu erschlossenen Kontinents gegenüber: einerseits die Vorstellung, daß die Eingeborenen primitive, kaum dem tierischen Zustand entwachsene Wilde seien, deren Inferiorität sich am deutlichsten im Kannibalismus zeige; mit dieser Ansicht ließen sich trefflich grausame kriegerische Unterwerfung und rücksichtslose Ausbeutung rechtfertigen. Auf der anderen Seite das Bild der natürlich-unverdorbenen Wesen, die in einer Paradieseslandschaft quasi im Zustand des Goldenen Zeitalters leben und die zu ihrem vollkommenen Glück nur der moralischen Unterweisung und Christianisierung bedurften. Auf dieser Seite steht etwa der spanische Dominikaner-Missionar Bartolomé de Las Casas. Eine solche Einstellung hatte zwar beträchtliche literarische und bildkünstlerische Nachwirkungen bis zur Romantik, aber kaum Chancen, sich in der Realität des Umgangs mit den fremden Völkern durchzusetzen.

Für die graphischen Schilderungen des 16. Jahrhunderts von der Neuen Welt kann somit eigentlich ein schlichtes Fazit gezogen werden: entweder wirken die Darstellungen glaubhaft und authentisch, dann sind sie fast immer von Dilettanten und entsprechend unkünstlerisch, – oder sie erheben bewußt künstlerischen Anspruch, dann handelt es sich jeweils um europäische Umsetzungen von Primärquellen, die entsprechend geringere ethnographische Zuverlässigkeit aufweisen. Dies ändert sich erst – um einen kurzen Ausblick in das 17. Jahrhundert zu geben – durch die neue, hauptsächlich niederländische Kolonisierungswelle. Mit der wirtschaftlichen Erschließung, die eine von den frühen Ausbeutungszügen erheblich unterschiedene neue Phase bildete, kamen – vor allem durch den kunstinteressierten Grafen Johann Moritz von Nassau – um 1640 erstmals Künstler von Rang auf längere Zeit in die „Neue Welt". Der holländische Realismus in der Malerei, die Spezialisierung auf bestimmte Themengebiete setzten sich auch hier durch und ließen etwa die eindrucksvollen Figurenbilder des Albert Eeckhout[51] oder die zauberhaften brasilianischen Landschaften eines Franz Post[52] entstehen. Eeck-

---

[51] In erster Linie ein Gemäldezyklus, der sich heute im Ethnographischen Museum Kopenhagen befindet: siehe: *Mythen* (wie Anm. 4), 40–46, 188–189 mit zahlreichen, auch farbigen Abbildungen.
[52] Bildbeispiele: *Mythen* (wie Anm. 4), Abb. 35, 39. – *European Vision* (wie Anm. 3), Nr. 76, 79, 80.

houts Schilderungen brasilianischer Bevölkerungsgruppen, ein großer nach 1640 entstandener Gemäldezyklus, können wohl als erste ethnographisch gültige Werke von zugleich hohem künstlerischen Rang gelten. Sie zeigen die Menschen in ihrem Typus und Eigenleben, aber nicht als isolierte Objekte, sondern in der ihnen gemäßen teils wilden, teils bereits kultivierten natürlichen Umgebung.

Ein derartiger Überblick ließ sich vom Standpunkt der Kunstgeschichte vor allem dadurch anschaulich machen, daß sich – veranlaßt durch die Zweihundertjahrfeier der Vereinigten Staaten – mehrere Ausstellungen und daraus resultierende Publikationen des Themas in umfassender Weise angenommen hatten. Mit Recht wurde festgestellt[53], daß der Anteil der deutschen Graphik bei den frühesten Bildzeugnissen überraschend hoch ist. Die tieferen Gründe dafür und die Einflüsse des Humanismus auf die Art, Anzahl, ikonographischen Eigenheiten der Bilddarstellungen sind noch kaum erfragt worden. Nur selten lassen sich direkte Zusammenhänge früher künstlerischer Äußerungen mit Humanistenkreisen greifen, und diese spielen dabei, wie erwähnt, nicht immer eine rühmliche Rolle[54]. Ein Faktum jedenfalls scheint deutlich zu werden: der Glaube an die Vorbildlichkeit der Antike machte es dem Künstler, ebenso wie dem Literaten, für erstaunlich lange Zeit schwer, sich den ungewohnten Schilderungen der unmittelbaren Zeugen, der Reisenden in die „Neue Welt", mit Unbefangenheit und Objektivität zu nähern.

---

[53] *Katalog Wolfenbüttel* (wie Anm. 5), 16.
[54] Vgl. die lapidare Feststellung von Pochat (wie Anm. 9), 151: „Der Humanismus selbst trug nicht unmittelbar zur Erweiterung des geographischen Weltbildes bei, da man lieber der Autorität der Alten als den neuen Stimmen Gehör schenkte."

Humanismus und Neue Welt im Werk von Gonzalo Fernández de Oviedo

von Karl Kohut

Die „Historia General y Natural de las Indias" von Gonzalo Fernández de Oviedo y Valdés nimmt in der Geschichte der Darstellungen Amerikas einen hervorragenden Platz ein. Es ist das erste Werk, das mit dem universalen Anspruch geschrieben wurde, die Natur und die Geschichte Amerikas darzustellen, und das diesen Anspruch auch einlöst. Man hat das Werk „die erste amerikanische Enzyklopädie" genannt[1]. Der Autor hat die Geschichte der Eroberung Amerikas von den Anfängen an verfolgt und hat lange Jahre selbst in Amerika gelebt[2]. Das Werk ist in der heute bekannten Form das Ergebnis einer jahrzehntelangen planvollen Arbeit. Seinen Zeitgenossen allerdings war es nur in Bruchstücken bekannt. Am Anfang stand eine kurzgefaßte Beschreibung der Natur Amerikas, die er 1526 unter dem Titel „Oviedo de la natural historia de las Indias" publizierte. 1535 folgte der erste Teil der „Historia General y Natural de las Indias", die Natur- und Humangeschichte des neu entdeckten Kontinents

---

[1] D. Turner, *Gonzalo Fernández de Oviedo's Historia general y natural – First American Encyclopedia.* Journal of Inter-American Studies 6 (1964), 267–274.

[2] Fernández de Oviedo erlebte im März 1493 am Hof der Katholischen Könige in Barcelona den triumphalen Empfang Kolumbus' mit. Nach wechselvollen Jahren kam er 1514 im Alter von 36 zum ersten Mal nach Amerika, als er in der Funktion eines Schreibers und „veedor" (Beaufsichtigung der Goldschmelze) an der von Pedrarias Dávila geleiteten Expedition nach Darién teilnahm. Insgesamt war Fernández de Oviedo sechsmal in Amerika, und zwar 1514–1515, 1519–1523, 1526–1530, 1532–1534, 1536–1546, 1549–1556, insgesamt also knapp 30 Jahre. Die für die Abfassung der „Historia" entscheidenden Jahre verbrachte er auf Santo Domingo, wo er seit 1533 „alcaide" der Festung war. Zur Biographie von Fernández de Oviedo s. die knappe Übersicht bei E. O'Gorman, *Cuatro historiadores de Indias.* México 1972, 71–79 und – ausführlich und die bisherige Forschung zusammenfassend – J. Pérez de Tudela Bueso, *Vida y escritos de Gonzalo Fernández de Oviedo* in seiner Ausg. der *Historia* (s. bibliographischen Anhang) Bd. 1, VII–CLXXV.

vereinte[3]. Bis 1549 verfaßte er zwei weitere Teile und überarbeitete zugleich den bereits publizierten ersten Teil. Er hörte danach mit der weiteren Arbeit an dem Werk auf, ohne es im eigentlichen Sinn beendet zu haben[4]. 1557 erschien das erste Buch des zweiten Teils, der weitere Druck wurde durch den Tod des Autors unterbrochen[5]. Das Werk geriet rasch in Vergessenheit, was sicher auch daran lag, daß in der zweiten Hälfte des 16. Jahrhunderts weitere Geschichten Amerikas erschienen[6]. Erst Amador de los Ríos publizierte es 1851–1855 im Auftrag der spanischen Akademie als Ganzes. Seine Ausgabe liegt auch den Neudrucken des 20. Jahrhunderts zugrunde, obwohl sie unzuverlässig ist und wissenschaftlichen Kriterien nicht genügt[7]. Aber der Umfang des Werks schreckt vermutlich jeden ab, der sich an seiner Neuausgabe versuchen möchte.

Die Publikationsgeschichte der „Historia General y Natural de las Indias" läßt erkennen, daß ihre Bedeutung erst spät gesehen wurde. Der Beginn der wissenschaftlichen Auseinandersetzung mit dem Werk ist durch scharfe Kontroversen gekennzeichnet. Es erfuhr begeistertes Lob

---

[3] Die verschiedenen Ausgaben der „Historia" sind im bibliographischen Anhang zusammengestellt. Die „Natural historia" von 1526 erscheint in den Bibliographien unter verschiedenen Titeln. Die Kurzbezeichnung „Sumario", unter der das Werk oft geführt wird, geht auf die Titelvariante auf der Rückseite des Titelblatts zurück, wo das Werk „Sumario dela natural y general istoria delas Indias" genannt wird.

[4] Fernández de Oviedo datierte in der Phase der Überarbeitung seine Nachträge, so daß sich die verschiedenen Schichten genau unterscheiden lassen. Der letzte Eintrag ist auf Januar 1549 datiert. *(Historia* II 386 [XXIII 16]) S. dazu A. M. Salas, *Tres cronistas de Indias.* México–Buenos Aires 1959, 79.

[5] Fernández de Oviedo hatte aus nicht ganz geklärten Gründen in seinen letzten Lebensjahren das Interesse an der „Historia" verloren und sich anderen Werken zugewandt, unter denen vor allem die „Quinquagenas" zu nennen sind. Er schloß das Manuskript am Pfingstsonntag 1556 ab. Salas (wie Anm. 4), 79 f., Anm. 2, sieht den Umstand, daß Fernández de Oviedo auf die Werke von López de Gomara und Las Casas (s. Anm. 6) nicht mehr reagiert, als klaren Beweis für seine Umorientierung an.

[6] Noch zu Lebzeiten Fernández de Oviedos erschienen die *Historia General de Las Indias* von Francisco López de Gomara (Zaragoza 1552), der in den folgenden Jahren zahlreiche Neuausgaben folgten, und die folgenreiche *Breuissima relación de la destruycíon de las Indias* von Bartolomé de las Casas (Sevilla 1552). Unter den späteren Werken ist vor allem zu nennen die *Historia Natural y Moral de las Indias,* von José de Acosta (Sevilla 1590).

[7] Die Kritik an den modernen Ausgaben der „Historia" hat sich in den letzten Jahren verstärkt. S. J. Anadón, *Los manuscritos originales de la „Historia general y natural" de Fernández de Oviedo.* Rev. de la Univ. de México 33 (1979), 30 f., und G. Lohmann Villena, *Un capítulo trunco en la „Historia general y natural de las Indias",* in: *América y la España del siglo XVI,* ed. F. de Solano y F. del Pino. Madrid 1982, Bd. 1, 73–75. Zu den gescheiterten Druckversuchen vor Amador de los Ríos s. R. Contreras, *Intentos de publicación de la „Historia general y natural de las Indias" de Fernández de Oviedo anteriores a Amador de los Ríos,* in: op. cit., 117–129.

ebenso wie auch vernichtende Kritik. Letztere stützte sich vor allem auf das Argument der mangelnden humanistischen Bildung des Autors. Ein spätes Echo findet sich im „Abriß der spanischen und portugiesischen Literaturgeschichte in Tabellen" von Martin Franzbach, der die „Historia" als „Werk eines Soldaten ohne humanistische Bildung" charakterisiert[8]. Die klarste und zugleich am besten begründete Formulierung dieses Vorwurfs stammt von dem Historiker Fueter. Die Passage verdient es, ausführlich zitiert zu werden:

> „[Oviedo] war von der klassizistischen Bildung unberührt geblieben; er *wußte,* wie sein Gegner Las Casas behauptet, *kaum, was Latein sei.* Er folgte keiner Theorie und vertrat keine Tendenz. [...]
> Freilich, auch Oviedo hat nicht ungestraft die literarische Bildung seiner Zeit ignoriert. Wohl stören weder Theorien noch klassizistische Reminiszenzen seine Beobachtung; die wenigen Zitate aus Plinius, die er kannte, konnten keinen Schaden anrichten. Aber seine Darstellung ermangelte dafür auch aller künstlerischen Anlage, beinahe aller Disposition. Er überließ sich bei der Niederschrift seines Werkes vielfach ausschließlich der Ideenassoziation des Augenblicks. Er mischte ungescheut eigene Erlebnisse ein. Er versuchte wohl, seine Materialien unter bestimmte Titel einzuordnen; aber er ließ sie unverarbeitet. Er fügte Kapitel an Kapitel, Buch an Buch, bis schließlich ein Werk entstand, das niemand drucken wollte.
> Er war aber auch nicht kritisch nach Art der Humanisten [...]. Sein Werk ist eine Fundgrube wertvoller historischer Notizen, aber keine historische Darstellung."[9]

Zahlreiche Autoren haben sich in der Folge mit diesen Argumenten auseinandergesetzt. Der Vorwurf der mangelnden humanistischen Bildung kann inzwischen als widerlegt gelten. Turner hat die Bibliothek Fernández de Oviedos rekonstruiert und hält sie für eine der „wichtigsten und bedeutungsvollsten seiner Zeit"[10]. Die Liste der Bücher, die Fernán-

---

[8] M. Franzbach, *Abriß der spanischen und portugiesischen Literaturgeschichte in Tabellen.* Frankfurt a. M.–Bonn 1968, 47.
[9] E. Fueter, *Geschichte der neueren Historiographie.* München–Berlin ³1936 (Nachdruck New York–London 1968), 297 f. S. dazu A. Gerbi, *La natura delle Indie nove.* Milano–Napoli 1975, der 329 f. die wichtigsten Autoren zur Diskussion um den Humanismus Fernández de Oviedos zusammenstellt.
[10] E. D. Turner, *Los libros del Alcaide: La biblioteca de Gonzalo Fernández de Oviedo y Valdés.* Rev. de las Indias 31 (1971), 139–198; das Zitat ist 197.

dez de Oviedo besessen hat, ist in der Tat eindrucksvoll, auch wenn die Schlußfolgerung Turners etwas übertrieben erscheinen mag. Die Bibliothek enthielt Werke der klassischen Antike und der italienischen, in geringerem Maße auch der spanischen Literatur. Die thematischen Schwerpunkte der Bibliothek lagen in der Geschichte, Geographie, Naturgeschichte, Astronomie und Reiseberichten[11]. Fernández de Oviedo hat diese Bücher nicht nur besessen, sondern auch gelesen und in seinem Werk verarbeitet, wie besonders Gerbi und Rech nachgewiesen haben[12]. Die in der Forschung bis heute diskutierte Frage, wie gut Fernández de Oviedo Latein konnte, ob er die Werke der Antike im Original oder in italienischer oder spanischer Übersetzung las, ist demgegenüber sekundär[13].

Müßte man demnach Fernández de Oviedo im Gegensatz zu Fueter einen Humanisten nennen? Obwohl inzwischen kaum noch jemand an der Gelehrsamkeit Fernández de Oviedos zweifelt, zögern die meisten Autoren bei dieser Frage. Die Kenntnis der antiken Literatur ist eben eine notwendige, aber nicht ausreichende Bedingung, um einen Schriftsteller oder Gelehrten des 16. Jahrhunderts als Humanisten zu bezeichnen. Wir stoßen hier auf ein Grundproblem der modernen Humanismusforschung. Ein entscheidendes Kriterium ist sicher die Lebensform des jeweiligen Autors[14]. Aber für die Biographie Fernández de Oviedos gilt in besonderem Maße, was eingangs über sein Werk gesagt wurde: Obwohl die einzelnen Daten inzwischen weitgehend gesichert sind, ist ihre Deutung umstritten[15]. Nach dem bisherigen Forschungsstand läßt sich aus der Biographie kein entscheidendes Argument für oder gegen den Status Fernández de Oviedos als Humanist gewinnen.

Mehr Sicherheit verspricht der Zugang über sein Werk. Aber auch hier stoßen wir rasch auf kaum lösbar scheinende Widersprüche, die Gerbi

---

[11] *Ibid.*
[12] Gerbi (wie Anm. 9), 206 f.; B. Rech, *Zum Nachleben der Antike im spanischen Überseeimperium. Der Einfluß antiker Schriftsteller auf die Historia general y natural de las Indias de Gonzalo Fernández de Oviedo (1478-1557)*. Spanische Forschungen der Görresgesellschaft 31 (1984), 181-244.
[13] Ganz ähnlich argumentiert Fernández de Oviedo, als er sich im letzten Kapitel seines Werks gegen den Vorwurf verteidigt, nicht in Latein geschrieben zu haben (V 414-417 [L 30]; vgl. u. S. 81). Rech (wie Anm. 12), 237 f., weist nach, daß Fernández de Oviedo über sichere Lateinkenntnisse verfügt haben muß. Zur Diskussion der Frage in der Forschung s. die in Anm. 9 zit. Stelle bei Gerbi.
[14] S. dazu A. Buck, *Juan Luis Vives' Konzeption des humanistischen Gelehrten*, in: *Juan Luis Vives*, hg. v. A. Buck. Hamburg 1981, 11-21.
[15] Eine kurze Zusammenstellung der kontroversen Urteile gibt Pérez de Tudela (wie Anm. 2), VIII-X.

bisher am klarsten formuliert hat. Die Gelehrsamkeit Fernández de Oviedos steht für ihn außer Frage; aber es ist keine humanistische Gelehrsamkeit im eigentlichen Sinn, da Fernández de Oviedo neben antiken auch mittelalterliche Autoren benutzt hat, ohne sie kritisch gegeneinander abzusetzen. Noch mehr zählt für ihn die chaotische Struktur des Werks, die bereits Fueter auf die mangelnde Bildung des Autors zurückgeführt hatte:

> „In un senso solamente si può e si deve negare a Oviedo ogni principio d'arte e di disciplina: nella composizione, non diciamo ‚struttura' della sua opera maggiore, Oviedo dimentica gli esempi dell'umanesimo, perde ogni senso di misura e di classica euritmia, e ricade nella pesante farragine delle somme medioevali."[16]

Wäre die „Historia General y Natural de las Indias" trotz aller humanistischen Belesenheit des Autors letzten Endes doch ein Werk, das dem Mittelalter mehr als dem Humanismus verdankt? Die Frage nach dem humanistischen Charakter des Werks muß neu gestellt werden.

Aber dies ist nur eine Seite der Problematik, und vermutlich die weniger interessante und wichtige. Denn hinter dieser Frage steht eine andere, die auf die Wirkung der humanistischen Elemente abzielt. Welche Auswirkungen haben sie auf das Bild Amerikas gehabt? Haben sie den Zugang zu der Wirklichkeit des Kontinents erschwert oder erleichtert? Haben sie den Blick des Autors für die neue Wirklichkeit geschärft oder ihn getrübt? Ist das Ergebnis ein verläßliches oder ein verzerrtes Bild? Fragen über Fragen.

Die Vielzahl der Fragen läßt es geraten erscheinen, bis auf den Ursprung der „Historia General y Natural" zurückzugehen. Vermutlich hat Fernández de Oviedo bereits auf seiner ersten Reise nach Amerika, die ihn 1514–1515 nach Darién führte, damit begonnen, Material für eine Geschichte des neuentdeckten Kontinents zu sammeln. 1519, kurz vor seiner zweiten Reise, erhielt er die Vollmacht, von den Spitzen der Kolonialverwaltung Berichte und Informationen über die lokalen Geschehnisse einzuholen[17]. 1526 schrieb er in Spanien aus dem Gedächtnis den „Sumario de la Historia natural", um seine Kompetenz auf diesem Gebiet zu erweisen. Als er 1532 zum „Cronista de las Indias" ernannt wurde, hatte er schließlich sein Ziel erreicht. Die Ernennung war mit einem prä-

---

[16] Gerbi (wie Anm. 9), 535.
[17] Nach E. J. Castillero R., *Gonzalo Fernández de Oviedo y Valdés, Veedor de Tierra firme*. Rev. de Indias 17 (1957), 530.

zisen Auftrag verbunden: Er sollte 1. die Ereignisse festhalten, die seit der Entdeckung geschehen waren; 2. die Eigenschaften und Besonderheiten jeder Insel und jedes Landes darstellen; 3. die Bewohner und die Tierwelt beschreiben[18]. Nach modernem Wissenschaftsverständnis bedeutete dieser Auftrag, daß Fernández de Oviedo Historiker, Geograph, Biologe und Ethnologe zugleich sein mußte, um nur die wichtigsten Bereiche zu nennen[19]. Der enzyklopädische Charakter des Werks lag also bereits im königlichen Auftrag begründet.

In dieser Aufgabe lag ein ungeheurer Anspruch. Fernández de Oviedo zeigte sich im Widmungsbrief des ersten Teils vor allem von der nicht zu überschauenden Größe der Materie überwältigt, während ihm die – wiederum modern gesprochen – dazu notwendige Verbindung der verschiedenen Wissenschaften offensichtlich weniger Kummer bereitete:

„¿Cual ingenio mortal sabrá comprehender tanta diversidad de lenguas, de hábitos, de costumbres en los hombres destas Indias? ¿Tanta variedad de animales, así domésticos como salvajes y fieros? ¿Tanta multitud innarrable de árboles, copiosos de diversos géneros de frutas, y otros estériles, así de aquellos que los indios cultivan, como de los que la Natura, de su propio oficio, produce sin ayuda de manos mortales? ¿Cuántas plantas y hierbas útiles y provechosas al hombre? ¿Cuántas otras innumerables que a él no son conocidas, y con tantas diferencias de rosas e flores e olorosa fragancia? ¿Tanta diversidad de aves de rapina y de otras raleas? ¿Tantas montañas altísimas y fértiles, e otras tan diferenciadas e bravas? Cuantas vegas y campiñas dispuestas para la agricultura, y con muy apropiadas riberas? ¿Cuántos montes más admirables y espantosos que Etna o Mongibel, y Vulcano, y Estrongol; y los unos y los otros debajo de vuestra monarquía?"[20]

Überwältigtes Staunen und Bewußtsein der eigenen Ohnmacht münden in dieser Passage in einen hymnischen Preis der Neuen Welt. Natürlich ist darin auch der traditionelle Bescheidenheitstopos enthalten, der

---

[18] Nach Otte, der die Cédula Real vom 15.10.1532 zusammenfaßt: E. Otte, *Gonzalo Fernández de Oviedo y los Genoveses. El primer registro de Tierra firme.* Rev. de Indias 22 (1962), 515. S. weiterhin Pérez de Tudela (wie Anm. 2), CXVI–CXIX.
[19] S. dazu E. Chinchilla Aguilar, *Algunos aspectos de la obra de Oviedo.* Rev. de Historia de América 28 (1949), 312 sowie Turner (wie Anm. 1).
[20] *Historia* I 8. (I).

hier aber geschickt eingesetzt wird, um die Größe der Aufgabe zu kennzeichnen.

Welche Voraussetzungen brachte Fernández de Oviedo für diese Aufgabe mit? Auf welche Vorbilder konnte er sich stützen? An erste Stelle ist seine eigene Erfahrung zu nennen, die er in seinem Werk als methodisches Grundprinzip betont[21]. Aber diese Erfahrung war begrenzt. Salas hat darauf hingewiesen, daß Fernández de Oviedo nur die Karibik und die angrenzenden Länder aus eigener Anschauung kannte, nur einen kleinen Teil also des neuentdeckten Kontinents[22]. Die geographische Begrenzung hatte notwendig eine Beschränkung der unmittelbaren Kenntnis der historischen Ereignisse zur Folge. Fernández de Oviedo war an einer begrenzten Zahl von Geschehnissen in der Karibik beteiligt gewesen. Das ist sicher viel im Vergleich zu Chronisten, die nie in Amerika waren, aber wenig im Vergleich zum Ganzen. Für alles andere – d. h. das weitaus meiste – mußte sich Fernández de Oviedo auf Gewährsleute verlassen. Karl V. hatte noch 1532 die Spitzen der Kolonialverwaltung angewiesen, den Chronisten in seiner Aufgabe zu unterstützen[23]. Santo Domingo, wo Fernández de Oviedo in den folgenden Jahren lebte, wurde dadurch zu einer Sammelstelle für Nachrichten und Informationen aller Art.

Das methodische Grundprinzip der eigenen Erfahrung gilt also aus geographischen und historischen Gründen tatsächlich nur für einen kleinen Teil seines Werks. Theoretischer Anspruch und praktische Realisation verhalten sich umgekehrt proportional. Fernández de Oviedo hat zumindest explizit keine Konsequenzen für die theoretische Rechtfertigung seines Vorgehens gezogen; für die Praxis suchte er dadurch Sicherheit zu gewinnen, daß er die Glaubwürdigkeit jedes Zeugen abzuschätzen versuchte und überdies regelmäßig seine Quelle nannte[24]. Immerhin konnte er aus der eigenen Erfahrung Kriterien für die Beurteilung von

---

[21] „Porque en esta materia yo prosiga asimismo el estilo de Plinio, como en otras cosas, e aunque no lo diga tan bien como él, hablaré, a lo menos, conforme a verdad, y como testigo de vista en las más cosas de que aquí se hiciere mención" *(Historia,* II 56 [XIII, Proemio]). Zur Verbindung von Wahrheit und eigenem Augenschein s. u. S. 78–80.
[22] Salas (wie Anm. 4), 96 f.
[23] Otte (wie Anm. 18), 515.
[24] „Yo sigo en estas materias una regla que me paresce que conviene a todo buen auctor o cronista que ha de tractar de vidas e honra de diversos hombres, o de otra cualquier materia, que así desea conservar su crédito e guardar su consciencia, e dejar limpios e seguros de calumnia sus renglones; y es aquésta. Lo que viere, testificarlo de vista llanamente; y lo que oyere, decir a quien lo oyó; e lo que leyere, dar el auctor" *(Historia,* V 165 [XLVIII 11]).

Nachrichten über Ereignisse, neuentdeckte Länder, Völker, Tiere und Pflanzen gewinnen, wie er polemisch besonders gegenüber den Chronisten betonte, die nie in Amerika waren[25].

Angesichts der überwältigenden Größe der Aufgabe lag es nahe, sich an Vorbildern zu orientieren. Es war zwar bereits eine beachtliche Zahl von Werken über den Kontinent erschienen, unter denen sich aber nur eine umfassende Darstellung befand: „De orbo novo decades" von Pedro Mártir de Anglería, dem Vorgänger von Fernández de Oviedo als Chronist Amerikas. Die ersten Kapitel des Werks waren bereits 1511 erschienen, die gesamten acht Dekaden jedoch erst posthum 1530[26]. Aber dieses Werk war primär Humangeschichte. Überdies war der Autor nie in Amerika gewesen und beurteilte deshalb nach Meinung von Fernández de Oviedo viele Dinge völlig falsch. Hinzu mochten persönliche Gründe kommen, um Pedro Mártir de Anglería abzulehnen[27]. Unabhängig von dieser persönlich gefärbten Polemik taugten die Dekaden nur in begrenztem Maß als Modell für die Aufgabe, Geschichte und Naturgeschichte Amerikas in einem Werk zu vereinen.

Theoretische Modellvorstellungen waren zu dieser Zeit vor allem in der humanistischen Rhetorik zu finden. Mehrere Autoren haben auf die Verbindungslinien zwischen Chronik und Rhetorik hingewiesen[28]. Aber auch diese theoretischen Modelle waren nur begrenzt brauchbar, da sie das Gewicht auf die Humangeschichte legten und die Naturgeschichte nur als notwendigen Hintergrund zu deren Verständnis betrachteten.

---

[25] Ein Zitat mag hier für viele stehen: „Si aquí me he alargado tanto, ha seído para desengañar a los letores de la opinión de Pedro Mártir. Pero no es esto sólo en lo que sus ‚Décadas' se apartan de lo cierto en estas cosas de Indias, porque Pedro Mártir no pudo, desde tan lejos, escrebir estas cosas tan al propio como son e la materia lo requiere; e los que lo informaron, o no se lo supieron decir, o él no lo supo entender" *(Historia,* II 34 [X 7]).

[26] Benutzt wurde die Ausgabe in *Opera.* Graz 1966.

[27] Für Fernández de Oviedo verkörperte Pedro Mártir de Anglería den Typ des Historikers, der aus Unkenntnis des Landes vieles falsch sah. Vgl. dazu das Zitat in Anm. 25. Rech (wie Anm. 12), 191, nennt drei Gründe für Fernández de Oviedos Abneigung gegen Pedro Mártir de Anglería: Konkurrenzneid, seine Abneigung gegen Italiener, nicht näher genannte persönliche Gründe. Letztere sind möglicherweise in ihrer gegensätzlichen Einstellung zu Pedrarias Dávila zu suchen, an dessen Expedition Fernández de Oviedo 1514 teilgenommen hatte. Er hielt das Wirken Pedrarias' in Amerika für unheilvoll, während Pedro Mártir de Anglería Pedrarias positiv gegenüberstand. S. dazu Pérez de Tudela (wie Anm. 2), LXXXIII–XCI, und Gerbi (wie Anm. 9), 331.

[28] W. D. Mignolo, *El Metatexto Historiográfico y la Historiografía Indiana.* Modern Language Notes 96 (1981), 358–402, bes. 390 u. 396 f.; R. Gonzáles Echevarría, *Humanismo, retórica y las crónicas de la conquista,* in: R. G. E., *Isla a su vuelo fugitiva. Ensayos críticos sobre literatura hispanoamericana.* Madrid 1983, 9–25, s. bes. 16 f.

Eine Ausnahme hiervon macht die Rhetorik von Antonio Lull, der in seinem Modell Human- und Naturgeschichte vereinte, so wie es Fernández de Oviedo in der Praxis versuchte[29]. Aber diese Rhetorik erschien erst 1558, ein Jahr nach dem Tod Fernández de Oviedos. Die Parallelität der beiden Texte ist deshalb nur insofern signifikant, als sie beweist, daß Fernández de Oviedo unabhängig in der Praxis zu Ergebnissen gekommen war, die den theoretischen Einsichten der Humanisten sehr nahe kamen. „Unabhängig" ist dabei ganz konkret gemeint, da Turner nur die Rhetorik Ciceros in der Bibliothek Fernández de Oviedos nachgewiesen hat, wobei nicht einmal ersichtlich ist, um welches Werk es sich genau handelte[30]. Fernández de Oviedo hat mit hoher Wahrscheinlichkeit die humanistische Theorie der Geschichte, so wie sie zu dieser Zeit vor allem in der Rhetorik zu finden war, nicht gekannt.

Die zeitgenössische humanistische Literatur fiel also als Modell aus, teils weil sie tatsächlich nichts bot, was Fernández de Oviedo hätte gebrauchen können, teils weil er sie nicht kannte. Anders verhielt es sich mit der antiken Literatur. Seine Bibliothek beweist, daß er vor allem hier seine Vorbilder suchte, an denen er seine Arbeit orientieren konnte. In der antiken Literatur fand er das notwendige Wissen und die Methoden. Allerdings bot auch sie kein Modell für die Verbindung von Natur- und Humangeschichte, so wie es seine Aufgabenstellung erforderte. Er mußte also etwas Neues erfinden. Der schwierigere Teil der Aufgabe lag dabei in der Naturbeschreibung, weil er es hier mit einer Fülle von neuen, bis dahin unbekannten Phänomenen zu tun hatte. Von daher mußte die

---

[29] *Antonii Lvlli Balearis de Oratione Libri septem.* Basel, Ioannes Oporinus 1558. Im Kapitel „De Historiae decoro" (509–514) unterscheidet Lull vier Arten von Geschichtswerken: „Annales (chronicon appellare possumus) locorum descriptiones (hoc topicon) rerum naturalium, ut animalium & plantarum, & siderum: & artificialium, ut uestimentorum, uasorum, nauium, atq(ue) aliarum enarrationes: hoc, si lubet, genealogicon uocitato. Quartum uerò, ex his omnibus compositum & constans, historiae generale nomen dedit" (509). Die Einbeziehung von Geographie, Naturgeschichte und Beschreibung der Bewohner wird in der Folge eingehend begründet. Das theoretische Konzept der Geschichte ist bei Lull also ähnlich enzyklopädisch wie bei Fernández de Oviedo. Eine Beeinflussung Lulls durch zeitgenössische Geschichtswerke ist aber nicht nachweisbar, da Lull nur antike Autoren zitiert.

[30] Turner (wie Anm. 10), 155, zitiert das Werk als „Rhetoricum". Da Fernández de Oviedo das berühmte Lob der Geschichte aus „De Oratore" (II, 36) zitiert, darf man vermuten, daß es sich um dieses Werk handelt. Cicero: „Historia vero testis temporum, lux veritatis, vita memoriae, magistra vitae, nuntia vetustatis"; Fernández de Oviedo: „Historia est testis temporis, magistra vitae, vita memoriae, lux veritatis" *(Historia,* II 351 [XXII 3]; vgl. V 15 [XLIV, Proemio]). Salas (wie Anm. 4), 84–89, hat auf die Bedeutung Ciceros für die Konzeption der Geschichte bei Fernández de Oviedo hingewiesen. S. dazu weiterhin Gerbi (wie Anm. 9), 303–357.

Naturgeschichte des Plinius für ihn besondere Bedeutung erhalten. Unter allen Autoren der Antike war Plinius für ihn der bei weitem wichtigste; er bewunderte ihn und zog ihn zu Rate, wo immer es ging[31].

Plinius war denn auch das entscheidende Vorbild für die Strukturierung der Materie. Die Humangeschichte ist bei Fernández de Oviedo der Naturgeschichte in einer ganz eigentümlichen Art über- und zugleich untergeordnet. Am Anfang stehen die Entdeckungsfahrten von Kolumbus und Magalhães. Die Humangeschichte bietet den Ansatzpunkt für die Naturgeschichte, in der Fernández de Oviedo von den Zielpunkten der Entdeckungsfahrten, den westindischen Inseln und der Magellanstraße ausgeht. Im ersten Teil des Werks behandelt er die karibischen Inseln, im zweiten und dritten Teil das Festland. Dabei geht er jeweils von der Magellanstraße im Süden aus und verfolgt im zweiten Teil die Ostküste nach Norden hin, im dritten Teil analog die Westküste, soweit sie damals bekannt war. Plinius war in den Büchern III–VI seiner Naturgeschichte bei der Beschreibung der damals bekannten Welt ganz ähnlich vorgegangen.

Fernández de Oviedo folgt dabei den Provinzen der damaligen Verwaltung. Er beschreibt zunächst Geographie, Fauna und Flora, danach die Geschichte seit der Entdeckung der jeweiligen Region. Die Einteilung der Humangeschichte wird also von geographischen Kriterien bestimmt. Man hat deshalb von dem „geographischen Ansatz" der Humangeschichte bei Fernández de Oviedo gesprochen[32]. Dieses Vorgehen hat zur Folge, daß nur die Ereignisse in den einzelnen Provinzen chronologisch dargestellt werden, die Abfolge der Geschichten der Provinzen untereinander jedoch von ihrer geographischen Lage abhängt. Fernández de Oviedo hat dieses Vorgehen mehrfach erklärt und begründet[33].

---

[31] „Como soy amigo de la lección de Plinio (...)", heißt es an einer typischen Stelle *(Historia,* I 229 [VII 1]). Zu Fernández de Oviedo und Plinius s. vor allem: E. Alvarez López, *Plinio y Fernández de Oviedo.* Anales de Ciencias naturales 1 (1940), 40–61; 2 (1941), 13–35; ders., *La Historia natural en Fernández de Oviedo.* Rev. de Indias 17 (1957), 541–601; Gerbi (wie Anm. 9), 536 u. ö.; Rech (wie Anm. 12).

[32] R. Ferrando, *Fernández de Oviedo y el conocimiento del Mar del Sur.* Rev. de Indias 17 (1957), 469–482, und unter Bezug auf ihn Turner (wie Anm. 1), 269; weiterhin Salas (wie Anm. 4), 10. Zum geographischen Aspekt der Geschichte bei den Chronisten Amerikas allgemein s. J. Muñoz Pérez, *Los historiadores primitivos de Indias y el pensamiento geográfico,* in: *América – España* (wie Anm. 7), 133–188.

[33] Bei der Darstellung der Schicksale von Ponce de Léon und Narváez begründet er die Reihenfolge seines Vorgehens wie folgt: „Mas aunque fué mucho antes la muerte de Joan Ponce, pónese aquí después del dicho capitán Narváez, por la continuación de la costa e geografía o asiento de la Tierra Firme, que traigo desde el estrecho famoso que

Für einen Historiker ist dieses Vorgehen sicher mehr als problematisch, wie am besten die zitierte Kritik von Fueter zeigt. Aber im Gegensatz zu dessen Meinung ist diese scheinbare Regellosigkeit nicht Folge einer mangelnden humanistischen Bildung, sondern vielmehr gerade der Nachahmung eines antiken Autors.

Allerdings wird diese sicher problematische, aber immerhin noch nachvollziehbare Struktur durch weitere Systemwidrigkeiten gestört. Im ersten Teil steht die Insel Hispaniola im Zentrum, was weder historisch noch geographisch zu begründen ist. Die Ursache liegt in der Biographie des Autors: Fernández de Oviedo lebte auf dieser Insel und kannte sie bei weitem am besten. Er weitet die Beschreibung der Natur der Insel zu einer Naturgeschichte des ganzen Kontinents aus, weil er sich von der Systematik des Gegenstands verleiten läßt, Flora und Fauna des Kontinents im Zusammenhang zu beschreiben, um lästige Wiederholungen zu vermeiden. Dadurch ist die Naturgeschichte des Kontinents auf den ersten Teil konzentriert[34], in den beiden anderen Teilen wird sie dann nur noch kurz behandelt, wobei Fernández de Oviedo meist auf den ersten Teil verweist. Dies wiederum hat zu Folge, daß im ersten Teil die Naturgeschichte, in den beiden anderen Teilen die Humangeschichte im Vordergrund steht[35]. Bei dieser erhalten zwei historische Episoden besonderes Gewicht: Die Eroberungen von Mexiko und Peru werden so ausführlich dargestellt, daß sie allein durch ihre Länge die Struktur des Werkes sprengen.

Ein weiterer Störungsfaktor liegt in der zeitlichen Nähe zu den berichteten Ereignissen begründet. Fernández de Oviedo berichtete nicht über eine Geschichte, die zurücklag und abgeschlossen war. Jahr für Jahr wurden neue Gegenden bekannt, die Humangeschichte nahm ihren Fortgang. Er sah sich also gezwungen, ständig Neues hinzuzufügen, was mit

---

descubrió el capitán Fernando de Magallanes en el otro hemisferio o polo antártico, e voy descubriendo hasta llegar a los Bacallaos e tierre que llaman del Labrador" *(Historia,* IV 319 [XXXVI, Proemio]). Rech (wie Anm. 12), 226, nennt Diodorus Siculus als Vorbild für die Regionalisierung der Geschichte, die Fernández de Oviedo allerdings nicht konsequent durchführt, worauf Gerbi hingewiesen hat (Gerbi [wie Anm. 9], 538). Das daraus resultierende Chaos wird von den meisten Autoren auf das Vorbild des Plinius zurückgeführt. S. bes. Alvarez López 1941 (wie Anm. 31), 17 u. ders. 1957 (wie Anm. 31), 562 f.

[34] Die Naturgeschichte nimmt fast die halbe Zahl der Bücher des ersten Teils in Anspruch, nämlich neun von 19 (Bücher 7-15). Fernández de Oviedo hat in diese Bücher die Materie des „Sumario" verarbeitet, diese allerdings anders geordnet (vgl. Anm. 40).

[35] Diese Schwerpunktverlagerung von der Natur- zur Humangeschichte ergibt sich ganz natürlich aus dem einmal gewählten Vorgehen; man muß deshalb nicht wie Rech (wie Anm. 12), 214 f., eine Interessenverlagerung als Ursache annehmen.

einer stringenten Struktur bereits aus ganz pragmatischen Gründen nicht vereinbar war. Die Geschichte präsentierte sich in einer nicht abreißenden Folge von Geschichten, und es fehlte die Distanz, aus der allein die Zusammenschau möglich ist. Fernández de Oviedo folgte der Geschichte Tag für Tag, schrieb Neues, erweiterte Altes und datierte seine Zusätze, so daß man seine „Historia" auch als ein Tagebuch ihres Autors lesen kann[36].

Unter diesen Umständen erscheint sein Bemühen um eine numerisch klare Struktur als ein verzweifelter Versuch, die noch ungeformte Materie in eine Form zu zwingen. Die erste Ausgabe von 1535 enthielt den ersten Teil des späteren Gesamtwerks mit insgesamt 20 Büchern, war also an den Dekaden orientiert. Für die geplante zweite Ausgabe setzte er das 20. Kapitel ganz an den Schluß, so daß für den ersten Teil 19 Bücher übrigblieben. In bewußter Symmetrie dazu erhielt auch der zweite Teil 19 Bücher, der dritte Teil schließlich 12 Bücher, womit die Gesamtzahl 50 und wieder die Struktur der Dekaden erreicht war[37]. Da in den Jahren der Niederschrift die Westküste noch weniger erforscht war als die Ostküste und sich nach Norden hin ins Ungewisse verlor, war die geringere Zahl der Bücher des dritten Teils in der Sache begründet. Allerdings sah Fernández de Oviedo die Zahl 50 nicht als definitiv an und dachte je nach Gang der Ereignisse an weitere Bücher; gegen Ende der Niederschrift plante er sogar einen neuen vierten Teil, jedoch hat er keine dieser beabsichtigten Erweiterungen realisiert[38].

Auch in den neun Kapiteln des ersten Teils, die den weitaus größten Teil der Naturgeschichte Amerikas enthalten, orientierte sich Fernández de Oviedo an Plinius. Aber er war in diesem Bereich konsequenter als sein bewundertes Vorbild, was ihn zu einer neuen Anordnung der Materie zwang, wie er ausführlich unter Bezug auf seinen Modellautor begründete[39]. Seine wichtigste Neuerung besteht darin, die Flora vor der Fauna zu behandeln; als weiterer Punkt ist die bewußte, allerdings nicht ganz konsequent durchgeführte Anthropozentrik zu nennen[40].

---

[36] Besonders Salas (wie Anm. 4), 104, hat auf den tagebuchartigen, persönlichen Charakter des Werks hingewiesen. Gerbi (wie Anm. 9), 539 f., sieht darin den Ausdruck der völligen Hingabe des Autors an seine Materie, die er als wichtigste Ursache der chaotischen Struktur des Werks erkennt. Vgl. oben Anm. 4.
[37] S. dazu Rech (wie Anm. 12), 217 f.
[38] *Historia*, II 215 (2. Teil, Widmungsbrief) u. IV 266 (XXXIII 57).
[39] *Historia*, I 244 f. (VIII, Proemio) u. II 27 f. (XII, Proemio).
[40] Flora, Bücher VII–XI: VII: Landwirtschaft; VIII: Bäume mit eßbaren Früchten; IX: „wilde" Bäume; X: Arzneimittelbäume und -pflanzen; XI: Pflanzen, die von Spanien nach Hispaniola gebracht wurden; einheimische Arten, die in Spanien wachsenden

Die Anordnung der Beschreibung der einzelnen Pflanzen- und Tierarten in den entsprechenden Büchern folgt insofern Plinius, als auch Fernández de Oviedo keinen im Sinn der modernen Biologie systematischen Zusammenhang zwischen den einzelnen Arten herstellt. Ihm daraus einen Vorwurf zu machen, wäre allerdings anachronistisch[41]. Der größte Vorzug seiner Naturgeschichte ist seine feine Beobachtungsgabe, mit deren Hilfe er dem Leser ein sehr genaues und plastisches Bild der Pflanzen- und Tierwelt Amerikas vermittelt. Er geht phänomenologisch von der Gestalt aus und verzichtet bewußt darauf, nach Ursachen zu forschen[42]. Darin liegt die Größe, aber auch die Beschränkung seines Werks. Wo immer es möglich ist, beruft er sich auf einen antiken Autor. „Und weil ich mich sehr freue, wenn ich bei einem guten Autor Dinge finde, die denen ähneln, die ich beschreibe, sage ich, daß Plinius unter den verschiedenen Ziegenarten eine aufführt, die er ‚orige' nennt", heißt es an einer typischen Stelle[43]. Meistens ist der Gewährsmann wie in dem zitierten Beispiel Plinius. Das geschah sicher nicht nur aus Bewunderung für den antiken Autor. Die Natur Amerikas war für die Europäer in vielen Einzelheiten so neu, so unglaubwürdig wunderbar, daß er seinen

---

Arten ähneln. Fauna, Bücher XII–XV: XII: ausgehend von der Tierwelt Hispaniolas alle Landtiere Amerikas; XIII: im Meer lebende Tiere; XIV: Vögel; XV: Insekten. Im „Sumario" hatte Fernández de Oviedo noch die Fauna vor der Flora behandelt. Plinius behandelt die Materie in den Büchern VIII–XXXII; er stellt Fauna vor Flora, „wilde" Pflanzen vor Nutzpflanzen; breiten Raum nehmen Arzneimittel pflanzlichen und tierischen Ursprungs ein (Bücher XX–XXXII). Benutzt wurde die zehnbändige Plinius-Ausgabe in der Loeb Classical Library, Cambridge/Mass.–London 1938 ff.

[41] So Gerbi (wie Anm. 9), 424 f., u. B. Scharlau, die über den „Sumario" schreibt: „Statt des methodisch hergestellten Zusammenhangs dominiert – wie in den mittelalterlichen Bestiarien – das Prinzip des ‚zoologischen' Atomismus" *(Tiger-Semantik. Gonzalo Fernández de Oviedo und die Sprachprobleme in Las Indias.* Iberoamericana 7 [1983], 52). Im Gegensatz dazu hatte Alvarez López 1957 (wie Anm. 31), 560 f., 586 f., 591, den humanistischen Überlieferungsstrang betont: die biologische Klassifizierung bei Fernández de Oviedo gehe auf Plinius zurück, der seinerseits das aristotelische System übernommen habe. Das Fehlen einer systematischen Klassifikation entspreche dem wissenschaftlichen Stand der Zeit, hinter den Fernández de Oviedo keineswegs zurückfalle.

[42] Besonders Alvarez López 1957 (wie Anm. 31), 567 u. 575, hat die Kunst und die Genauigkeit der Beschreibung der Pflanzen- und Tierwelt hervorgehoben; nach ihm Pérez de Tudela (wie Anm. 2), CXLIII. – Zum Verzicht Fernández de Oviedo, nach den Ursachen zu forschen, s.: „Ni quiero tampoco ponerme a conjecturar de qué proceden los efetos de las novedades que recuento, porque ni soy tan filósofo para comprenderlos, ni me quiero detener en argumentos; sino conforme a la vista, diré lo que he podido comprehender o he sentido en estas materias" *(Historia,* II 77 [XV 1]).

[43] „Y porque huelgo mucho cuando topo en algund buen auctor cosas que parescen a las que escribo, digo que Plinio, entre las diferentes maneras que escribe de las cabras, pone unas que llama *orige" (Historia,* II 52 [XII 29]).

Beschreibungen durch die Berufung auf den antiken Autor Glaubwürdigkeit zu verleihen suchte, wann immer er eine entsprechende Stelle fand[44].

Oft genug war dies nicht der Fall. Das galt zunächst einmal für alles Neue, das die antiken Autoren nicht kannten, angefangen mit der Existenz Amerikas selbst bis hin zu den verschiedenen Pflanzen und Tieren, die nur dort vorkamen. Es galt aber auch für zahlreiche Phänomene, die Plinius (oder allgemein die antiken Autoren) zwar kannten, aber falsch deuteten, und schließlich für einige schlichtweg falsche Behauptungen. So hatte Plinius etwa die Welt in fünf Sphären eingeteilt: eine heiße Zone im Zentrum, nördlich und südlich davon je eine gemäßigte Zone, und an den Polen Zonen des Dauerfrosts. Nur die beiden gemäßigten Zonen galten als bewohnbar. Eine Verbindung zwischen ihnen hielt er wegen des Sonnenfeuers der mittleren Zone für unmöglich[45]. Fernández de Oviedo referiert diese Plinius-Stelle und wendet sich dann unmittelbar an den Leser: „Glaubst Du nicht, Leser, daß es sich um offensichtliche Irrtümer handelt, da in unserer Zeit so viele Flotten diese Tropen und diese Hitzezone passiert haben?"[46] Und er folgert, daß die antiken Autoren den größten Teil der Welt nicht kannten und daher ihr Unwissen bei weitem ihr Wissen überstieg.

An zahlreichen Stellen grenzt sich Fernández de Oviedo bewußt von Plinius ab, korrigiert oder widerlegt ihn. Gelegentlich geht er sogar so weit, jeden Rückgriff auf antike Autoritäten für überflüssig zu halten:

„Mas, ¿para qué quiero yo traer auctoridades de los antiguos en las cosas que yo he visto, ni en las que Natura enseña a todos y se ven cada día?"[47]

Aus dieser Stelle spricht das Selbstbewußtsein des erkennenden Ich, das sich seiner selbst und seiner Erfahrung der Welt sicher geworden ist.

---

[44] „Los que no las han visto o no han leído, pensarán que en estas y otras cosas yo me alargo; y en verdad, antes me tengo atrás, porque soy amigo de no perder mi crédito y de conservarle en todo cuanto pudiere. Y para este efeto busco testigos algunas veces en los auctores antiguos, para que me crean como auctor moderno e que hablo de vista, contando estas cosas a los que están apartados destas nuestras Indias, porque acá, cuantos no fueron ciegos, las veen" *(Historia,* II 63 [XIII 8]). Vgl. dazu M. Ballesteros Gaibrois, *Fernández de Oviedo, Etnólogo.* Rev. de Indias 17 (1957), 459.
[45] Plinius (wie Anm. 40), Buch II, LXVIII, 172.
[46] „¿Paréceos, letor, que están manifiestos tales errores, pues que en nuestros tiempos tantas armadas han pasado esos trópicos e Tórrida zona?" *(Historia,* II 318 [XXI 5]).
[47] *Historia,* I 151 (VI 5); ähnlich II 82 (XV 4).

Plinius konnte sich – wie Fernández de Oviedo schreibt – in seinem Werk auf zahlreiche Autoren stützen, die vor ihm die Materie behandelt hatten, so daß er nur zusammenzutragen brauchte, was andere vor ihm gefunden hatten; er, Fernández de Oviedo, hingegen mußte allein und ohne fremde Hilfe eine neue, unüberschaubare Materie beschreiben[48].

Das gleiche Gefühl der Überlegenheit über die Antike finden wir auch in der Humangeschichte. Natürlich lag hier das Problem anders, denn es konnte Fernández de Oviedo nicht darum gehen, Berichte der antiken Autoren zu bestätigen oder zu widerlegen. Der Vergleichspunkt lag hier in der Größe des Geschehens und der handelnden Menschen. Die antike Geschichte und Literatur kannte eine stattliche Zahl von Heroen, die ins Mythische übersteigert wurden. Viele Humanisten verglichen sie (und die großen Autoren, die über sie schrieben) in einem berühmt gewordenen Bild mit Riesen, denen gegenüber die modernen Menschen nur Zwerge waren[49]. Ganz anders Fernández de Oviedo. Die Entdeckung und Eroberung, die Taten von Kolumbus, Magalhães, Cortés und Almagro übertrafen nach seiner Meinung an Größe alles, was in der antiken Geschichte und Literatur zu finden war[50]. In der Auseinandersetzung um die Alten und die Modernen, die die Geschichte des Humanismus von seinen Anfängen an begleitete, gehörte Fernández de Oviedo zu den entschiedenen Modernen[51].

Dieses neue Selbstbewußtsein gründete auf der eigenen Erfahrung, der Anschauung der Neuen Welt und dem Wissen von den Eroberungszügen, den siegreich bestandenen Kämpfen, aber auch den Niederlagen, den Grausamkeiten und Entbehrungen. Von daher ist es zu verstehen, daß die eigene Erfahrung zum methodischen Grundprinzip des Werks werden konnte, auch wenn sie tatsächlich im Vergleich zur Größe der

---

[48] „Plinio (...) escribe de todas las partes y auctores del mundo que a su noticia llegaron, y de lo que leyó de muchos. Y así como en su historia quiso o se esforzó comprehender el universo, tuvo más que decir de lo que yo podré aquí acomular; porque lo que yo digo y escribo, es de sola mi pluma y flaca diligencia, y destas partes, y él rescribe lo que muchos escribieron y lo que él más supo; y así tuvo menos trabajo en tales acomulaciones" *(Historia,* I 244 f. [VIII, Proemio]).

[49] Zur Geschichte des Riesen-Zwerge-Gleichnisses s. A. Buck, *Aus der Vorgeschichte der „Querelle des anciens et des modernes" in Mittelalter und Renaissance,* in: A. B. *Die humanistische Tradition in der Romania.* Bad Homburg–Berlin–Zürich 1968, 75–91.

[50] S. dazu besonders den „Proemio" zu Buch XXXI (III 362–364); zu den einzelnen Gestalten s. II 228 (XX 1), IV 67 f. (XXXIII 14), IV 151 f. (XXXIII 30), V 127 f. (XLVII, Proemio), V 136 (XLVII 3) u.ö.

[51] S. dazu J. A. Maravall, *Antiguos y modernos. La idea del progreso en el desarrollo inicial de una sociedad.* Madrid 1966, 442–446. Fernández de Oviedo ist für Maravall „una de las grandes figuras de nuestro Renacimiento" (442).

Materie relativ begrenzt war. Fernández de Oviedo folgte den antiken Autoren nur soweit, als sie die eigene Erkenntnis bestätigten; sie waren Vorbild, aber nicht mehr Autorität. Der wichtigste Garant für die Wahrheit einer Aussage war der eigene Augenschein. Dieses Vertrauen in die eigene Erfahrung war zugleich der entscheidende Grund für seine Verachtung der Autoren, die über Amerika schrieben, ohne den Kontinent je selbst gesehen zu haben. Er meinte es besser zu wissen und wußte es auch oft genug tatsächlich besser. Er hatte noch nicht die erkenntnistheoretischen Zweifel, die spätere Generationen von Forschern quälten, er glaubte noch dem, was er sah. Gegenüber der Buchgläubigkeit früherer Zeiten war dies jedoch sicher ein Fortschritt.

Wenn Fernández de Oviedo zweifelte, so eher, weil er fürchtete, dem Leser könnten die wortwörtlich wunderbare Realität der Neuen Welt, die Größe der Ereignisse unglaubwürdig erscheinen. Seine Zweifel betrafen nicht die Erkenntnis selbst, sondern ihre Vermittlung. Denn der Leser seiner Zeit war vor allem aus den Ritterromanen an die Schilderung wunderbarer Ereignisse und magischer Kräfte gewöhnt. Fernández de Oviedo hatte selbst in früheren Jahren einen Ritterroman geschrieben[52]. Er grenzte deshalb die Wahrheit seiner Geschichte sorgfältig und zugleich polemisch gegen die Lüge der Ritterromane ab, damit der Leser ja nicht in Versuchung käme, beides miteinander zu vergleichen[53]. Deshalb legte er dem Leser mehrmals seine Methode dar, betonte die zentrale Rolle der eigenen Erfahrung, nannte die Zeugen oder Quellen von Dingen, die er nicht selbst gesehen oder miterlebt hatte. In der charakterlichen Verläßlichkeit eines Zeugen sah er die wichtigste Garantie für den Wahrheitsgehalt seiner Aussage. Damit war immerhin eine erste Stufe der Quellenkritik erreicht, wenngleich man einräumen muß, daß Fernández de Oviedo in dieser Hinsicht nicht sehr weit gelangt ist. Größeres

---

[52] Es handelt sich um den „Claribalte" den Fernández de Oviedo zwischen der ersten und der zweiten Amerika-Reise geschrieben und 1519 veröffentlicht hatte. Genauere Daten im bibliographischen Anhang.

[53] Besonders schön an folgender Stelle: „Pues ofrescido yo a estos trabajos y reprehensiones, no dejaré de escribir sin ninguna jatancia ni temor de mi obra lo que he visto y entendido destas maravillosas historias tan nuevas y tan dignas de ser oídas. Den, pues, los vanos sus orejas a los libros de Amadís y de Esplandián, e de los que dellos penden que es ya una generación tan multiplicada de fábulas, que por cierto yo he vergüenza de oír que en España se escribieron tantas vanidades, que hacen ya olvidar las de los griegos. (…) Líbreme Dios de tamaño delicto y encamine mi pluma a que con verdad (ya que el buen estilo me falte), siempre diga y escriba lo que sea conforme a ella y al servicio y alabanza de la misma verdad que es Dios" *(Historia*, II 182 [XVIII, Proemio]). „La verità è la dea suprema d'Oviedo", schreibt dazu Gerbi (wie Anm. 9), 307.

Gewicht hatte da schon sein Argument, daß er über Gegenwärtiges schreibe, für das es noch viele Zeugen gebe und die ihn leicht widerlegen könnten, wenn er von der Wahrheit abweiche[54].

Mit diesem Argument begründete Fernández de Oviedo zugleich, weshalb er seine Geschichte in Spanisch und nicht in Latein geschrieben habe, obwohl dieses seinem Werk größere Autorität und Ansehen unter den Gelehrten gegeben hätte. Ihm sei es vor allem darauf angekommen, in einer Sprache zu schreiben, die auch diejenigen verstehen könnten, die die berichteten Ereignisse miterlebt hätten. Geschickt verweist er darauf, daß die Chaldäer, Hebräer, Griechen und Römer immer in der Sprache geschrieben hätten, die von der größten Zahl der möglichen Leser verstanden wurde. Und da das Spanische zu seiner Zeit so verbreitet sei, dürfe ein Autor nicht allein schon deshalb verachtet werden, weil er in dieser Sprache schreibe. Sicher ist die Wahl des Spanischen allenfalls ein sekundäres Argument in der Diskussion um den humanistischen Charakter des Werks.

In der soeben diskutierten Passage fällt auf, wie bewußt Fernández de Oviedo die Sprache in den Dienst der zu berichtenden Materie stellt. Noch deutlicher wird dies in den zahlreichen Passagen, in denen er die Problematik von Wahrheit und schönem Stil diskutiert, wobei er der Wahrheit unbedingte Priorität gibt. Etwas anderes wäre auch nicht zu erwarten gewesen. Der entscheidende Punkt liegt deshalb darin, daß er beide überhaupt als Gegensätze sieht. Er geht sogar soweit zu schreiben, daß sie sich gegenseitig ausschließen. Er sieht den schönen Stil immer in enger Verwandtschaft mit Fabeln und Erfindungen. Man mag in dieser bewußten Abkehr vom schönen Stil Reste des Bescheidenheitstopos erkennen, vielleicht auch die Einsicht in die Begrenztheit des eigenen Sprachvermögens. Aber diese Stellen treten zu häufig auf, als daß man sich mit diesen Erklärungen zufrieden geben könnte. Man kann als sicher annehmen, daß Fernández de Oviedo tatsächlich an den Gegensatz von Wahrheit und schönem Stil glaubte. Er ist in diesem Punkt weit von den Ciceronianern seiner Zeit entfernt. Aber auch dies ist kein Argument gegen den humanistischen Charakter seines Werks, da man ähn-

---

[54] *Historia*, V 415 (L 30). Zur Einordung Fernández de Oviedos in den Stand der humanistischen Geschichtswissenschaft seiner Zeit s. R. Landfester, *Historia magistra vitae. Untersuchungen zur humanistischen Geschichtstheorie des 14. bis 16 Jahrhunderts*. Genève 1972; u. A. Seifert, *Cognitio historica. Die Geschichte als Namengeberin der frühneuzeitlichen Empirie*. Berlin 1976.

liche Anschauungen bei anerkannten Humanisten seiner Zeit findet, wobei vor allem Vives zu nennen ist[55].

Trotz aller Wahrheitsliebe blieb ein Rest von Wundergläubigkeit, die ihre Wurzeln in der Vergangenheit hatte. Die Begegnung mit der Realität Amerikas verlieh ihr neue Nahrung. Das „real maravilloso" ist keine Erfindung des 20. Jahrhunderts, sondern eine Wiederentdeckung von Gefühlen und Stimmungen der ersten Entdecker und Eroberer[56]. So konnte es etwa geschehen, daß Fernández de Oviedo den Bericht von den Riesen, die angeblich in Patagonien an der Magellanstraße lebten, Glauben schenkte[57].

Vielleicht war Fernández de Oviedo auch als Historiker zu sehr Literat geblieben. Die Neigung, Geschichten statt Geschichte zu präsentieren, hatte sicher einen Grund in der mangelnden Distanz. Dies wurde bereits gesagt. Ein weiterer, nicht minder wichtiger Grund liegt in der Erzähllust des Autors, dem das interessante Detail ebenso wichtig ist wie das Ganze. Die eingestreute Erzählung gehörte als Abschweifung („digressio") oder Beispiel („exemplum") auch in der Theorie zur Geschichte[58]. Aber bei Fernández de Oviedo sind die Geschichten weit mehr als nur eingestreute „digressiones", die der Geschichte Farbe geben sollen. Darin lag ja auch ein wichtiger Einwand Fueters und anderer Historiker gegen die „Historia General y Natural" als Geschichtswerk. Da die Geschichten überhand zu nehmen drohten, da es zu viel des Besonderen, Auffälligen

---

[55] *Historia*, II 182 (XVIII, Proemio), III 364 (XXXI, Proemio), V 379 (L 24) und viele andere mehr. Trotz dieser Bescheidenheitsformeln wird der Stil Fernández de Oviedos von manchen modernen Kritikern sehr geschätzt. S. bes. Salas (wie Anm. 4), 135–142. – Zu Vives vgl. Verfasser, *Literaturtheorie und Literaturkritik bei Juan Luis Vives*, in: *Juan Luis Vives*, hg. v. A. Buck. Hamburg 1981, 35–47; sowie *Rhetorik, Poetik und Geschichtsschreibung bei Juan Luis Vives, Sebastián Fox Morcillo und Antonio Lull*, in: *Texte-Kontexte-Strukturen. Festschrift Blüher*, hg. v. A. de Toro. Tübingen 1987, 351–370.

[56] Die Realität Amerikas barg so viel Überraschendes und Staunenswertes, daß Salas (wie Anm. 4), 116, die Wundergläubigkeit zumindest für verständlich hält. Fernández de Oviedo hat sein Staunen mehrfach zum Gegenstand seiner Reflexionen gemacht, so bes. I 277–279 (IX, Proemio).

[57] *Historia*, II 243–249 (XX 6–8). Salas (wie Anm. 4), 90, spricht von dem „gusto del autor por la maravilla y el asombro". S. weiterhin Chinchilla Aguilar (wie Anm. 19), 313 f., u. J. Zoraida Vázquez, *El indio americano y su circunstancia en la obra de Fernández de Oviedo*. Rev. de Indias 17 (1957), 491 f.

[58] So z. B. in der Rhetorik von Juan Luis Vives von 1533, der wichtigsten spanischen humanistischen Rhetorik in der ersten Hälfte des 16. Jahrhunderts *(Ioannis Lodovici Vivis Valentini de ratione dicendi libri III*. Erstausg. Lovanii 1533; benutzte Ausg. Coloniae 1537, Buch 3, Kap. 3 *De historia*, 271–293; in der Gesamtausg. durch Mayans, *Opera omnia*. Valentiae 1782–1790, Nachdruck London 1964, II 205–213). Allerdings gilt auch hier das oben auf S. 67 f. Gesagte: Fernández de Oviedo kannte zwar Vives, der Aufstellung von Turner (wie Anm. 10), 183 f. nach, aber nicht die Rhetorik.

gab, das in kein Schema paßte, fand Fernández de Oviedo die Lösung, diese Geschichten in einem eigenen Buch zusammenzufassen, das kein eigenes Thema hatte und dessen Kapitel nur durch die Verschiedenheit des Erzählten, das Besondere oder Absonderliche miteinander verbunden waren. Es handelt sich um das sechste Buch des ersten Teils, das er „libro de depósitos", ein Sammellager für Vieles und Allerlei nannte. Aber es ist mehr. Denn er bekannte sich ausdrücklich zu der Regellosigkeit als Strukturprinzip des Buchs[59]. Er befreite sich hier von allem äußeren Zwang und erzählte in freier Assoziation, was er für erzählenswert hielt. Dadurch wird das Ich des Autors zum eigentlichen Zentrum, auf das alle scheinbar so disparaten Teile dieses Buchs bezogen sind.

Das Ich des Autors zeigt sich aber nicht nur in diesem Buch. Liest man, einmal aufmerksam geworden, das gesamte Werk daraufhin durch, ist man erstaunt, wie groß seine Rolle ist[60]. Den drei Teilen sind jeweils Widmungsbriefe vorangestellt; 39 der insgesamt 50 Bücher werden durch unterschiedlich lange Vorworte eingeleitet. Hinzu kommen zahlreiche weitere Passagen in den Büchern selbst, in denen das Ich des Autors unmittelbar in Erscheinung tritt. Diese Texte erreichen einen beachtlichen Umfang und sollten deshalb allein aus quantitativen Gründen nicht vernachlässigt werden. Wichtiger ist natürlich der qualitative Aspekt. Man kann diese Passagen ganz grob zwei Themenkreisen zuordnen. Der erste betrifft die Materie des Werks: die Natur, den Kosmos, die Menschen, die Eroberer wie die Eroberten. Fernández de Oviedo reflektiert über die Kräfte, die in der Natur- und der Humangeschichte wirken, über Gott und seinen Widersacher. Diese Reflexionen fügen sich zusammen zu einer Philosophie der Natur und der Geschichte. An vielen Stellen fühlt man sich an die französische Moralistik erinnert. Der zweite Themenkreis betrifft die Probleme der Darstellung dieser Materie. Fernández de Oviedo reflektiert über sein Vorgehen, seine Methode, er begründet und legt seine Prinzipien dar. An diesen Stellen wird das eigene Werk zum Gegenstand des Nachdenkens. Es ist dies ein sehr modern wirkender literarischer Zug, der sich aber bereits im 16. Jahrhundert in verschiedenen Romanen – gerade auch Ritterromanen – nachweisen läßt.

---

[59] So bes. *Historia,* I 141–143 (VI, Proemio).
[60] Auf die Bedeutung des Ich bei Fernández de Oviedo hat bereits Pérez de Tudela hingewiesen, ohne daraus aber weitere Folgerungen für die Interpretation des Werks zu ziehen (J. Pérez de Tudela Bueso, *Rasgos del semblante espiritual de Gonzalo Fernández de Oviedo: La hidalguía caballeresca ante el nuevo mundo.* Rev. de Indias 17 [1957], 401).

Als Fernández de Oviedo das genannte „libro de depósitos", das bereits in der ersten Ausgabe enthalten war, für die zweite Fassung überarbeitete und erweiterte, erschien 1540 die „Silva de varia lección" von Pero Mejía, der in diesem Werk die Variation und Assoziation, die freie Verknüpfung der Gegenstände zum Grundprinzip erhob[61]. Fernández de Oviedo erkannte sich in diesem Buch wieder und fühlte sich bestätigt[62]. Das „libro de depósitos" kann deshalb als die reinste Verkörperung der Denkstruktur des Autors gelten[63]. Das in das Werk bewußt eingebrachte Ich des Autors wäre danach ein weiterer wichtiger Grund für die so häufig kritisierte chaotische Struktur des Werks. So beklagenswert dies auch aus der Sicht des Historikers sein mag, ist auch dies kein Argument gegen den humanistischen Charakter des Werks. Denn diese Art des Denkens ist typisch für eine Zeit, in der das Ich seiner selbst bewußt wurde und nicht mehr hinter der Sache zurücktrat. Wenige Jahrzehnte später sollte dieses Denken bei Montaigne einen ersten Höhepunkt erfahren. Fernández de Oviedo allerdings ist erst auf dem Weg; sein Ich drängt sich zwar unübersehbar in den Vordergrund, reflektiert aber noch nicht über sich selbst.

Wie meist bei Fernández de Oviedo läßt sich auch hier die gegengerichtete Tendenz im Werk belegen. Die „Historia General y Natural" ist in ihrer ideologischen Tendenz nicht anthropozentrisch, sondern ganz ohne Zweifel theozentrisch. Dies wird bereits in den ersten Kapiteln des Werks deutlich, in denen Fernández de Oviedo den Besitzanspruch der spanischen Könige historisch zu begründen versucht. Er hält die westindischen Inseln für die Hesperiden der Antike, die ihren Namen von einem spanischen König Hesper haben sollen, dessen Regierungszeit angeblich 1658 Jahre vor Christi Geburt begann. Der Norden Amerikas wurde von den Goten entdeckt, von denen das spanische Königshaus abstammt. Die Hesperiden seien also altspanischer Besitz, der in Vergessenheit geraten war. Fernández de Oviedo deutet an, daß Kolumbus davon gewußt habe, er also nicht ins Ungewisse gefahren sei[64].

---

[61] Pero Mejia, *Libro llamado silua de varia lecion [...]*. Sevilla, Dominico de Robertis 1540.
[62] Fernández de Oviedo erwähnt die „Silva de varia lecion" zuerst I 190 (VI 32) und kommt in den folgenden Kapiteln mit ermüdender Insistenz auf das Buch zurück.
[63] Ähnlich bereits Salas (wie Anm. 4), 105: „Toda la obra de Oviedo nos parece en definitiva una composta o por lo menos de depósito semejantes al de su libro VI, lleno de interés, de vida y de poesía."
[64] Zu Hesper und den Hesperiden s. *Historia*, I 17–20 (II 3) u. II 85–87 (VI, Proemio), wo sich Fernández de Oviedo polemisch mit Pedro Mártir de Anglería auseinandersetzt. S. dazu Gerbi (wie Anm. 9), 379–383. Zu den Goten s. IV 330 (XXXVIII, Proemio). Rech (wie Anm. 12), 238 f., sieht darin das Bemühen, die Geschichte Spaniens von Rom abzukoppeln.

Es ist nicht ganz sicher zu entscheiden, ob und in welchem Ausmaß Fernández de Oviedo an diesen Geschichtsmythos glaubte, den er aus zumeist sehr fragwürdigen mittelalterlichen Quellen zusammenbaute[65]. Die Funktion dieses Mythos ist jedoch klar: Er dient als Begründung für den spanischen Besitzanspruch; die Spanier sind nicht Eroberer, sondern nehmen nur Eigenes wieder in Besitz. Allerdings gilt dieser Geschichtsmythos nur für die westindischen Inseln. Das Festland war auch nach Meinung Fernández de Oviedos der Antike unbekannt. Ein historischer Rechtsanspruch bestand hier also nicht. Die Eroberung des Festlands erhält deshalb eine andere Rechtfertigung, die in dem sogenannten „requerimiento" ihren äußeren Ausdruck findet. Es geht dabei um einen Text, in dem der Besitzanspruch der Eroberer begründet wird. Danach hat Gott Petrus und seinen Nachfolgern die Herrschaft über alle Menschen verliehen. Ein Papst hat die westindischen Inseln und das Festland Amerikas den spanischen Königen zum Geschenk gemacht. Die Eroberer nehmen Amerika also gleichsam im göttlichen Auftrag in Besitz. Die Bewohner des Landes sollen ihre religiöse und politische Freiheit behalten, wenn sie die Oberhoheit des spanischen Königs freiwillig anerkennen. Die praktische Anwendung des „requerimiento" geriet allerdings zur zynischen Farce. Stießen die Eroberer bei ihren Zügen auf ein Dorf, so lasen sie seinen Bewohnern (sofern diese überhaupt auffindbar waren) den Text vor. Da sie ihn aber auf Spanisch vorlasen, konnten die Indios nicht auf ihn reagieren, worauf die Inbesitznahme von Land und Menschen mit dem Schein des guten Rechts erfolgte. Allerdings läßt Fernández de Oviedo deutlich erkennen, daß er diesen Schein durchschaut[66].

Fernández de Oviedos Haltung zu den Indios ist ambivalent. Sie stammen nach seiner Meinung wie die Europäer von Noah ab, sind also ihre Nächsten[67]. Er schildert mit großer Liebe zum Detail die verschiedenen

---

[65] Die entscheidende Quelle für den Hesper-Mythos war der sog. „Pseudo-Berosus" von Giovanni Nanni, der Ende des 15. und Anfang des 16. Jahrhunderts in zahlreichen Ausgaben verbreitet war und verständlicherweise besonders in Spanien Anklang fand. S. dazu Turner (wie Anm. 10), 173, u. Gerbi (wie Anm. 9), 379. Eine weitere wichtige Quelle war der Kommentar zur Eusebius-Chronik von Alfonso de Madrigal, der Anfang des 16. Jahrhunderts gedruckt wurde *(Tostado sobre el eusebio [...]*. Salamanca, Hans Gysser 1506–1507, 6 Bde.).
[66] *Historia*, III 227–231 (XXIX 7). S. dazu Gerbi (wie Anm. 9), 471–479.
[67] *Historia*, III 357 (XXX, Proemio). Der Ethnologe Fernández de Oviedo hat in den letzten Jahren das besondere Interesse der Forschung gefunden. Die Literaturhinweise sind deshalb nur als erste Orientierung zu verstehen: J. Zoraide Vázquez Vera, *El indio americano y su circunstancia en la obra de Oviedo*. México 1956; dies. 1957 (wie Anm. 57); Ballesteros Gaibrois (wie Anm. 44); Salas (wie Anm. 4), 117–134; Gerbi (wie Anm. 9), 426–523, sowie *V⁰-Centenario de Gonzálo Fernández de Oviedo. Memoria del Congreso sobre*

Indiovölker, er findet manches Positive, an dem sich die Europäer ein Beispiel nehmen können. Er beklagt die Grausamkeit der Spanier, die aus Goldgier ganze Völker ausgerottet haben[68]. Dennoch hält er die Eroberung als solche für gerecht und gerechtfertigt. Denn die Indios sind, wie er meint, dem Teufel verfallen. Als Beweis dient ihre Barbarei, die sich am schärfsten im Sexuellen und im Kannibalismus manifestiert. Dies alles hält er für Teufelswerk, wodurch sich für ihn auch die geringen Tauferfolge erklären. Die Spanier hingegen sind trotz aller ihrer Sünden das Werkzeug Gottes. Der Krieg zwischen den Spaniern und den Indios bildet nur die Oberfläche, im eigentlichen Kampf stehen sich Gott und der Teufel gegenüber. Wir erkennen darin eines der zentralen Probleme des 16. Jahrhunderts, die Spannung von Prädestination und freiem Willen. Wie weit ist das Geschehene in Amerika menschliche Geschichte, in der die Menschen aus freiem Willen heraus handeln, wie weit sind sie Figuren in einem Spiel, dessen Ausgang bereits von Anfang an feststeht? Fernández de Oviedo gibt keine eindeutige Antwort, sein Werk enthält Argumente für beide Seiten.

Der Glaube an die Allmacht Gottes wird an vielen Stellen des Werks deutlich. Er steht im Zentrum des 50. und letzten Buchs, das bereits in der ersten Ausgabe an letzter Stelle stand, was seine besondere Bedeutung bestätigt. Wieder muß man zwischen Oberflächen- und Tiefenschicht unterscheiden. An der Oberfläche geht es um Schiffbrüche, die zahlreichen Katastrophen, die die Eroberungsgeschichte begleiteten. Ein letztes Mal verdichtet sich Geschichte in Geschichten. Man hat auf Vorbilder hingewiesen und darin eine literarische Mode gesehen[69]. Gerbi hingegen sieht in diesem Buch den Ausdruck eines pessimistischen Weltbilds:

---

el Mundo Centroamericano de su Tiempo. Nicoya, Costa Rica 1980, Tema tercero: Etnología y etnohistoria, 195–422.

[68] „¿Paréceos, letor, que para tan breves días son cosas éstas de cristianos? ¡Oh mal aventurados hombres! Pues que os disponéis a buscar este oro que as la verdadera soga e lazo que a tantos lleva al infierno, no lo hagáis con tan deshonestos y feos atrevimientos, que no solamente perdéis el ser de hombres racionales y os convertís en animales brutos y fieros, bestias rapaces e tigres hambrientos e tragadores de sangre humana; pero demás deso, perdéis el temor de Dios e la vergüenza al mundo, e ponéis vuestras ánimas en poder del diablo, mancilláis vuestros debdos e los dejáis lastimados para que lo que vivieren, sea malditísimos, despreciándose del amor o parentesco que os habían, e negarán ser vosotros de su patria, contra la natural amistad e obligación cristiana, aborresciendo vuestro nombre totalmente" *(Historia,* III 196 [XXVIII 6]).

[69] Zu nennen sind vor allem die *Naufragios* von Alvar Nuñez Cabeza de Vaca (Zaragoza 1542; Neuausgaben: Ed. E. de Vedia, in: *Historiadores primitivos de Indias.* Madrid 1946 [B.A.E. 22], Bd. 1, 517–548; Ed. R. Ferrando. Madrid 1984 [historia 16; Crónicas de América, 3]). S. dazu Turner (wie Anm. 10), 173.

„E questo forse il solo sforzo di ‚composizione' che si nota nella Historia: che si apre con el felicissimo viaggio di Colombo e finisce con un fortissimo unisono di legni infranti, di urli e di preci desperate e di sibilinti uragani".[70]

Aber die verzweifelten Schreie der Schiffbrüchigen lassen die Barmherzigkeit Gottes nur umso heller erstrahlen. Denn fast jede Geschichte endet mit der wunderbaren Errettung zumindest eines Teils der Verunglückten, deren Gebet und Gelübde Gott barmherzig erhört. Und Fernández de Oviedo ruft aus:

„¡Oh inmenso e soberano Dios, cuántas veces nos vimos en trances e agonías tan cercanas a la muerte, que sin tu misericordia e poder absoluto era imposible bastar fuerzas ni consejo humano para quedar con las vidas!"[71]

Gott ist der Herr der Natur und der Geschichte[72]. Seine Wunder sind größer als die von Menschenhand geschaffenen sieben Weltwunder der Antike. Gott ist der einzige und wahre Künstler, vor seinen Werken verblaßt die Kunst der Menschen[73]. Die „Historia General y Natural de las Indias" ist in diesem Sinn ein Lobpreis Gottes als dem Schöpfer und Herren der Natur und der Geschichte.

Dieses theozentrische Weltbild ist seinem Wesen nach mittelalterlich[74]. Es entspricht ohne Zweifel der bewußten Intention des Autors. Wäre damit die Frage nach dem humanistischen Charakter des Werks definitiv und negativ beantwortet? Nein, da auch diese Antwort nur

---

[70] Gerbi (wie Anm. 9), 347.
[71] *Historia*, V 398 (L 24).
[72] *Historia*, II 76 (XV, Proemio) und zahlreiche weitere Stellen.
[73] „Hermosa cosa es el mundo, e la más excelente pintura que se puede ver ni arbitrar ni pensar, como quiera que el artífice e pintor della es el mesmo Dios, e de El sólo permitida, e sólo El bastante para tal obra" (IV 330 [XXXVIII, Proemio]); vgl. III 408–410 (XXXII 4) u. ö.
[74] Die mittelalterliche Struktur des Weltbilds Fernández de Oviedos haben besonders Zoraida Vázquez 1957 (wie Anm. 57), 488, u. Pérez de Tudela 1957 (wie Anm. 60), 393 u. 436 f., betont, der darüber hinaus eine Verbindung zum Weltbild des fahrenden Ritters zieht (396–401). Den inneren Zusammenhang von göttlicher Vorsehung und Eroberung bei Fernández de Oviedo hat O'Gorman (wie Anm. 2), 69, am klarsten formuliert: „La conquista de México y del Perú son para él episodios importantes del desarrollo del plan providencial. El Nuevo Mundo es la fuente de inagotable riqueza que Dios pone al alcance del César para la ejecución de los divinos propósitos, cuya realidad histórica las Indias mismas atestiguan por el hecho de estar sujetas a la Corona de España."

einen Teil des Ganzen trifft. Denn gerade in der Darstellung des theozentrischen Weltbilds manifestiert sich unübersehbar das Ich des Autors. Die beiden Tendenzen überlagern sich, die Widersprüche werden nicht aufgelöst. Die Darstellung der Natur- und Humangeschichte Amerikas soll das Wirken Gottes sichtbar machen; sie zeigt aber auch die Geschichte des Menschen, der sich in der Begegnung mit dem neuentdeckten Kontinent und in der Wiederaufnahme antiken Denkens seiner selbst bewußt wird als Objekt und Subjekt der Geschichte.

Bibliographischer Anhang
Zitierte Werke Fernández de Oviedos

- *Libro del muy esforçado e inuencible Cauallero dela Fortuna propiamente llamado don claribalte [...]*. Valencia, Juan Viñao 1519.
- *Ouiedo de la natural hystoria delas Indias*. Toledo, Rémon de Petras 1526 (der sog. *Sumario*; s. dazu Anm. 3).
  Neuausgaben:
  Ed. A. Gonzáles Barcia, in: *Historiadores primitivos de las Indias occidentales*. Madrid 1749, Bd. 1.
  Ed. E. Alvarez López. Madrid 1942.
  Ed. E. de Vedia, in: *Historiadores primitivos de Indias*. Madrid 1946 (B.A.E. 22), Bd. 1, 473–515.
  Ed. J. Miranda. México 1950.
  Ed. M. Ballesteros. Madrid 1986 (historia 16; Crónicas de América, 21).
- *La historia general de las Indias [...]*. Sevilla, Juan Cromberger 1535. (Enthält die 19 Bücher des ersten Teils und als Buch 20 das Buch 50 der definitiven Fassung.)
  Coronica de las Indias. La hystoria general de las Indias, agora nueuamente impressa, corregida y emendada. Salamanca, Juan de Junta 1547.
  Libro. XX. Dela segunda parte de la general historia de las Indias. Valladolid, Francisco Fernández de Córdoba 1557.
  Neuausgaben:
  Historia general y natural de las Indias [...], ed. J. Amador de los Ríos. Madrid 1851–1855, 4 Bde.
  Die Ausgabe von Amador de los Ríos liegt folgenden Ausgaben zugrunde:
  Ed. J. Natalicio González. Asunción 1944–1945, 14 Bde.
  Ed. J. Pérez de Tudela Bueso. Madrid 1959, 5 Bde. (B.A.E., 117–121).
  In den Anmerkungen wird diese Ausgabe als *Historia* zitiert. Bei den Zitaten werden Band und Seite, in Klammern Buch (römische Zahl) und Kapitel (arabische Zahl) angegeben.
- *Las Qvinqvagenas. De los generosos & illustres & no menos famosos. Reyes. Principes. Duques. marqueses. y Condestables & Caualleros. & perssonas Notables de España*. (Manuskript Madrid BN 2217-9).
  Druck:
  Ed. V. de la Fuente. Madrid 1880 (nur der erste Teil).

Die Rezeption der Neuen Welt durch den französischen Späthumanismus (1550–1620)

von Erich Hassinger

I.

Der größte Teil der späthumanistischen Amerika-Literatur in Frankreich stammt von Verfassern, die zwischen 1520 und kurz nach der Jahrhundertmitte geboren sind. Die Entstehungszeiten und Erscheinungsdaten der etwa sechzig für die folgenden Ausführungen herangezogenen Werke liegen in dem Zeitraum zwischen 1550 und 1620. Die Komplexität dieser Literatur zwingt zu einer Auswahl in thematischer Hinsicht, weil sonst der Rahmen weit überschritten werden müßte. Überdies ergibt sich aus der Lage der Forschung eine weitgehende Unausgewogenheit der einzelnen Teile des Gesamtbildes. Es werden daher Autoren, die bisher ihrer Bedeutung für unsere Fragestellung nicht entsprechend beachtet worden sind, bevorzugt behandelt. Ausgeklammert werden Werke, deren Hauptthema im Bereich der Botanik (Tabak, Mais), Zoologie und Medizin (Syphilis) liegt, sowie reine Militaria und Theologica, die konfessionelle Streitigkeiten zwischen Franzosen in der Neuen Welt betreffen. Unberücksichtigt bleiben ferner fast alle Cartographica[1] und zeitgenössisches Illustrationsmaterial[2]. Verzichtet wird endlich weitgehend auf die

---

[1] Vgl. N. Broc, *La Géographie de la Renaissance*. Paris 1980, besonders 45–60 und 242 (hier auch weitere Literatur), sowie N. J. W. Thrower, *New geographical Horizons: Maps*, in: *First Images of America. The Impact of the New World on the Old*, 2 Bde. ed. by F. Chiapelli. 1976, 659–674 (mit Abbildungen und Literatur) und M. Mollat du Jourdin, *Le témoingnage de la Cartographie*, in: *Le Monde de Jacques Cartier*. Montreal–Paris 1984, 149–164. E. H. Dahl/C. Heidenreich, *The French mapping of North America in the Seventeenth Century*. Map Collector 13 (1980), 1–11. Grundlegend neuerdings „*Les Atlas Français*". *XVIe et XVIIe Siècles, Répertoire bibliographique et étude* par M. Pastoureau avec la collaboration de F. Lestringant pour „*L'Insulaire*" d'A. Thevet. Paris 1984.

[2] Auch bezüglich Frankreichs vgl. den Beitrag von T. Falk, *Frühe Rezeption der Neuen Welt in der druckgraphischen Kunst* in diesem Band, sowie W. C. Sturtevant, *First visual Images of native America*, in: *First Images* (wie Anm. 1), 417–454, besonders Anm. 57. Hervor-

Heranziehung von Werken nicht-französischer Autoren, die auch in französischen Übersetzungen veröffentlicht worden sind. Der verbleibende Bestand wird in etwa chronologischer Reihenfolge in zwei Hauptgruppen abgehandelt werden. Für die Zusammensetzung ist die damalige Rangfolge der Zugangsweisen zum Gegenstand – videre, audire, legere – maßgeblich[3]. Hinzu kommt hier als Kriterium für die Einordnung in die erste Gruppe, ob ein Autor, der sich nicht auf Autopsie berufen kann, originelle Reflexionen angestellt, bzw. bemerkenswerte Folgerungen aus seiner Begegnung mit Werken über die Neue Welt gezogen hat. Die zweite Gruppe vereinigt alle Autoren, deren Kenntnisse aus Hörensagen und Lektüre stammen; meistens stellt Amerika für sie einen Interessengegenstand minderen Ranges dar.

Bezüglich der bibliographischen Erfaßbarkeit der einschlägigen Quellen liegen die Dinge jetzt erheblich günstiger als noch vor wenigen Jahren[4]. Seit 1980 bzw. 1983 besitzen wir mit den zwei ersten Bänden der „European Americana" einen chronologischen Führer durch die gesamte

---

zuheben ist, weil es sich um ein wohlfeiles Bilderbuch handelt, F. Deserpz, *Recueil de la diversité des habits.* Paris 1562, von dem vier Drucke bekannt sind. Vgl. *European Americana. A chronological Guide to the Works printed in Europe relating to the Americas.* Bd. 1 (1493–1600) ed. by J. Alden/D. C. Landis. New York 1980, Nr. 562/26, 564/42, 572/45 und (flämisch) 570/1. (Die erste Zahl bezeichnet das Erscheinungsjahr unter Weglassung der vierten Ziffer (1), die zweite die laufende Nummer in alphabetischer Reihenfolge der Autoren innerhalb des betreffenden Jahres.) Abgebildet sind in diesem Recueil: La Femme sauvage, L'Homme sauvage, La Brésilienne, Le Brésilien und Le Sauvage en pompe. Eine versifizierte Legende erläutert jede Abbildung. Als Kostümbuch der europäischen Trachten bringt der „Recueil" m.W. erstmals in Frankreich auch Kostümbilder aus Asien, Afrika und der Neuen Welt. Wenige Jahre vorher hatte A. Thevet, *Les singularitez de la France Antarctique.* Paris 1558, mit Abbildungen brasilianischer Indianer veröffentlicht (s. u. Anm. 31). Unter ikonographischem Aspekt analysiert dieses Werk F. Lestringant, *Les représentations des Sauvages dans l'Ikonographie relative aux ouvrages du Cosmographe André Thevet.* Bibliothèque d'Humanisme et Renaissance 40 (1978), 583–595.

[3] Vgl. dazu F. Lestringant in der Einleitung zu seiner kritischen Edition von A. Thevet, *Cosmographie du Levant.* Genève 1985 (Travaux d'Humanisme et Renaissance No. 203), XLIX. Montaigne hebt in seinen „Essais" das „voir par expérience" als erstrangige Quelle von Kenntnissen hervor; vgl. M. Lescarbot in seiner „Histoire de la Nouvelle France", Paris 1609 (und öfters).

[4] Bis dahin waren wir für die französische humanistische Literatur angewiesen auf G. Atkinson, *La Littérature géographique de la Renaissance. Répertoire Bibliographique.* Paris 1927, und Ergänzungen in seiner Darstellung *Les nouveaux horizons de la Renaissance française.* Paris 1935, sowie auf A. L. Garraux, *Bibliographie Brésilienne. Catalogue des ouvrages français et latins relatifs au Brésil (1500–1898).* Paris 1898, Reprint Amsterdam 1971, sowie auf das die Americana in der Bibliothèque Nationale verzeichnende Werk von G. A. Barringer, *Catalogue de l'Histoire de l'Amérique.* Speziell Bd. 4 (Brésil), Paris 1901.

in Europa zwischen 1493 und 1650 erschienene Literatur über Nord- und Südamerika[5]. Berücksichtigt sind hier auch Werke, in denen Amerika nur mit wenigen Zeilen erwähnt wird. Einige Lücken werden sich vielleicht in einem Anhang zu dem Schlußband, der bis 1776 führen wird, schließen lassen[6]. Die bibliographische Erfaßbarkeit der Sekundärliteratur endet zur Zeit (Dezember 1986) bei der „Bibliographie internationale de l'Humanisme et de la Renaissance" beim Erscheinungsjahr 1981, bei der „Bibliographie annuelle de l'Histoire de France" bei 1983. In Anbetracht der Seltenheit mancher einschlägiger Primärquellen ist es begrüßenswert, daß seit einiger Zeit Neudrucke, teilweise mit kritischem Apparat, erscheinen[7].

Hinsichtlich der neueren Sekundärliteratur beschränke ich mich an dieser Stelle darauf, einige m. E. besonders wichtige Veröffentlichungen zu nennen. Nach fünfzig und mehr Jahren sind noch immer die Untersuchungen von G. Chinard, G. Atkinson und F. de Dainville unentbehr-

---

[5] Vgl. Anm. 1.
[6] Nicht aufgenommen sind u. a. folgende Werke: Charles Estienne (1504-1564), *Dictionarium historicum, geographicum, poeticum*. Paris 1561 (es fehlen sämtliche Drucke bis 1581); Henri Estienne (1536-1598), *L'introduction au Traité de la conformité des merveilles anciennes avec les modernes ou Traité préparatif à l'Apologie pour Hérodote*. Genève 1566; G. Terrobius [Terraube], *Cosmographiae totius compendium*. Lausanne 1572; F. de Belleforest, *La Cosmographie universelle*. Paris 1575; G. Génebrard, *Chronographiae libri quatuor*. Paris 1580; L. de La Popelinière, *L'Histoire des histoires;* sowie ders., *L'Idée de l'Histoire acomplie*, beide Paris 1599. Zu berichtigen ist, daß der Erstdruck seiner „Vraye et entière Histoire des troubles..." nicht 1572 in Basel, wie bei 573/28 bemerkt wird, sondern vermutlich 1571 in Köln erschien. Johann Heinrich Zedler, *Großes Universallexicon*, Bd. 28, 1528, registriert als Erstdruck eine Quartausgabe Paris 1570, die nachzuweisen mir bisher nicht gelungen ist. Da sich bei Zedler auch andere Irrtümer finden, muß die Existenz der Ausgabe von 1570 bis auf weiteres fraglich bleiben. P. Charron, *De la sagesse*. Paris 1601 (und öfter). Bezüglich anderer in *European Americana* fehlender Werke vgl. die Rezension des ersten Bandes von D. B. Quinn in: *Renaissance Quarterly 34 (1941), 571.*
[7] S. Lussagnet, *Les Français en Floride*. Paris 1958 (Teil II von „Les Français en Amérique pendant la deuxième moitiée du XVIe siècle"), bringt die Berichte von Ribaut (*European Americana* 563/23), Laudonnière (ebd. 586/46), Le Challeux (ebd. 566/25-29) und Gourgues (ebd. 568/17). J. de Léry, *Histoire d'un Voyage fait en la terre du Brésil*, ed. par. J.-Cl. Morisot. Genève 1975 (Facsimiledruck der Ausgabe Genève 1580, frühere Drucke 1578 [*European Americana* 578/46-48]). A. Thevet, *Les singularités* [sic!] *de la France antartique*. Mit Einleitung von J. Baudry, Paris 1981 (Facsimiledruck der Erstausgabe Paris 1558, ebd. 557/41). Ders., *Les Singularitez de la France Antartique*. Choix des Textes, Introduction et notes de F. Lestringant. Genève 1985. Die Einleitung des Hg. in diesem Facsimiledruck der Erstausgabe Paris 1556 ist wichtig, weil sie das gesamte Œuvre Thevets behandelt. Vgl. ferner die m. E. berechtigte Kritik von F. Lestringant in: Bibliothèque d'Humanisme et Renaissance 44 (1982), 225 ff. an der Auswahledition von D. B. Quinn, *New American World. A. documentary History of America*. 5 Bde. London 1979.

lich[8]. N. Broc gab mit „La Géographie de la Renaissance 1420-1620" (Paris 1980) einen knapp gehaltenen Gesamtüberblick mit besonderer Berücksichtigung der französischen Wissenschaft.

Unter den Sammelwerken vereinigt der Band „La découverte de l'Amérique" die Referate des „Dixième stage international d'Etudes humanistes", der 1966 in Tours stattfand[9]. Die 200jährige Wiederkehr der Unabhängigkeitserklärung der Vereinigten Staaten gab Anlaß zu dem Sammelwerk „First Images of America. The Impact of the New World on the Old"[10]. Gleichfalls einem Jubiläum ist der gehaltvolle, unter der Leitung von Fernand Braudel 1984 erschienene Band „Le Monde de Jacques Cartier" zu verdanken[11]. Noch nicht zugänglich waren mir die 1985 veröffentlichten Referate des im Juli 1983 abgehaltenen „XXVIe Colloque International d'Etudes Humanistes: Voyages et voyageurs de la Renaissance"[12].

An Einzelstudien betreffen das Problem der Rezeption allgemein mehrere Arbeiten von J. H. Elliott[13] und M. Mollat[14]. U. Bitterli behandelt in dem weitgespannten Rahmen seiner Pionierleistung innerhalb der deutschsprachigen Literatur die Begegnung Frankreichs mit der Neuen Welt vor 1620 nur sehr kurz[15]. Die im folgenden zu erörternden Fragen werden in der ungedruckten Dissertation von A. G. Gordon zwar breit behandelt, aber nicht forschungsfördernd beantwortet[16]. Als füh-

---

[8] G. Chinard, *L'exotisme américain dans la littérature française du XVIe Siècle*. Paris 1911. Zusätzlich zu den in Anm. 4 erwähnten Werken von G. Atkinson ist *Les relations de voyages du XVIIe Siècle et l'évolution des idées*. Paris 1924 (Slatkine Reprint Genève 1972), zu nennen sowie F. de Dainville, *La géographie des Humanistes. Les Jésuites et l'éducation de la société française*. Paris 1940.

[9] Paris 1968.

[10] Vgl. Anm. 1. Einige Beiträge in diesem hervorragend illustrierten Werk leiden unter ihrem zu geringen Umfang, z. B. M. P. Gilmore, *The New World in French and English Historians of the Sixteenth Century* (Bd. 2, 519–527). Der erstrangige Autor La Popelinière kommt hier überhaupt nicht vor. Im Register erscheint sein Name nicht; nebensächlich erwähnt wird er auf 120 Anm. 19 und 720 Anm. 40 zu Text 714.

[11] Vgl. Anm. 1. Das Werk enthält eine reichhaltige Bibliographie.

[12] Paris 1985.

[13] *The Old World and the New, 1492–1650*. Cambridge 1970. *Discovery of America and the discovery of Man*. Proceedings of the British Academy 58 (1972), 101–125. *Renaissance in Europe and America. A blunted Impact?* in: *First Images* (wie in Anm. 1), 11–23.

[14] *Humanisme et grandes découvertes (XVe et XVIe Siècles)*. Francia 3 (1975), 221–235.

[15] *Die „Wilden" und die „Zivilisierten". Die europäisch-überseeische Begegnung*. München 1976.

[16] *The Impact of the Discoveries on Sixteenth Century French cosmographical and historical Thought*. Phil. Diss. University of Chicago 1974. Thesis Nr. T 25171 (Mikrofilm). Negativ fällt besonders schwer ins Gewicht, daß Jean de Léry (s. unten S. 102) mit keinem Wort erwähnt wird. Da dieser Autor bezüglich Brasilien eine Hauptquelle für La Popelinière, *Les Trois Mondes* (s. u. S. 112) war, ergibt auch ihr Aufsatz *Confronting Cultures. The effect of*

render Erforscher der französischen Kolonisation in Brasilien und ihres literarischen Niederschlags hat sich seit etwa einem Jahrzehnt F. Lestringant durch mehrere Aufsätze und Einleitungen zu Neudrucken von Werken A. Thevets ausgewiesen[17]. Seitens der deutschen Forschung ist kürzlich als erste zusammenfassende Untersuchung des Problemkomplexes das Buch von F. Gewecke „Wie die Neue Welt in die alte kam" erschienen[18].

Schließlich ist noch der Erhellung der Rezeption durch das 1982 in La Rochelle eröffnete „Musée du Nouveau Monde" sowie durch mehrere Ausstellungen zu gedenken[19].

II.

Kenntnis der Neuen Welt deckt sich in der Literatur des französischen Späthumanismus weitestgehend mit der Kenntnis jener Gegenden Amerikas, die in irgendwelcher Absicht von eigenen Landsleuten betreten worden sind. Bei den Portugiesen und Spaniern verhält es sich nicht anders, aber ein wesentlicher Unterschied besteht darin, daß Franzosen bis zum frühen 17. Jahrhundert Autopsiekontakte nur zu einem sehr kleinen Teil der Neuen Welt gewinnen konnten. Die damalige französische Amerika-Literatur hat ihre Impulse weitestgehend durch die wenigen „offiziellen" Expeditionen erhalten: durch Cartiers drei Unternehmungen zwischen 1534 und 1541 im Mündungsgebiet und am Unterlauf des St. Lorenzstromes, durch die Festsetzung von Nicolas de Villegagnon in der Bucht des heutigen Rio de Janeiro (1555-60), mehrere Expeditionen zwischen 1562 und 1568 nach „Florida" – worunter aber auch das heutige Süd-Carolina zu verstehen ist – und im frühen 17. Jahrhundert erneut nach Canada (Du Pont, de Monts, Champlain u. a.).

---

the Discoveries on Sixteenth Century French Thought. Terrae Incognitae 8 (1976), 45–56, der hauptsächlich La Popelinière, wiederum ohne Léry zu erwähnen, behandelt, ein weitgehend unzulängliches Bild.

[17] Vgl. bez. der Edition Anm. 3 u. 7; Untersuchungen, auf die mich z.T. der Verfasser selbst hingewiesen hat, werden an den diesbezüglichen Stellen angeführt. Ich verdanke Frank Lestringant (Université de L'Haute Alsace, Mulhouse) wertvolle Hinweise auf eigene Forschungen zu diesem Fragenkomplex, die ihrerseits mit neuer Literatur gesättigt sind.

[18] Für diesen Hinweis in der Diskussion danke ich Herrn Prof. Pietschmann. Ich kann hier nicht näher auf diese Arbeit eingehen, sondern werde sie in der Historischen Zeitschrift besprechen.

[19] *Une autre Amérique. Exposition inaugurale du Musée du Nouveau Monde.* La Rochelle 1982, und A. Vachon u. a., *Rêves d'Empire. Le Canada avant 1700.* Ottawa 1982 (Katalog einer Ausstellung, die im Februar/März 1985 in Solothurn, Schweiz, gezeigt wurde).

Diese „offiziellen" Expeditionen stellen jedoch zahlenmäßig nur einen winzigen Bruchteil der französischen Amerika-Kontakte dar, weil sich französische Seeleute bedenkenlos über die exklusiven Besitzansprüche der iberischen Staaten hinwegsetzten. Die privilegierten Besitzer verfügten nicht entfernt über ausreichende Mittel, um Eindringlinge abzuwehren, die unzählbare Male auftauchten. Wahrscheinlich seit 1504 brachten französische Fischer reiche Erträge von den Neufundlandbänken heim, und seit dem ersten Jahrzehnt des 16. Jahrhunderts liefen immer wieder französische Kapitäne die Küste Brasiliens an, um von dort hauptsächlich das wertvolle Farbholz zu holen. Hinzu kamen schon unter Franz I. wilde oder von der Krone privilegierte Kaperfahrten, die den Portugiesen auf der Route zwischen Brasilien und Lissabon zusetzten[20].

Nachdrücklich muß betont werden, – und dieses Moment zieht sich wie ein roter Faden durch die gesamten folgenden Ausführungen – daß die eben bezeichneten Kontaktgebiete ausschließlich von Menschen bewohnt waren, die damals meist als „barbares" oder „sauvages" beziehungsweise neutral als „naturels" bezeichnet wurden – Menschen, die in jeder Beziehung von Europäern des 16. Jahrhunderts grundverschieden waren. Um diese extrem fremdartige, ferne Welt sich selbst und ihren Lesern näher zu bringen, stellten viele humanistische Autoren Vergleiche zwischen diesen Exoten und zeitlich weit entfernten „barbarischen" Völkern wie den alten Galliern, Germanen und Skythen an, oder sie operierten mit dem vagen Mythos vom „Goldenen Zeitalter". Nur verhältnismäßig wenigen gelang es, ohne derartige Umschweife überzeugend darzulegen, daß der Begriff „sauvages" differenziert werden müsse, und daß es sich bei den „Wilden" um Brüder von uns handle, die heute noch so aussähen und lebten, wie wir Europäer in grauer Vorzeit ausgesehen und gelebt hätten. Der Durchbruch durch die vorherrschenden Klischees fiel auch deshalb schwer, weil im damaligen Wortschatz – nicht nur der französischen Sprache – eine Vokabel für „Entwicklung" noch nicht existierte. Diese Einordnung der „sauvages" in die Menschheits-

---

[20] Bezügl. Neufundland vgl. J. Dickinson, *Les précurseurs de Jacques Cartier*, in: *Le Monde de Jacques Cartier* (wie Anm. 11), 127–148. Einige Kapitäne veröffentlichten Fahrtberichte, z. B. Bruneau [?] (I. T. P.) Capitaine de mer, *Histoire véritable de plusieurs voyages aventureux...* Niort 1599 (*European Americana* 599/19 und überdies Rouen 1600, ebd. 600/23). Mit Eindringlingen, deren sie habhaft werden konnten, machten Spanier und Portugiesen kurzen Prozeß. Z. B. berichtet François Pyrard, der auf einem portugiesischen Schiff aus Ostindien nach Brasilien kam, ihm hätten die Portugiesen im Jahre 1610 die Stelle gezeigt, an der einige Jahre zuvor 13 französische Seeleute gehenkt worden waren (*Discours des voyages...* Paris 1615, Bd. II, 568 u. 615).

geschichte stellt einen sehr bemerkenswerten Ansatz zu genetisch-historischem Denken dar und verdient deshalb im Rahmen unserer Darlegungen eingehend erörtert zu werden.

Nebenbei bemerkt: in der politischen Praxis bildet auch der Kannibalismus bei einigen Stämmen in der Neuen Welt kein Hindernis für Bündnisse mit ihnen im gegenseitigen Kampf zwischen „Chrétiens civilisés" um Positionen in der Neuen Welt. In der zeitgenössischen Literatur haben weder katholische französische Spanienfeinde noch calvinistische Papistenhasser Kritik an dieser Methode geübt, Spanier und Portugiesen zu bekämpfen.

III.

Über Jacques Cartiers (1491-1557) Expeditionen haben zu seinen Lebzeiten seine Landsleute nur wenig und das meiste erst später erfahren, wenn ihnen englische und italienische Übersetzungen seiner Berichte nicht verständlich waren[21]. Es wiegt deshalb besonders schwer, daß ein auch Canada betreffendes, gegen 1560 entstandenes Manuskript von Guillaume Postel (1509-1581), der sich auf Gespräche mit Cartier und zwei seiner Gefährten berufen konnte, unvollendet und ungedruckt blieb[22]. Der Verfasser, Graezist und Mitbegründer der wissenschaftlichen

---

[21] Der Bericht von seiner ersten Fahrt *(Discours de voyage fait par le Capitaine Jacques Cartier)*, der wahrscheinlich nicht von ihm selbst niedergeschrieben wurde, erschien französisch erst 1598 in Rouen. Italienisch war er 1556 im 3. Bd. von G. B. Ramusio, *Navigazione e viaggi nel quale si contengono le Navigazione al Mondo Nuovo.* Venezia 1556, englisch 1580 und 1582 veröffentlicht worden. Der *Brief récit...*(zweite Fahrt) erschien 1545 in Paris. Vom Bericht der dritten Fahrt publizierte Richard Hakluyt eine auszugsweise Übersetzung in *The principal Navigations... of the English Nation.* London 1600. Eigentlich bekannt wurde Cartier in Frankreich erst dadurch, daß Marc Lescarbot größere Abschnitte aus dessen Berichten in seine *Histoire de la Nouvelle France,* Paris 1609 (s. u. S. 118) inserierte und Vergleiche zwischen ihm und Champlain anstellte. Vgl. zu diesen Daten Chr. Morisonneau, *L'Oeuvre de Jacques Cartier,* in: *Le Monde de J. Cartier* (wie in Anm. 1), 289-294. Vielleicht ist diese späte Publizität ein Grund dafür, daß La Popelinière in *Les Trois Mondes* (s. u. S. 112) Cartier nicht erwähnt, sondern in Buch II, fol. 25ʳ „découverts... vers le Nord", d. h. im Golf des St. Lorenzstromes und bei Neufundland, „Cortez" zuschreibt. Dabei handelte es sich wohl kaum um eine Verschreibung, da der Verfasser die Leistung eines Landsmannes bestimmt nicht unerwähnt gelassen hätte, wenn sie ihm bekannt geworden wäre.

[22] Vgl. die Textedition von F. Secret, *Guillaume Postel et les voyages de découverte au Canada.* Bibliothèque d'Humanisme et Renaissance 23 (1960), 367-371. Bez. Postel vgl. W. Bouwsma, *Concordia Mundi. The Career and Thought of Guillaume Postel (1510-1581).* Cambridge (Mass.) 1957, daneben noch immer P. Mesnard, *L'essor de la philosophie politique au XVIᵉ siècle.* Paris 1952, 431-453, und die einschlägigen Ausführungen bei J. Lecler, *L'Histoire de la tolérance au Siècle de la Réforme.* 2 Bde, Paris 1955. Nach Bouwsma veröffentlichte F. Secret außer der in dieser Anm. zitierten zahlreiche andere Miszellen

Orientalistik, Geo- und Kartograph, als Theologe besonders wegen Schriften, die auf visionären Erlebnissen beruhten, in Häresieverdacht geraten, aber von der Inquisition in Venedig freigelassen, weil sie ihn für verrückt[23] hielt, ist die extravaganteste Gestalt im französischen Humanismus. Seine zahlreichen Werke enthalten jedoch außer höchst bizarren auch durchaus nüchterne Gedanken. Er hatte bereits in „De orbis terrae concordia"[24] versucht, als Synthese zwischen den drei monotheistischen Buchreligionen ein vereinfachtes Christentum zu entwerfen, und sah sich als von Gott berufener Missionar vor der Aufgabe, den armseligen Menschen, die Cartier dort drüben vorgefunden hatte, diese Weltreligion zu verkünden. Ein derart intensives Interesse an der Mission begegnet, von Postel und Lescarbot abgesehen, anderswo in der hier zu erörternden Literatur nur selten. Daß Postel, der aus der Societas Jesu ausgestoßen worden war, kein Franz Xaver für Canada wurde, hatte persönliche Gründe. Er meinte, gesundheitlich einer Überfahrt nicht gewachsen zu sein[25]. Drüben eventuell als Märtyrer den Tod zu erleiden, dazu war er bereit, aber schon auf hoher See sterben?

Seiner Meinung nach handelte es sich bei den zu bekehrenden Einwohnern der Neuen Welt um Abkömmlinge von Noahs Sohn Japhet[26]. Diese Ansichten sind nicht die eines Verrückten, sondern ein großer Teil

---

ebd. 21–26 (1959–1964), die das Gesamtbild in vielen Punkten bereichern. Den neuesten Stand der Forschung repräsentiert: *Guillaume Postel 1581–1981. Actes du Colloque internationale d'Avranches, 5–9 Septembre 1981.* Paris 1985, hier u. a. F. Lestringant, *Guillaume Postel et „l'obsession turque";* in dem Abschnitt „Le Skythe" wird ein Problem behandelt, das wegen der zeitgenössischen Vergleiche zwischen den Skythen und den Kannibalen in Amerika auch für unseren Fragenkomplex von Bedeutung ist.

[23] F. Secret (wie Anm. 22) 23 (1961), 128.

[24] Basel 1544. Das ganze vierte Buch ist hauptsächlich eine Anweisung für die Missionspraxis. 351 ff. gibt Postel einen Bericht von Petrus Martyr de Anghiera (*De orbe Novo...-decades...* Alcalá de Henares 1530: *European Americana 530/1*) wieder, den er für gar nicht abergläubisch hält. Auf den Ruf „Sancta Maria, adiuva nos, adest virgo omnium oculos petens".

[25] Secret (wie Anm. 23), 367

[26] Guillaume Postel, *Des Merveilles du Monde.* Ohne Ort, ohne Jahr (entgegen *European Americana* 553/43 auf 1552 zu datieren, da auf fol. 20^r „ceste année 1552" steht). Fol. 70^v „Car toute l'Amerike est avec son Peru la part de Iapet". In seinem *Cosmographicae disciplinae compendium.* Basel 1561 (*European Americana* 561/40), schildert Postel, wie Japhet auf dem höchsten Berg der Welt – selbstverständlich in Frankreich! – sitzt und über das große Meer im Westen zu seinen Abkömmlingen in Peru hinüberblickt. Postel stellt eine Wertskala der Kontinente auf. Am höchsten steht Asien, genauer Ostasien. Dort liegt das irdische Paradies, von dort kamen die drei Weisen zum Jesuskind u. dgl. mehr (*Des Merveilles,* fol. 55^v, 58^v, 82^v, 94 und passim). Der Westen dagegen, in dem die Sonne untergeht, ist die Hölle (ebd. fol. 92^r). Die Indianer in Brasilien beten den Teufel in seiner abscheulichsten Form an (ebd. fol. 40^r).

der damaligen gelehrten Welt konnte sich die Bevölkerung Amerikas nur als von einem der Söhne Noahs abstammend erklären[27]. Indem Postel sie als Japhetiten auffaßte, akzeptierte er sie, weil Japhet bis über das 17. Jahrhundert hinaus als der Stammvater der Europäer galt, als „Brüder" und konstruierte mit den Denkmitteln seiner Zeit eine atlantische Gemeinschaft sui generis. Auf einer gegen Lebensende von ihm herausgegebenen Weltkarte begründete er mittels einer in der Gegend von Neufundland eingetragenen Legende einen Besitzanspruch Frankreichs. Schon vor 1600 Jahren hätten Fischer aus Gallien jene überaus reichen Fischgründe genutzt, aber als weites Land ohne Städte sei das Gebiet der Verachtung anheimgefallen[28]. Im Zusammenhang mit der zweiten, auf Canada gerichteten Expeditionswelle nach 1600 trug Marc Lescarbot Postels Begründung abermals vor[29]. In der Zeit zwischen Cartier und Champlain war, von Postel und vereinzelten Ausführungen wie bei Thevet abgesehen, in der französischen Literatur von Canada nicht die Rede, und in der Überseepolitik Frankreichs spielte Nordamerika mit Ausnahme von Florida/Süd-Carolina keine Rolle.

IV.

In den Vordergrund trat seit 1550 *Brasilien* – in politischer Hinsicht nur vorübergehend, aber in der Literatur jahrzehntelang. Für den feierlichen Einzug König Heinrichs II. und seiner Mutter in Rouen (1./2. Oktober 1550) hatte der dortige Magistrat ein nie gesehenes Schauspiel vorbereitet: Die „Entrée Royale" spielte sich anfänglich wie ein antiker Triumphzug ab, aber im Verlauf seines Umrittes gelangte der König am Ufer der Seine zu einer Wiese, auf der Bäume aufgestellt worden waren, die einen brasilianischen Urwald darstellen sollten. Fünfzig echte Indianer und etwa fünfmal soviele Franzosen, die ganz und gar wie die Eingeborenen hergerichtet waren, tanzten, schossen mit Pfeilen nach Papageien und jagten hinter Affen her. Plötzlich verwandelte sich die Szene in den Schauplatz eines Kampfes zwischen zwei Stämmen der „sauvages", bei dem die Sieger die Hütten der Besiegten in Brand steckten. Der König und die anderen Zuschauer waren von dem Realismus der Darbietung

---

[27] Über diese Themen vgl. A. Borst, *Der Turmbau von Babel*. 4 Bde. Stuttgart 1959–63 (passim).
[28] F. Secret, *Postel Cartographe*. Bibliothèque d'Humanisme et Renaissance 23 (1961), 360 u. 371, Anm. 1: „Terra haec ob lucrosissimam piscationis utilitatem summa litterarum memoria a Gallis adire solita et ante 1600 annos frequentari solita est, sed eo quod sit urbibus inculta et vasta, spernata est."
[29] Marc Lescarbot, *Histoire de la Nouvelle France,* Paris 1617, 228 f. *(European Americana,* 617/75). (Exemplar der Herzog August Bibliothek Wolfenbüttel.)

tief beeindruckt. Nächste Szene: der König ritt zur Seinebrücke durch eine Grotte, in der der leierspielende Orpheus – mit den Musen im Hintergrund – thronte. Sinnfälliger hätte das Gemisch aus Exotismus und antiker Mythologie nicht demonstriert werden können. In die Gegenwart führte sodann der Kampf eines französischen Schiffes gegen ein portugiesisches, das selbstverständlich besiegt wurde, zurück[30].

Dieses Spektakel in Rouen fand fünf Jahre vor der ersten offiziellen Expedition nach Brasilien statt. Der erste umfängliche Bericht über dieses von Coligny angeregte Unternehmen Villegagnons stammt von dem Franziskanerpater André Thevet, der an der Expedition als „aumônier" teilnahm, aber schon zehn Wochen nach der Ankunft in Brasilien wegen Krankheit in die Heimat zurückgekehrt war. „Les singularitez de la France Antarctique"[31] enthält außer dem Fahrtbericht die Schilderung von Land und Leuten sowie der Tier- und Pflanzenwelt, all dies nicht straff disponiert, sondern in kunterbuntem Durcheinander. Zahlreiche Holzschnitte veranschaulichen den Text. Durch sie wird die Nacktheit der „Amériques" dem Leser ebenso eindringlich demonstriert wie ihr Kannibalismus[32], wobei Thevet den Eindruck erweckt, Menschenfleisch

---

[30] Anonym, *C'est la déduction du sumptueux ordre, plaisantz spectacles et magnifiques theatres dressées... par les citoiens de Rouen à la sacrée Majesté du Roy de France Henry second.* Rouen 1551 *(European Americana* 551/33). Im selben Jahr erschien noch eine zweite Darstellung, die im *Catalogue des livres de la Bibliothèque du feu Monsieur le Maréchal Duc d'Estrées.* Paris 1740, unter Nr. 15151 mit dem Titel „Entrée d'Henry II et de Cathérine de Medici dans la ville de Rouen 1550" verzeichnet ist. Die Reproduktion der Brasilien-Szene aus dem erstgenannten Druck s. bei S. Boorsch, *America in Festival Presentation,* in: *First Images* (wie Anm. 1), Bd. 1, Abbildung 78.

[31] Paris 1557 *(European Americana* 557/41). Das Werk erschien erstmals in Paris Ende 1557 mit der Jahreszahl 1558 im Titel; den Druck der zweiten Ausgabe besorgte Chr. Plantin in Antwerpen 1558 (ebd. 558/41). Zitiert wird im Folgenden nach dem von J. Baudry (vgl. Anm. 7) herausgegebenen Facsimiledruck der Erstausgabe. Vermutlich schon vor dem Erscheinen des Erstdrucks von Thevet war das Publikum durch ein dünnes Oktavbändchen des Expeditionsteilnehmers Nicolas Barre, *Copies de quelqeus lettres sur la navigation du Chevalier de Villegaignon en terre de l'Amerique... avec les moeurs et façon de vivre des sauvages du pais.* Paris 1557 *(European Americana,* 557/5), über dieses Unternehmen informiert worden. Bezüglich seines Verlaufes aus heutiger Sicht vgl. O. Reverdin, *Quatorze Calvinistes chez les Topinambous.* Genève 1957.

[32] Vgl. die Illustrationen auf fol. 76^v und 77^r; sie sind wie fast alle Menschendarstellungen in diesem Werk höchst dramatisch und ausdrucksstark. Vgl. F. Lestringant, *Les représentations des Sauvages dans l'iconographie relative aux ouvrages du Cosmographe André Thevet.* Bibliothèque d'Humanisme et Renaissance 40 (1978), 583–595. Das Phänomen „Kannibalismus", das besonders durch Montaignes Essai „Des cannibales" vielen damaligen Lesern vor Augen gestellt wurde, kann hier nicht in seiner ganzen Dimension erörtert werden. Es sei nur darauf hingewiesen, daß die Begriffe „anthropophages" und „théophages" eine makabre Bedeutung in der konfessionellen Polemik des 16. Jahrhunderts dadurch erlangt haben, daß das katholische Meßopfer seitens reformierter Theologen

gehöre zu ihrer alltäglichen Nahrung. Obwohl davon in dem Kapitel „De la religion" die Rede ist, wird nicht gesagt, daß es sich um einen rituellen Brauch handelt[33]. Bei der Frage nach der Religion der „sauvages" gerät Thevet in dasselbe Dilemma wie fast sämtliche Zeitgenossen. Es handle sich um „gens merveilleusement estranges et sauvages, sans foy, sans loy, sans religion, sans civilité aucune, mais vivans comme bestes irraisonnables..."[34]. Aber dies steht im Widerspruch zu der u. a. von Cicero formulierten Überzeugung, daß jeder Mensch von Natur eine Gottesvorstellung besitze. Immerhin, stellt Thevet fest, sprechen die Eingeborenen von einem „Grand Seigneur", der es regnen und donnern läßt, aber sie beten nicht zu ihm und haben keine Kultstätten[35]. Sie fürchten sich vor Agnan, dem Teufel, und glauben an die Unsterblichkeit der Seele[36]. Streng genommen passen für Thevet darauf Begriffe wie „foy" oder „religion" nicht, aber dieses „pauvre peuple" ist trotz seiner Irrtümer und Unwissenheit „beaucoup plus tolerable, que les damnables Athéistes de nostre temps"[37]. Diese Rückblendung auf Mißstände im christlichen Europa bezweckt nicht, Verdammungswürdiges in der Neuen Welt zu entschuldigen, sondern ist ein beliebtes Mittel der Zeitkritik – kein neues, denn schon seit dem späten 15. Jahrhundert waren gewisse positive Eigenschaften der Türken den verrotteten Christen als Aufforderung zur Buße vorgehalten worden. Nunmehr kamen Kontrastfiguren aus der Neuen Welt hinzu. Ohne überschwenglich zu werden, gesteht Thevet den „sauvages" Nächstenliebe – im Bereich des eigenen Stammes – und große Gastfreundschaft, auch gegenüber Christen, zu[38].

---

gelegentlich als „théophagie" angeprangert wurde. Einzelne Fälle von „Menschenfresserei" sind in Situationen äußerster Hungersnöte, z. B. bei der Belagerung von Sancerre (1573), nachweislich vorgekommen und publizistisch bekannt gemacht worden. Vgl. zu diesem gesamten Komplex die informativen Ausführungen von F. Lestringant, *Catholiques et Cannibales. Le Thème du Cannibalisme dans le discours protestant au temps des Guerres de religion*, in: *Pratiques et discours alimentaires à la Renaissance. Actes du colloque de Tours de mars 1979*, Centre d'études supérieures de la Renaissance. Paris 1982, 233–245. Es handelte sich dabei also nicht nur um ein durch die Entdeckungen ins Blickfeld von Europäern gerücktes Diskussionsthema.

[33] *Singularitez*, fol. 53^v: „ils ne font difficulté de tuer un Chrestien, et le manger, comme ils font leurs ennemis". Dies geschah speziell „aux Cannibales, qui ne vivent d'autre chose: comme nous faisons icy de boeuf et de mouton." Vgl. ferner fol. 77^v: „Et les Anthropophages qui sont peuples de Scythie, vivent de chair humaine comme ceux-cy."
[34] Ebd. fol. 51^v.
[35] Ebd. fol. 52^r f.
[36] Ebd. Chap. 37.
[37] Ebd. fol. 69^r.
[38] Ebd. Chap. 44, besonders fol. 85^r.

Ich habe dieses Bild relativ ausführlich wiedergegeben, weil die Sitten der Indianer von anderen Autoren ähnlich geschildert werden, auch wenn ihre Bewertung teilweise anders ausfällt.

Die Wirklichkeitstreue der „Singularitez" wurde bereits von Zeitgenossen in zahlreichen Punkten bezweifelt. Der Streit über die Zuverlässigkeit des Autors dauert bis heute an; erst kürzlich hat J. Baudry in der Einleitung zu seiner Facsimileausgabe der „Singularitez" eine Rehabilitation unternommen, die mir sehr anfechtbar erscheint[39]. Einige irrige Behauptungen – z. B. die Existenz der Amazonen – hat Thevet in seiner „Cosmographie universelle" (1575) richtiggestellt, aber für beide Werke gilt, daß seine Berufung auf Autopsie öfters erlogen ist. In zehn Wochen könne er – so argumentieren schon seine Zeitgenossen – gar nicht soviel selbst gesehen haben, wie er behauptet[40]. Wir können heute nachweisen,

---

[39] Er widmet einen ganzen Abschnitt (18–27) seiner Einleitung zu den *Singularitez* einer ersten Fahrt Thevets nach Brasilien, die dessen Behauptungen zufolge bereits 1550/51 stattgefunden haben soll. Dabei wäre er Gefährte von Guillaume Le Testu, eines der bedeutendsten damaligen französischen Kartographen, gewesen. (Über diesen und die Kartographie der Guanabara-Bucht handelt eingehend F. Lestringant, *Fictions de l'espace brésilien à la Renaissance: L'exemple de Guanabara,* in: *Arts et légendes d'espace... Figures du voyage et rhétoriques du monde.* Communications réunies et présentées par Chr. Jacob et F. Lestringant. Paris 1981, 205–256.) Vgl. auch dazu die in Anm. 1 genannte illustrierte Bibliographie *Les Atlas...* Paris 1984. Baudry hält Behauptungen Thevets bezüglich einer ersten Fahrt – hauptsächlich in Manuskripten aus dessen letzten Lebensjahren – vorbehaltlos für wahr und versucht, starke Zweifel, die S. Lussagnet an der Wahrheit dieser Behauptungen geäußert hatte, als grundlos hinzustellen. Der gewichtigste Einwand gegen die Schützenhilfe Baudrys für Thevet besteht m. E. in der begründeten Feststellung von F. Lestringant (XVII ff. in seiner kritischen Edition von Thevets „Cosmographie du Levant"), daß sich Thevet während der behaupteten Brasilienfahrt noch im Vorderen Orient aufgehalten haben müsse. Baudry macht sich zu Nutzen, daß Thevet kein Datum für seine Rückkehr nach Paris nennt, und schweigt sich auch selbst darüber aus. Es erscheint mir abwegig, daß Baudry auf die vernichtende Kritik Jean de Lérys (s. u. S. 102) an Thevets totaler Lügenhaftigkeit mit einem ebenso unbegründeten Vertrauen auf die Wahrhaftigkeit Thevets reagiert. Die von ihm als Beweismittel herangezogenen späten Manuskripte Thevets kenne ich nicht.

[40] So behauptete er in seiner „Cosmographie" und wollte durch Karten in seinem nicht edierten „Inselbuch" (*Grand Insulaire,* 1586, ausgewählte Abbildungen in der in Anm. 1 genannten illustrierten Bibliographie *Les Atlas français*) erhärten, daß auf der von Villegagnon besetzten Insel eine „Ville Henry" gestanden habe – eine groteske Übertreibung, weil sich dort außer dem Fort Coligny nur einige Hütten befunden haben. An der Existenz dieser Stadt zweifelte u. a. Marc Lescarbot in seiner *Histoire de la Nouvelle France.* Paris 1617, meint aber, auch wenn sie nur frei erfunden gewesen sei, so wäre sie doch ein geeignetes Mittel, um den König, nach dem sie Thevet benannt hatte, zu einer Erweiterung seiner dortigen Besitzungen anzuspornen. Einzelheiten s. bei F. Lestringant (wie Anm. 39). Zu Thevets Gunsten muß gerechterweise hinzugefügt werden, daß er einiges, was er nicht gesehen haben konnte, aber dessen Existenz er behauptete, später in der „Cosmographie" unter den Tisch fallen ließ, z. B. die Amazonen. Vgl. dazu

daß er auf der Rückfahrt einige Länder gar nicht besucht hat, über die er mit der Selbstsicherheit eines Augenzeugen spricht. Und nicht nur dies: auch um reine Erfindungen war er nicht verlegen. Überdies stellte sich später in noch größerem Ausmaß als schon zu seinen Lebzeiten heraus, daß außer seinem Namen auf den Titelblättern noch eine ganze Anzahl von Mitarbeitern stehen müßten, von denen einige nach dem Erscheinen der „Singularitez" öffentlich geltend machten, dieses Werk stamme eigentlich von ihnen! Das Zerwürfnis mit einem davon, dem Historiker François de Belleforest (1530–83), führte dazu, daß anstelle eines Gemeinschaftswerks beide im Jahre 1575 etwa gleichzeitig eine Kosmographie veröffentlichten[41].

Im Unterschied zu seinem Konkurrenten, den Thevet verspottete, weil er nichts selbst gesehen habe, erfreute sich Frère André, „der Kosmo-

---

F. Lestringant, *De l'Ubiquité des Amazones au siècle des grandes découvertes,* in: *La Mythologie clef de lecture du monde classique.* Hommage à R. Chevalier. Tours 1986, 308 f.

[41] Bezüglich des „Produktionskollektivs Thevet" und der teilweise unfairen Praktiken seines Chefs vgl. F. Lestringants Einleitung zur Edition der „Cosmographie du Levant" XXI–XLII sowie ders., *Les séquelles littéraires de la Floride française.* Bibliothèque d'Humanisme et Renaissance 44 (1982), 7–36, sowie ders., *Notes complémentaires sur les séquelles littéraires de la Floride française* ebd. 44 (1983), 330–341. Zieht man ab, was Thevet seinen „nègres" verdankt, bleibt nicht sehr viel an eigener Leistung übrig. Sein Hang zur Großmäuligkeit bekundet sich auch darin, daß er die winzige Insel, die Villegagnon besetzt hatte, „France Antarctique" taufte. François de Belleforest (1530–1583) war ein Autor, der sich außer im Bereich der Historie (z. B. *L'Histoire universelle du Monde,* Paris 1570: *European Americana* 570/3) auch in dem der Liebeslyrik und auf zahlreichen anderen Gebieten tummelte. Seine *Cosmographie universelle,* Paris 1575, kann hier mit einer bloßen Erwähnung abgetan werden, weil sie rein kompilatorischer Natur ist. Den Kern bildet eine Übersetzung der Kosmographie von Sebastian Münster; bezüglich Amerikas schöpft er aus den gängigen Werken seiner Zeit.

[42] Die Ode von Estienne Jodelle (1532–1573) folgt auf die Widmung der „Singularitez" an den Kardinal von Sens. Sie ist bemerkenswert weniger wegen ihrer Elogen für Thevet als durch die scharfe Kontrastierung der „France Antarctique" mit der „France Arctique", dem Mutterland, das „plus de barbarie" in sich trägt als sein Ableger jenseits des Ozeans. Im Kern nimmt sie wohl bereits Montaignes „Essai sur les cannibales" vorweg. Jean Dorat (Auratus, 1501–1588) bringt nichts als ein Loblied auf Thevet, der anderen Kosmographen durch Autopsie überlegen sei. Das Sonett von Joachim Du Bellay (1522–1560), veröffentlicht erstmals in *L'Olive et autres oeuvres poétiques.* Paris 1561, besteht nur aus überschwänglichen Elogen – Thevet habe als Seefahrer Odysseus und Jason übertroffen –, und Jean Antoine du Baïf (1532–1589) bewundert den Autor, weil er den Irrtum der „Alten" widerlegt habe, „que la Zone estimée brûlée" unbewohnbar sei, was zu diesem Zeitpunkt – das Gedicht ist der 1575 veröffentlichten „Cosmographie Universelle" vorangestellt – ein leeres, obsoletes Kompliment darstellte.

[43] Pierre de Ronsard (1525–1585), *Oeuvres complètes.* Texte établi et annoté par G. Cohen, Paris 1950, Bd. 2, 399–408. Über ihn vgl. E. Armstrong, *Ronsard and the Age of Gold.* Cambridge 1968, und H. Levin, *The Myth of the Golden Age in the Renaissance.* New York 1969.

graph vierer Könige" – wie er im Alter den ihm von Heinrich II. verliehenen Titel pompöser zu formulieren pflegte – eines hohen Ansehens beim Haupt und einigen hervorragenden Angehörigen der Pleiade. Aus den Elogen von Jodelle, Dorat, Joachim du Bellay und de Baïf erfuhren die Leser sehr wenig über Brasilien, umso mehr aber über die angeblichen Ruhmestaten Thevets[42]. Anders Ronsard. Im „Discours contre fortune" (1559)[43] beschwört er Villegagnon, jene Menschen nicht mehr weiter zu beunruhigen, die ohne Bosheit, ohne die Begriffe Tugend und Laster und ohne eine Vorstellung von „Mein" und „Dein" in ihrem „Goldenen Zeitalter" leben. Daß Ronsard ein Idealbild entwarf und die Ernsthaftigkeit seines Wunsches, in jenem Paradies – vom Kannibalismus spricht er nicht – zu leben, bezweifelt werden darf, erscheint nicht so wichtig, als daß er sich, wenn auch wohl aus anderen Motiven als etwa Las Casas, als einziger namhafter Franzose für eine Erhaltung der bestehenden Lebenswelt der Eingeborenen einsetzte.

Eine neue Variante in der humanistischen französischen Amerika-Literatur trat wenig später in Erscheinung, als ein calvinistischer Pastor, der an demselben Unternehmen wie Thevet teilgenommen hatte, zu Wort kam: Jean de Léry (1534–1613)[44]. Er gehörte zu den Kolonisten, die Villegagnon in Genf angefordert hatte und war dort als Theologe ausgebildet worden. Er kam nach Fort Coligny erst nach Thevets Abgang. Nach dem Ausbruch der Streitigkeiten zwischen Katholiken und Protestanten flüchtete er auf das Festland und lebte dort zehn Monate lang unter den Tupinambas. Seine Rückkehr nach Frankreich vollzog sich unter abenteuerlichen Umständen. Fünf Jahre danach schilderte er anonym die Vorgänge, die er miterlebt hatte, und das Schicksal von drei seiner Glaubensgenossen, die Villegagnon hatte hinrichten lassen, in zwei Beiträgen zu dem Märtyrerbuch, das Jean Crespin 1564 herausgab[45]. Nachdem er das Manuskript einer ausführlichen Darstellung, das ihm abhanden gekommen war, wiedererlangt hatte, veröffentlichte er diese

---

[44] Zum Folgenden vgl. hauptsächlich O. Reverdon (wie Anm. 31) und F. Lestringant, *Calvinistes et Cannibales. Les écrits protestants sur le Brésil français (1555–60). Première Partie: Jean de Léry ou l'élection; Deuxième Partie: La refutation de Pierre Richer*. Bulletin de la Société pour l'histoire du Protestantisme français 126 (1980), 9–26 und 167–192, sowie die Einleitung von J.-Cl. Morisot (wie Anm. 7).

[45] Jean Crespin, *Histoire des Martyrs persécutez et mis à mort pour la verité de l'Evangile depuis le temps des Apostres jusques à présent*. Genève 1564. – F. Gewecke, *Wie die neue Welt in die alte kam*. Stuttgart 1986, hat 176 eine anonyme kurze Reisebeschreibung überzeugend Léry zugeschrieben, womit sich die Zahl seiner Brasilien betreffenden Veröffentlichungen vor dem Erscheinen der „Histoire" auf drei erhöht. Bezüglich der Varianten im Bericht Lérys in der Ausgabe von 1619 vgl. den Appendix bei Lestringant (wie Anm. 44).

„Histoire d'un voyage fait en la terre de Brésil" 1578 in Genf unter seinem Namen[46]. Dieses reich illustrierte Werk gilt mit Recht als die zuverlässigste Darstellung des gescheiterten Unternehmens. Lérys vernichtende Kritik an dem „Lügner Thevet" hindert ihn nicht, wie Lestringant nachgewiesen hat[47], einiges aus dessen „Singularitez" zu entlehnen und zwar, wie es damals nicht als anstößig galt, ohne namentliche Nennung des Autors. Als Quelle für die Ethnographie der Tupinambas erfreut sich die „Histoire" auch heute noch einer hohen Wertschätzung[48], aber es gilt unbedingt zu berücksichtigen, daß es Léry auf etwas ganz anderes ankam, als ein gelehrtes Werk zu schreiben. Es ist Lestringants[49] Verdienst, Lérys eigentliche Absichten bei der Abfassung und Veröffentlichung der „Histoire" analysiert zu haben: Zeugnis von seinem Glauben abzulegen und kundzutun, daß er allein durch Gottes besondere Gnade davor bewahrt blieb, das Schicksal der drei hingerichteten Glaubensgenossen erleiden zu müssen. Lestringant hat ferner als erster die symbolischen Elemente in der „Histoire" herausgearbeitet[50].

Léry betont die guten Eigenschaften der Tupinambas[51] stärker als Thevet und verhehlt nicht sein ästhetisches Wohlgefallen an ihrem Äußeren[52]. Die Kritik an ihrer Nacktheit kann er selbstverständlich nicht einfach beiseite schieben, aber er findet den Kleiderluxus bei seinen Landsleuten nicht minder anstößig[53]. In scharfem Gegensatz zu Thevets Behauptung, die „sauvages" seien total „irraisonables" berichtet Léry, bei Diskussionen mit ihnen über die Natur des Menschen „ils discourent mieux" als Bauern und andere Leute in Frankreich „qui pensent estre fort habils gens"[54]! Aber: diese Indios sind vor Gott unentschuldbar, weil sie das ihnen zur Zeit der Apostel gepredigte Evangelium – gewisse Reste zeugen noch davon – vergessen haben und sie, wenn man es ihnen erneut predigt, der Annahme widerstreben[55].

---

[46] *European Americana* 578/46–48, 580/41, 42, 600/59 und 611/65. Zitiert wird im folgenden nach dem Facsimiledruck von 580/41 (s. Anm. 7).
[47] F. Lestringant, *Le prince et le Potier*. Nouvelle Revue du seizième siècle 3 (1985), 8–10.
[48] C. Lévy-Strauss, *Tristes tropiques*. Paris 1955, 92 bezeichnet es als „bréviaire de l'Ethnologue".
[49] S. Anm. 44.
[50] Ebd. 13 ff. u. passim.
[51] Z. B. Verurteilung des Ehebruchs bei Frauen (*Histoire* 264), und Gastfreundschaft (ebd. Chap. XVIII).
[52] Ebd. Chap. VIII.
[53] Ebd. 115.
[54] Ebd. 259.
[55] Vgl. dazu und zu Folgendem ebd. Chap. XVI.

Ihre „Religion" ist für ihn streng genommen keine Gottesverehrung; sie sind völlig durchdrungen von Furcht vor dem „Aygnan", dem Teufel. Andererseits aber versucht er wie Thevet, die Gültigkeit von Ciceros bekanntem Dictum, das er zweimal zitiert[56], zu retten. Konkret: er stellt fest, daß sie an die Unsterblichkeit der Seele glauben, denn diejenigen, die viele ihrer Feinde verzehrt haben, führen nach ihrem Tod ein glückliches Leben „hinter den Bergen". Im Unterschied zu Thevet, der auch davon spricht, hat er verstanden, daß es sich bei dem Kannibalismus um ein rituelles Phänomen und nicht um eine Ernährungsweise handelt. Ihren Glauben an die Unsterblichkeit nimmt er eingehender und schärfer als Thevet zum Anlaß einer Polemik gegen die Atheisten im Frankreich seiner Zeit[57]. Überzeugt von der Unbekehrbarkeit dieser Indios – andere kennt er nur aus der Literatur – sieht er in ihnen vor allem vom ewigen Heil ausgeschlossene Kreaturen, die uns Europäern drastisch die Notwendigkeit, daß *wir* uns bekehren, vor Augen stellen. Von sich persönlich bekennt er: „... ayant fort clairement compris en leurs personnes [d. h. der sauvages] la différence qu'il y a entre ceux qui sont illuminés par le Sainct-Esprit et par l'Escriture saincte, et ceux qui sont abandonnez à leurs sens, et laissez dans leur aveuglement, j'ay été beaucoup plus confermé en l'assurance de la verité de Dieu."[58]

Die Indios als negativer Beweis für die Wahrheit des Christentums – dieser Gedanke findet sich auch bei anderen reformierten Amerika-Autoren. Er bildet gleichsam den Gegenpol zu Montaignes Appell an die korrupten Europäer, sich diese auf ihre Weise moralisch hochstehenden Menschen als Anstoß zu innerer Umkehr vor Augen zu halten. Ob die „sauvages" bekehrbar sind, interessierte diesen nicht; er macht lediglich geltend, daß die Christen in Bezug auf Nächstenliebe in der Neuen Welt völlig versagt haben[59]. Weiterhin gilt es zu betonen, daß weder bei Katholiken noch bei Protestanten bezüglich der Bekehrbarkeit der „sauvages" eine einhellige Meinung bestand bzw. dieses Problem einer eingehenden Erörterung für würdig befunden wurde. Postel betrachtet die Bekehrung, wie wir sahen, als uneingeschränkt möglich, Lescarbot dagegen, der nicht von geringerem Missionseifer als Postel erfüllt war, beurteilt die Möglichkeit einer erfolgreichen Christianisierung je nach den einzelnen Stämmen verschieden[60]. La Popelinière, der sich vorbehaltlos zum reformier-

---

[56] Ebd. 230 und 239.
[57] Ebd. 238.
[58] Ebd. 261.
[59] *Essais*, III, 6 „Des coches". Nouvelle édition... par M. Rat, Paris 1952, 127 f. (Classiques Garnier).
[60] S. u. S. 119.

ten Glauben bekannte, aber stets tolerant blieb, spricht von Mission überhaupt nicht, was aber nicht ohne Weiteres bedeutet, daß er Lérys Ansicht vertritt. Vorrangig war für ihn sicher die eigene Bekehrung[61]; vermutet werden darf, daß er die Mission außerhalb Europas von vornherein ablehnte. Mit anderen Worten: die Antwort auf die Frage nach der Bekehrbarkeit der „sauvages" fiel vor allem auf Seiten der Altgläubigen durch individuelle Mentalität bestimmt verschieden aus. Humanistische Bildung führte höchstens zur Übereinstimmung in der Forderung nach Verzicht auf gewaltsame Bekehrung und fügt sich damit in den weiten Rahmen humanistischer Toleranzbestrebungen ein.

Da das Missionsproblem in der deutschen Forschung fast ausschließlich im Hinblick auf die Einstellung des Luthertums zu dieser Frage behandelt worden ist, war es notwendig, es hier eingehender zu untersuchen. Und durch Vorgriff auf erst noch zu diskutierende Autoren sollte eine mehrmalige Erörterung dieses Themas vermieden werden. Im Falle Lérys war ein Ausgreifen in die 1570er Jahre notwendig, um ihn als Widersacher Thevets und als Teilnehmer derselben Expedition unmittelbar neben den Verfasser der „Singularitez" zu stellen.

In die 1560er Jahre, zu denen wir wieder zurückkehren, fallen auch die Versuche der Franzosen, unter protestantischer Führung in Florida Fuß zu fassen. Die diese Vorgänge behandelnde Literatur kann, obwohl sie in mindestens einem Fall auch interessante ethnologische Beobachtungen enthält, hier außer Betracht bleiben, weil ihr Gegenstand weit weniger die Kultur der Eingeborenen als die erbitterte Auseinandersetzung zwischen Franzosen und Spaniern um befestigte Stützpunkte ist. In dieser Horror-Literatur spielt die Abschlachtung protestantischer französischer Gefangener durch die Spanier und das Rachegemetzel, das ein französischer Kapitän an spanischen Gefangenen verüben ließ, eine große Rolle[62].

---

[61] Dazu vergl. seine Äußerung, Gott habe ihm als Sechzehnjährigem die Gnade erwiesen, „d'esclairer les ténèbres de mes sens par la lumiere de son S. Esprit" (Bibl. Nat. Paris, Ms. français 20797, fol. 459^v).

[62] Zu diesen Tatsachen vgl. den ausgezeichneten Aufsatz von J. Jacquemin, *La colonisation protestante en Floride et la politique européenne au XVIe siècle*. Bulletin de la Societé de l'histoire du Protestantisme français 101 (1955), 181–208. Für Neudrucke von Quellentexten vgl. Lussagnet (wie Anm. 7). Den literarischen Niederschlag dieser Ereignisse behandelt F. Lestringant (wie Anm. 41), 7–36 und 331–345, sowie ders., *Millénarisme et Age d'Or. Réformation et expériences coloniales en Brésil et en Floride (1555–1565)*, in: *Les Réformes. Enracinement socio-culturel. XXVe Colloque international d'études humanistes. Tours 1er–13 juillet 1982*. Paris 1985, 25–41. Einiges auch bei B. Keen, *The vision of America of Urbain Chauveton*, in: *First Images* (wie Anm. 1), 107–120.

V.

In französischen Studierstuben wurden aber etwa gleichzeitig – gegen Ende der 1560er Jahre – einige sehr bemerkenswerte Erkenntnisse aus der Begegnung mit der Neuen Welt gezogen.

Jean Bodin (1529–1596) wies seine durch die gewaltige Teuerung beunruhigten Landsleute als erster auf die Silberminen und die Goldgewinnung in der Neuen Welt als die Hauptursache dieses Übels hin. In seiner „Methodus ad facilem historiarum cognitionem" sowie den „Six livres de la République" führt dieser immens belesene Autor aber verhältnismäßig wenige der Neuen Welt entnommene Beispiele als Belege seiner Ansichten an. Auch enthält der bibliographische Anhang zur „Methodus" – als Leseempfehlung gedacht – nur eine kleine Anzahl von Titeln zur Geschichte der Neuen Welt. Aber dies waren sicher nicht alle ihm bekannten. F. Lestringant rechnet beispielsweise mit der Kenntnis von „Le navigazione ..." des Giovanni Battista Ramusio. Andererseits aber schuf sich Bodin mit seiner sogenannten „Klimalehre", die eine durchaus originelle Abwandlung seiner antiken Vorbilder darstellt, als erster die Voraussetzung zu einer Zusammenschau aller Völker, die in der Alten und der Neuen Welt auf denselben Breitengraden bzw. in derselben Nord-Süd-Klimazone leben, und damit systematische Vergleichsmöglichkeiten, die es vor ihm nicht gegeben hatte. Darin liegt Bodins große, einzigartige Bedeutung für die späthumanistische Rezeption Amerikas in Frankreich[63].

Louis Le Roy (1510–1577), bisher hauptsächlich als hervorragender Platon- und Aristoteleskenner bekannt geworden, bot in seinen „Considérations sur l'Histoire Françoise et universelle de ce temps"[64] gleich-

---

[63] *La Responce de Jean Bodin à M. de Malestroit.* Paris 1568 (*European Americana* 568/22). Neudruck mit eingehender Einleitung von Henri Hauser, Paris 1932. An Bodins Erklärung der Teuerung lehnt sich eng der Verfasser – wahrscheinlich Bernard du Haillan (etwa 1535–1610) – des Büchleins *Discours sur l'extrême cherté qui est aujourd'hui en France.* Paris 1574 (*European Americana,* 574/28). Weitere Drucke Bordeaux 1586 und 1587. Bodins „Methodus" ist neu ediert in: ders., *Oeuvres philosophiques,* texte etabli, traduit et publié par P. Mesnard. Paris 1951 (Corpus général des philosophes français. Tome V, 3, 105–473). In den „Six livres de la République" finden sich aus der Neuen Welt entnommene Beispiele, z.B. im 1. Buch, cap. 5 (Sklaven in Westindien), sowie im 5. Buch, cap. 1. Wichtig für das gesamte Thema „Bodin und Amerika" ist die vorzügliche Analyse von F. Lestringant, *Jean Bodin, Cosmographe,* in: *Jean Bodin, Actes du Colloque interdisciplinaire d'Angers 24–27 Mai 1984.* Angers 1985, 133–145 (besonders 137 und 141), auf der, von den Primärquellen abgesehen, meine Ausführungen teilweise beruhen.

[64] Paris 1567 (*European Americana* 567/23) und mehrere spätere Drucke, die bei W. L. Gundesheimer, *The Life and Works of Louis Le Roy.* Genève 1966, 148 Nr. XVII aufgeführt sind.

sam eine globale Momentaufnahme. Mit diesem Bild der Interdependenz der Ereignisse in der ganzen Welt verglichen, wirkt die bis dahin im 16. Jahrhundert praktizierte französische Geschichtsschreibung provinziell. Ich hebe nur Weniges hervor. Aus den „Terres neuves" kam das Geld, mittels dessen der König von Spanien seine Kriege finanzierte. Kastilianer und Portugiesen ringen um den Besitz der Molukken und versuchen beide, zu verhindern, daß Franzosen und Engländer in Florida und anderen von ihnen entdeckten Ländern Fuß fassen. „En telle manière, les affaires du monde, liez et correspondent ensemble, ne peuvent être bien entendus les uns sans les autres ni comprins en histoire parfaicte". Dieser noch nie dagewesene Ereigniszusammenhang kündigt nach Meinung des Verfassers außergewöhnliche Begebenheiten an[65].

Zur Verwirklichung der „Histoire parfaicte", die es noch nicht gab, trug Le Roy, nachdem er die Konzeption schon lange in sich getragen hatte, mit der ersten je verfaßten Universalgeschichte der Kultur bei. Dieses Werk, betitelt „De la vicissitude ou varieté des choses en l'univers et concurrence des armes et lettres", ist von dem Leitgedanken durchzogen, daß Gott die Segnungen der Kultur („civilité") den Völkern der Welt nacheinander in der Richtung von Ost nach West zuteil werden ließ, wobei sich die jeweiligen Glanzzeiten durch Koinzidenz kultureller und militärischer Höchstleistungen auszeichnen („la conjonction de puissance et sapience"). Auf die Neue Welt wird besonders eindringlich im zehnten und zwölften Buch Bezug genommen; im letzten greift der Verfasser heftig jene blinden Verehrer des Altertums an, die nicht zur Kenntnis nehmen wollen, wie sehr sich unser Wissensstand durch die Entdeckungen und Erfindungen verändert hat, wobei doch große Geister in der Antike die Notwendigkeit betont hätten, über sie hinaus fortzuschreiten. Heute sei die ganze Welt bekannt, und wir könnten wechselseitig alle Güter austauschen „comme habitans en une mesme cité et république mondaine"[66].

---

[65] *Considérations* fol. 7ᵛ f. Der oben im originalen Wortlaut zitierte Passus wird in der Sekundärliteratur ungenau wiedergegeben. „Ny" bedeutet hier dasselbe wie lateinisch „nisi".
[66] Erstdruck Paris 1575 (*European Americana* 575/6), weitere Drucke ebd. 1576, 1577, 1579, 1583, 1585. Der Passus bezüglich des weltweiten Handels fol. 110ᵛ (alle Zitate hier nach der Ausgabe von 1585) lautet fast wörtlich wie ein entsprechender in Bodins „Methodus". In der französischen Übersetzung dieser Schrift von P. Mesnard wird die Übereinstimmung noch deutlicher (wie Anm. 63, 298). Le Roy nennt hier Bodin nicht. Bezüglich Amerikas vgl. ferner u. a. folgende Stellen: fol. 12ʳ (Kannibalen in Brasilien), fol. 29ʳ (Kannibalismus), fol. 54ʳ f. (Weidewirtschaft älter als Ackerbau) sowie „Et non contens des grains, fruits, herbes et racines, ils se sont mis à manger premierement d'eulx mesmes, qu'ils ont en la plus grande partie delaissee par horreur, puis des aultres

Einen kleinen Ausschnitt aus der Kulturgeschichte – jedoch in weltweitem Ausmaß – hat der savoyische Gelehrte und Staatssekretär Claude Guichard (1545–1607) in Lyon behandelt[67]. Die ersten zwei Bücher betreffen die Bestattungsbräuche der Römer und Griechen; im dritten wird die gesamte heutige Welt behandelt, im 9. Kapitel Amerika. Guichard kennt es nicht aus eigener Anschauung, ist aber bemüht, seine Gewährsleute (Thevet, Belleforest, Léry und selbstverständlich spanische Autoren wie Gómara) kritisch zu verarbeiten und legt großen Wert darauf, die Eigentümlichkeiten des Totenkults bei den einzelnen Völkern und Stämmen herauszuarbeiten.

Weit ungewöhnlicher als die von Guichard behandelten „coutumes" sind die von Montaigne (1533–1592)[68] in den Essais I,23 und I,31 (1580)

---

animaux domestiques et sauvages". Interessant, daß Le Roy den Kannibalismus zeitlich der Jagd und der Haustierhaltung vorausgehen läßt! Ferner fol. 45^v (die „sauvages" besitzen keine Schrift), fol. 53^r (sie sind laut Reiseberichten nicht ohne Religion), fol. 15^r (es ist noch ungeklärt, ob Amerika mit Asien zusammenhängt – seit der Lafreri-Weltkarte von 1568 erscheint eine Meeresstraße zwischen beiden Kontinenten, der sogenannte „Stretto di Anian"). In der Aufzählung der ihm bekannten Sprachen führt Le Roy „La Brésilienne" als letzte an (fol. 44^v). Völlig abwegig ist die Meinung von G. Nakam, *Les essais de Montaigne, Miroir et procès de leur temps*. Paris 1984, 339, daß Le Roy ein Bild von den Anfängen der Menschheit biete, das Rousseaus „Discours sur l'inégalité" anzukündigen scheine, eine „vision franchement primitiviste" der brasilianischen Indianer. Sie kennt „De la vicissitude" nur aus einem längeren Zitat bei Atkinson, *Les nouveaux horizons* (wie Anm. 4), 347 f. und hat m. E. Atkinsons kommentierende Präambel mißverstanden. „De la vicissitude" wurde bereits auf der Frankfurter Herbstmesse 1575 und wiederum auf der Fastenmesse 1577 angeboten. Vgl. dazu die jeweiligen Messekataloge (Catalogus Librorum Novorum) des Buchhändlers Peter Schmidt. Mittels zweier italienischer Übersetzungen (Venedig 1585 und 1592), die der Augsburger Gelehrte Marcus Welser besorgte, erhielt das Werk noch weitere Verbreitung. Die Geschichte seiner Nachwirkung (kannte Voltaire es?) ist noch ununtersucht.

[67] *Funerailles et diverses manières d'ensevelir des Romains, Grecs et autres nations*, Lyon 1581, 437–466 (in *European Americana*, Bd. 1 unter Appendix). Soweit ich sehe, ist Guichard in der modernen Literatur so gut wie unbekannt. Johann Heinrich Zedler berichtet in seinem *Großen Universal-Lexicon* Bd. 11, 1318, er werde „wegen seiner Gelehrsamkeit sowohl als Wissenschaft in Staats-Affairen sehr gelobt, wie nicht weniger, daß er ein sehr guter Poet gewesen". Außer den „Funerailles" habe er auf Befehl von Herzog Carlo Emanuele eine Livius-Übersetzung veröffentlicht. Im Verzeichnis der für die „Funerailles" von ihm benutzten Literatur erscheint Louis Le Roy ohne Nennung eines Werkes, d. h. der einschlägigen „Vicissitudes".

[68] Zitiert wird im folgenden nach der in Anm. 59 angeführten Ausgabe der „Essais". Auf eine eingehende Auseinandersetzung mit der jüngsten Montaigne-Literatur muß hier verzichtet werden. G. Defaux, *Rhéthorique et représentation*, in: *Rhéthorique de Montaigne. Actes du Colloque de la Société des amis de Montaigne, Paris 14 et 15 décembre 1984*. Paris 1985, betont (37) nachdrücklich, Montaigne habe in seiner angeblich wirklichkeitstreuen Darstellung der „sauvages" nichts anderes getan „que de projeter sur la page ses propres

erörterten Bräuche, an denen er seine These exemplifiziert, daß wir bei der Beurteilung fremden Brauchtums ohne jede Überlegung Kriterien verwenden, die wir gleichsam mit der Muttermilch eingesogen haben[69]. Diese Scheuklappenmentalität wird in „De la coustume" mit Hilfe mannigfaltiger Beispiele und in „Des Cannibales" an einem besonders extravaganten entlarvt, an den „sauvages", die Thevet und Léry unmittelbar kennengelernt hatten. Montaigne behauptet zwar, die von ihm befragten Augenzeugen seien wegen ihrer Naivität die einzig objektiven Quellen[70], doch hinderte ihn dies nicht, auch Thevet, Léry, Chauveton und Spanier zu lesen[71]. Bei der Erörterung der Azteken und Inkas in „Des Coches" konnte er sich mangels Augenzeugen nur an die spanische Literatur, hauptsächlich Gómara, halten. Eigenartigerweise findet sich die Charakterisierung der Neuen Welt als „un monde enfant" im Zusammenhang mit diesen „aucunement plus civilisez et plus artistes que n'e-

---

désirs, ses propres mythes, et ceux de la culture humaniste de son temps". Die Kannibalen seien für ihn „l'absolue Nouveauté, celui pour lequel, par définiton, les mots vont manquer". Für mich hat das Kannibalen-Problem bei Montaigne am überzeugendsten F. Lestringant in mehreren Aufsätzen behandelt. Außer auf den in Anm. 44 genannten sei hingewiesen auf: *Le cannibalisme des „Cannibales", I. Montaigne et la tradition.* Bulletin de la Société des amis de Montaigne, 6ᵉ série, n° 9–10, janvier-juin 1982, 27–40 (besonders 40: „Montaigne est parvenu à désincarner l'anthrophagie"); *II. De Montaigne à Malthus.* Ebd. n° 11–12, juillet-décembre 1982, 19–38, hier 35 f. die Auseinandersetzung des Verfassers mit Claude Lévi-Strauss (vgl. Anm. 48).

[69] „Essais", I, 121 (...„parce que nous les humons avec le laict de notre naissance...") und I, 234 („Or je trouve...").

[70] Ebd. I, 233 f. Eine dieser m. E. etwas überspitzten Deutung diametral entgegengesetzte vertritt G. Nakam (wie Anm. 66). Ihr zufolge ist Montaigne Realist (269). Kein Schriftsteller außer ihm, der nicht träumt, wenn er von Amerika spricht (339). Wenn Montaigne in „Des Coches" (III, 137) schreibt, vor 50 Jahren habe es in der Neuen Welt weder Schrift noch Gewichte und Maße und vieles andere nicht gegeben, so wird bei Nakam (350) daraus, „la grandeur d'un monde... qui a disparu en cinquante ans", und „Des cannibales" wird als „un oeuvre de la Renaissance" kontrastiert mit „Des Coches" als „le memorial d'une agonie". Es heißt m. E. nicht, die von den Spaniern begangenen Greuel beschönigen, wenn man neben dieses „erste systematische Genozid in der Neuzeit" (Nakam 331) vergleichbare frühere Ausrottungsaktionen wie etwa die Albigenserkriege – von der Antike ganz zu schweigen – stellt. Bei Nakam geschieht das nicht, weil es nicht in die Konzeption ihres emotional aufgeladenen Antikolonialismus passen würde. Die von ihr genannten Zahlen bezüglich des Genozids in Amerika sind nicht beweisbar (330 f.). Richtig, aber nicht neu, ist, daß nicht Montaigne den „bon Sauvage" erfunden hat. Aber handelt es sich nicht wirklich nur um einen ironisch gemeinten Begriff Voltaires, „pour, pensait-il, mieux confondre Rousseau" (339)?

[71] Es ist z. B. nicht denkbar, daß seine Meinung, die „sauvages" hätten „un doux language et qui a le son aggreable, retirant aux terminaisons Grecques" (ebd. I, 244), nur auf das indianische Liebeslied, das er von einem Indio in Frankreich gehört hatte, zurückgeht, und nicht auf Lérys Beobachtung (*Histoire*, 306). Vgl. dazu eingehend F. Lestringant, *Le cannibalisme des „Cannibales", I.* (wie Anm. 68).

stoient les autres nations de là", bei Völkern, die *uns* in mancher Hinsicht nicht nachstehen, wie er selbst bemerkt[72]. Er überträgt damit den an den Tupinambas gewonnenen Oberbegriff auf Kulturen, auf die er nicht paßt. Unbemerkt ist, so weit ich sehe, geblieben, daß Montaigne nirgends das heikle Problem der atheistischen Völker berührt[73]. Man kann fragen, ob dies notwendig war, wenn er die riesige Distanz zwischen uns und jener Neuen Welt so stark betont[74] und es ihm, wie ich meine, nicht darum ging, ein fremdes System ethischer Normen zu übernehmen, sondern mit der Anwendung des eigenen – christlich-stoischen – Ernst zu machen.

Montaignes Grundhaltung eröffnete bis dahin verschlossene Möglichkeiten zum Verständnis der Neuen Welt. Pierre Charron (1541–1603)[75], den „Essais" in vielem verpflichtet, propagiert in „De la Sagesse" (1601) unter der Überschrift „Universelle et pleine liberté de L'esprit" noch weitergehende lebenspraktische Leitgedanken: „über alle Dinge zu urteilen, sich auf nichts festzulegen und sich für alles offen zu halten"[76]. Durch die Entdeckung der Neuen Welt sei nicht bloß das antike Weltbild als falsch erwiesen, sondern überdies klar geworden, daß fast alle Dinge, von denen wir meinen, der Himmel habe sie *zuerst uns* offenbart, dort drüben schon Jahrtausende, bevor wir von ihnen erfuhren, geglaubt worden seien (z. B. ein einziger Mensch als Stammvater aller, eine allgemeine Sintflut, ein Gott, der einst als heiliger Mensch lebte, und dergleichen mehr). Überhaupt hänge es nur von den äußeren Umständen ab, welche Religion ein Mensch habe. Wir seien „...Juden, Mohammedaner, Christen, bevor wir wissen, daß wir Menschen sind"[77]. Die nicht bloß den Missionaren so anstößige und in der Welt so weit verbreitete Nacktheit rechtfertigt Charron als die höchstwahrscheinlich allgemein ursprüngliche Form menschlichen Daseins[78]. Bis heute ist unbekannt, welche speziellen Ansichten Charrons dafür maßgeblich waren, daß „De la Sagesse" 1605 auf den Index gesetzt wurde.

---

[72] „Essais" III, 137 f.
[73] In der „nul... nul" Aufzählung (ebd. I, 235) kommen „Dieux" nicht vor.
[74] Ebd. I, 243: „il y a une merveilleuse distance entre leur forme [Existenzweise] et la nostre". Darauf zielt die in Anm. 69 zitierte Feststellung von Defaux, er schreibt „différence".
[75] Vgl. R. Kogel, *Pierre Charron*. Genève 1972 (Histoire des idées et critique littéraire Bd. 127).
[76] Slatkine Reprint, Genève 1968, Bd. 2, 30, 31 und ähnlich 63.
[77] Ebd. II, 117.
[78] Ebd. I, 41 und 169.

Im Zeitraum zwischen dem Erscheinen der „Essais" und von „De la Sagesse" fand die meines Erachtens fruchtbarste Begegnung eines humanistischen Augenzeugen mit der Neuen Welt in Brasilien statt. Diesen Gipfelpunkt erreichte Lancelot de La Popelinière (um 1545–1608)[79]. Als Humanist war er ein Schüler des bedeutenden Pariser Graezisten Adrien Turnèbe. Die Griechen verehrte er mit einer Art Haßliebe; von den Römern hielt er nicht viel. Wie Le Roy war er ein prominenter Vertreter jener Richtung im französischen Humanismus, die bei aller Verehrung für die Antike deren Leistungen für übertreffbar und in vieler Hinsicht bereits für übertroffen hielt (Neue Welt, Buchdruck etc.). Für die Beschäftigung mit den „belles lettres", d. h. vornehmlich die Tätigkeit als Geschichtsschreiber, blieben ihm, solange er kampffähig war, jeweils nur die Monate, während denen die Waffen ruhten. Seit jungen Jahren war er Calvinist aus tiefster Überzeugung, wagte es aber durchaus, jahrelang aus Wahrheitsliebe der Generalsynode seiner Kirche zu trotzen, weil er sich nicht dazu zwingen lassen wollte, Greueltaten seiner Glaubensbrüder in seiner „Histoire de France" zu verschweigen. Mit der Neuen Welt hat er sich während rund 25 Jahren immer wieder befaßt, ein Interesse, das sich in nicht weniger als zehn seiner Werke niederschlug. Seine Augenzeugenschaft ist stichhaltig beweisbar. Soweit er über die Geschichte Frankreichs schrieb, fand er beträchtlichen Widerhall; soweit sein Oeuvre die Neue Welt betrifft, kam er – von Atlas-Editionen abgesehen – über ein bis zwei Auflagen nicht hinaus. Thematisch wichtige Schriften sind teils unediert, teils verschollen[80].

---

[79] Er ist nach der Mitte des 18. Jahrhunderts außer in der regionalen Literatur zur Geschichte des Poitou fast völlig in Vergessenheit geraten gewesen. In der 3. Auflage von E. Fueter, *Geschichte der neueren Historiographie,* München–Berlin 1936 (Handbuch der mittelalterlichen und neueren Geschichte, Abt. Allgemeines) kommt er auch im Nachtrag noch nicht vor. Bezüglich neuerer Literatur, Biographie und Analyse seines Oeuvres vgl. E. Hassinger, *Empirisch-rationaler Historismus. Seine Ausbildung in der Literatur Westeuropas von Guicciardini bis Saint-Evremond.* Bern–München 1978, 20–35; bezüglich seiner Fahrt nach Brasilien vgl. besonders die Anmerkungen 87–95 (195 ff.), sowie den Anhang zu diesem Beitrag. Es handelt sich um (vollständige Titel im Quellenanhang zu meinem Buch): *La vraye et entière Histoire...* Edition von 1579; *L'Histoire de France* (1581); *Les trois Mondes* (1582); *L'Amiral de France* (1585); *L'Histoire des histoires* (1599); *L'Idée de l'histoire acomplie* (1599); französische Übersetzungen des Atlas von G. Mercator sowie des Atlas Minor (beide 1608); *Contr'Machiavel* (Bibl. Nat. MS français 20797, fol. 469 ff.); *Histoire de Charles VIII* (ebd. Collection Dupuy MS français 745, fol. 1–86) – die beiden letzten Werke unediert. Noch nicht aufgefunden wurden seine „Mémoires de Villegagnon" (Verweis in „L'Histoire des histoires", 464).

[80] 1) Übersetzung ins Französische von Caesars „Bellum Gallicum" (erwähnt ebd. 397), vielleicht identisch mit den in MS français 17263 der Bibliothèque Nationale enthaltenen „Les mémoires de Jules Caesar de la Guerre Gallique", das einen alten Vermerk „Leçons pour le Roy Henry IV" trägt.

Vom Ende der 1570er Jahre an, d. h. nachdem er beschlossen hatte, seine auf die konfessionellen Wirren in Frankreich und den Niederlanden begrenzte „Vraye et entière Histoire" zu einer „Histoire de France" auszubauen, bezog er französische Amerika-Expeditionen in seine Darstellung ein[81]. Wir dürfen begründet vermuten, daß ihn bereits um 1580 die Übersee-Expansion überhaupt interessierte, weil schon 1582 sein Werk „Les Trois Mondes", die früheste Gesamtgeschichte der Entdeckungen vom Altertum bis zur jüngsten Gegenwart, erschien. Seine weitläufige Belesenheit ist dank der Erwähnung seiner Gewährsleute rekonstruierbar[82]. Bezüglich der Entdeckungen im Altertum beklagt sich La Popelinière bitter darüber, daß die griechischen Autoren allzuwenig für uns Wissenswertes als überlieferungswürdig betrachtet hätten. Ob Amerika schon in der Antike entdeckt wurde, bleibt deshalb eine offene Frage[83]. Seine eigenen Landsleute unterließen es bedauerlicherweise, uns Aufzeichnungen über angebliche Erstentdeckungen in Amerika zu vererben[84]. Für seine kritische Vorsicht ist z. B. bezeichnend, daß er die Existenz der auf Karten seit 1566 eingetragenen Meeresstraße zwischen Amerika und Asien (Stretto di Anian) mangels stichhaltiger Informationen für noch ungewiß hält[85].

Erwähnenswert erscheint ferner, daß er – was damals anscheinend nicht allgemein üblich war – den Portugiesen eine bessere Zensur als den

---

2) *L'Histoire de langue française.* Auf 255 der „Idée de l'histoire acomplie" kündigt er ihre Veröffentlichung an. Vgl. E. Hassinger (wie Anm. 79).

3) *Traicté de la nouveauté, legierté, inconstance, larcins et mensonges des Grecs.* (In „L'Idée..." 264 f. als abgeschlossen erwähnt.)

[81] *L'Histoire de France.* La Rochelle 1581, Bd. 1, fol. 117^v–123^v. Am Ende des 10. Buches, das abrupt endet, schreibt der Verfasser: „Je laisse ensemble les descouvertes, conquestes, peuplades, polices, religions, moeurs et un million de choses rares, que je suis forcé par l'importunité d'aucuns vous reserver à la seconde edition." Aber auch in der 2. Aufl. (o. O. [Morges bei Lausanne]) fehlt dieser zurückgestellte Abschnitt. Wer diese „aucuns" waren, entzieht sich meiner Kenntnis. Vielleicht ist das geplante Thema deshalb nicht mehr in die „Histoire de France" aufgenommen worden, weil sich „Les trois mondes", auf die sich der Verfasser ohne Nennung des Titels in der „Histoire de France" (fol. 123^v) bezieht, bereits im Druck waren.

[82] Thevet wird hier noch positiv beurteilt (*Les Trois Mondes*, Buch I, fol. 43^v, und Buch III, fol. 4^v).

[83] Ebd. Buch III, cap. 6. Er steht diesbezüglich nicht auf seiten der Mehrheit der zeitgenössischen Autoren, die entweder Platons Atlantis-Mythos als Beweis für eine vorcolumbianische Entdeckung betrachteten oder aufgrund von Christi Missionsgebot eine Christianisierung in der Apostelzeit als Tatsache ausgaben, wie z. B. Léry und Lescarbot.

[84] Ebd. Buch III, fol. 20^r.

[85] Ebd. Buch III, fol. 37^r.

Spaniern erteilte, weil jene nur Handelsstützpunkte anlegten und den fremden Völkern ihre Freiheit beließen, statt wie die Spanier die Bevölkerung der weiten eroberten Gebiete zu versklaven[86].

Seine Schilderung der Tupinambas lehnt sich größtenteils sehr eng an Léry an, der hier auch namentlich erwähnt wird[87]. Auch für ihn sind die „sauvages" vor Gott „inexcusables"[88], aber er läßt einige besonders abfällige Bemerkungen Lérys über sie weg. Zu beachten ist, daß sich sein Bild der „sauvages" im Lauf der Zeit erheblich verändert hat. Im „Contr'-Machiavel", der vermutlich bald nach 1576 niedergeschrieben wurde, entwirft er eine sehr positive Charakteristik. Sie wären Engel, wenn sie die rechte Gotteserkenntnis besäßen, und die anschließenden Sätze lauten sehr ähnlich wie Ronsards Ode[89]. Vermutlich kannte er auch Montaignes „Des Cannibales". In „Les Trois Mondes" sieht er sie, wie bereits erwähnt, etwa wie Léry. Nachdem er „sauvages" an den Küsten Afrikas und Brasilien selbst kennengelernt hatte, unterscheidet er (1604) „nations, qu'on appelle improprement sauvages de ceux, qui le sont au vray", und fügt hinzu, von den letzteren wisse man noch wenig[90].

Wie aber kam La Popelinière dazu, von *drei* Welten zu sprechen statt bloß von der Alten und der Neuen? Die dritte ist seiner Meinung nach die „terre australe", die Antarktis, die zwar auf allen damaligen Weltkarten als „nondum cognita" bezeichnet, aber eingetragen wurde, weil sie nach allgemeiner Meinung der kompetenten Gelehrten als Gegenstück zur Arktis notwendig war, um den Erdball im Gleichgewicht zu halten. Hier liegt nach La Popelinières Ansicht Frankreichs Chance, sich ohne dauernde Konflikte mit den privilegierten Kolonialmächten festsetzen zu können, hier könnten und müßten endlich die kolonialpolitisch viel

---

[86] Ebd. Buch III, fol. 21ᵛ.
[87] Ebd. Buch III, fol. 8ʳ. In Buch III, fol. 3ʳ–16ᵛ, ist Léry – von einigen Kürzungen abgesehen – weithin wörtlich inseriert; es finden sich hier auch einige Zusätze La Popelinières.
[88] Ebd. Buch III, fol. 12.
[89] MS français 20797 fol. 482ᵛ, 483ʳ.
[90] Brief La Popelinières an Joseph Justus Scaliger, Paris, 4. Februar 1604 (abgdruckt bei C. Vivanti in: Rivista storica italiana 74 [1963], 247 f.). Daß er nach seiner Begegnung mit den „sauvages" in Brasilien ihre negativen Eigenschaften sehr gut erkannt hatte, geht aus einer entlegenen Stelle hervor, an der er aufs schärfste die Handlungsweise derer verurteilt, die einem Geschichtsschreiber die Benutzung von Originalquellen verweigern. Dies sei ein völlig widervernünftiges Tun, „vraymet barbaresque et *plus que Americain*" (*Le Dessin de l'Histoire nouvelle des François*. Paris 1599, 179). Daß La Popelinière bei der Erörterung eines Problems, das mit Amerika überhaupt nichts zu tun hat, die Neue Welt einfällt, darf wohl als Anzeichen dafür aufgefaßt werden, daß ihn die Inhumanität der Eingeborenen in Brasilien tief beeindruckt hat. Ebenso bemerkenswert ist, daß er, wie Léry und Montaigne, aber in einen Bruchteil eines Satzes auch einen Hinweis auf die Grausamkeit in Europa hineinpackt.

zu trägen Franzosen aktiv werden, hierhin könne sich Frankreich allen Gesindels entledigen. Dieses Gebiet, viel größer als Amerika, müsse ebenso schön und reich sein[91]. Da französische Piloten heutzutage doppelt so weit als dorthin auf eigene Kosten führen, bedürfe es für diese Unternehmung nicht der Mittel eines Königs, sondern nur der eines „Seigneur aisé"[92].

Dieser glühende Appell bewirkte allem Anschein nach gar nichts. Aus der damaligen Sicht war das Projekt dennoch nicht phantastisch. Warum sollte die „terre australe", deren Nordrand La Popelinière – von Feuerland abgesehen – auf 30° südlicher Breite annahm, nicht tatsächlich Amerika mindestens gleichwertig sein[93]? Ein gewichtigeres Hindernis als eventuelle Zweifel an der Qualität der „terre australe" scheint mir gewesen zu sein, daß im Sommer 1582, d. h. kurz nach Erscheinen der „Trois Mondes", am Hof bekannt wurde, daß die aufwendige, von Filippo Strozzi, einem Vetter der Königinmutter, geführte Expedition, die auf Brasilien zielte, bei den Azoren unter schweren Verlusten gescheitert war. Frankreichs maritime Aktivität war schwer getroffen; wie sollte da die Neigung aufkommen, in die „terre australe" vorzustoßen?

Trotz des Fiaskos der Strozzi-Expedition aber trug Philippe Du Plessis-Mornay, veranlaßt durch schwerste Besorgnis vor der wachsenden Übermacht Spaniens König Heinrich III. im Jahr 1584 einen von hervorragender politischer Weltkenntnis zeugenden Plan zur Erschütterung von Philipps II. Weltstellung vor. Nach eingehender Erörterung sämtlicher Möglichkeiten, europäische Mächte für diese Aktion zu gewinnen, rät er zu einem Überfall auf die Landenge von Panama als einer Schlüsselposition Spaniens in der Neuen Welt und einem Ausgangspunkt für einen Angriff über den Pazifik auf die Philippinen. Im Besitz von Panama wäre

---

[91] *Les Trois Mondes*, „Avant-discours" (nicht paginiert, ab viertletzter Seite) sowie anschließend in „Le sujet de ce livre..." sowie Buch III, cap. 11 und das gesamte letzte (14.) Kapitel.

[92] Ob er sich selbst anbieten wollte, kann im Hinblick auf sein bescheidenes Besitztum bezweifelt werden.

[93] Guillaume Le Testu, der im Auftrag der Krone 1550/51 die Küste Brasiliens rekognosziert hatte, gab 1555, von Coligny als Amiral de France damit betraut, einen Atlas heraus mit mehreren Karten, auf denen südlich von Afrika und Südamerika Festlandsgebiete eingetragen waren mit üppiger Vegetation und Darstellungen von Eingeborenen und fremdartigen Tieren. Le Testu bemerkt selbst dazu: „qu'il avait beaucoup travaillé par imagination", vgl. N. Broc (wie Anm. 1), 171 u. 177 f. Es ist nicht ausgeschlossen, daß sich La Popelinière durch diese Karte eines der damals bedeutendsten französischen Kartographen hatte anregen lassen. Ein Ausschnitt aus ihr ist auf dem vorderen Umschlagblatt des Facsimiledruckes von Thevets „Singularitez" (vgl. Anm. 31) abgebildet; vgl. ferner die in Anm. 1 genannte Bibliographie in „Les Atlas...".

Frankreich in der Lage, die spanischen Edelmetalltransporte aus Potosì zu blockieren und den finanziellen Ruin Philipps II. herbeizuführen[94]. Gewiß zielt dieser Schlag in eine andere Richtung als die „terre australe", aber La Popelinière war mit Du Plessis mindestens seit ihrem gemeinsamen Exil in England (1572/73) befreundet, und es ist möglich, daß er von diesem Plan unterrichtet worden ist. Jedenfalls resignierte er nicht.

Er widmete sein 1585 veröffentlichtes Werk „L'Amiral de France" dem Duc Anne de Joyeuse, „Amiral de France et de Bretaigne", der zwar nicht Flottenbefehlshaber, aber oberster Chef der Marineverwaltung Frankreichs war. Im letzten Kapitel dieser Geschichte der Admiralität als Institution bei verschiedenen Völkern seit dem Altertum vertritt er ebenso nachdrücklich den Gedanken, Frankreichs Kräftepotential nicht mehr auf das „Schafott der Ehre", d. h. nach Italien zu führen, sondern für die Besiedlung kaum bekannter oder noch unentdeckter Länder zu verwenden. Am Ende spricht er die Hoffnung aus, daß dieses neue Werk ebenso wenig auf den ersten Blick abgelehnt werden möge wie „le projet de Trois Mondes... si bien recueilli, que les estrangers le voyent en leur langue"[95].

Wiederum wurde der Autor enttäuscht. Aber vier Jahre später befand er sich auf der Fahrt nach Brasilien. Daß er dieses Ziel erreicht hat, ist unbestreitbar[96]. Die wichtigste Erkenntnis aus der Begegnung mit den „sauvages" in Brasilien präsentierte er erst 1599 in einem drei einzelne Werke enthaltenen Konvolut. Das erste („L'Histoire des histoires") ist die früheste Gesamtgeschichte der Geschichtsschreibung bzw. der historischen Tradition in der Ära der noch mündlichen Überlieferung. Daran schließt „L'Idée de l'Histoire acomplie" an. Hier wird die Forderung erhoben, es müsse alles Denkbare getan werden, um die Geschichtsschreibung weitestgehend der Vollkommenheit *anzunähern*; erreichbar sei sie in Folge der menschlichen Unvollkommenheit nicht[97]. Ihre Aufgabe bestehe darin, zu einem „miroir de la vie humaine" zu werden, der alle Lebensbereiche überall und in allen Zeitaltern erfasse[98]. So das Programm.

Welche Phasen die Historie in ihrem Perfektionierungsprozeß durchlaufen hat, stellt La Popelinière in der „Histoire des Histoires" dar, in der

---

[94] Ediert in: Philippe du Plessis-Mornay, *Mémoires*. Paris 1824. Bd. 2, 580–593 (24. IV. 1584).
[95] *L'Amiral de France*. Paris 1585, fol. 84^v u. 92^v. Eine Übersetzung dieses Werkes ist mir bisher nicht bekannt geworden. Der Katalog der Druckwerke der Bibliothèque Nationale in Paris enthält keine.
[96] Vgl. dazu den Anhang dieses Beitrages.
[97] *L'Idée de l'Histoire acomplie*, 31.
[98] Ebd. 88 u. 86 („le miroir du monde").

er die überwältigende Fülle des Stoffes mittels eines Periodisierungsschemas ohne Jahreszahlen zu bewältigen versucht. Über die älteste Form der Überlieferung wichtiger Ereignisse und des Andenkens an berühmte Persönlichkeiten („histoire naturelle et grossière") berichten Tacitus, Caesar und Strabo, aber weit mehr als über diese Quellen schreibt La Popelinière über die heute noch in der Neuen Welt praktizierte Urform geschichtlicher Tradition: Tänze zu Ehren großer Vorfahren, von rhythmischen Bewegungen begleitete Gesänge, die sogen. „Areytos", die in kurzen, abgerissenen Versen wiedergeben, was diese Menschen über ihre Ahnen erfahren haben und an ihre Nachkommen weitergeben wollen[99]. An erster Stelle nennt der Verfasser drei Stämme in Brasilien, die er – wie Thevet und Léry – zweifellos aus Augenschein kannte. Bei den Mexikanern dienen Statuen, Gemälde und Zeichnungen der Überlieferung[100]. Selbst wenn La Popelinières Phasenschema nicht primär eine Auswirkung der Begegnung mit den „sauvages" war, sondern diese Konzeption ursprünglich den Berichten antiker Historiker über damalige „Barbaren" entsprungen sein sollte, so hat er zweifellos aus diesen in seiner Gegenwart fortlebenden archaischen Relikten eine wichtige Bestätigung der antiken Autoritäten und aus eigener Anschauung herrührende Beweise für *sein* ältestes Glied in der Traditionskette gewonnen. Ohne die Kultur der Tupinambas selbst gesehen zu haben, wäre er vielleicht überhaupt nicht auf seine „Vier-Phasen-Hypothese" verfallen[101]. Abgenommen hat sie ihm, so weit ich sehe, niemand. Nicht zustande gekommen ist allem Anschein nach seine beabsichtigte Asienreise zum Studium der Hochkulturen. Er wünschte sie sich zwecks Vergleichs mit den als „sauvages" bezeichneten Völkern, die er bereits kannte[102]. Der Bearbeitung und Übersetzung des Begleittextes zu Mercators großem und klei-

---

[99] *L'Histoire des histoires*, 29.
[100] Ebd. 30.
[101] Die hier nicht näher zu erörternden folgenden drei Phasen („saisons" bzw. „formes") in diesem gerichteten Prozeß bezeichnet La Popelinière als „L'Histoire poétique" (z. B. die Epik Homers) – „L'Histoire continue", d. h. die Prosaerzählung geschichtlicher Begebenheiten, die durch höhere Glaubwürdigkeit charakterisiert ist, weil ihre Vertreter seit Herodot die recht vulgär gewordenen Verse durch die gebundene Rede ersetzten und wahre von erdichteten Ereignissen unterschieden. Näheres bei E. Hassinger (wie Anm. 79), 61–64. Diese Form der Überlieferung besteht nun seit über zweitausend Jahren, aber in Anbetracht ihrer Unzulänglichkeit gilt es, eine neue, in jeder Hinsicht universale zu schaffen, die „Histoire acomplie", der er den zweiten Teil der Werk-Trilogie von 1599 widmet. Im dritten Teil entwirft er am Beispiel einer Geschichte des alten Gallien, welche Thematik sie enthalten müßte, um als „acomplie" gelten zu dürfen (E. Hassinger, ebd. 110–116).
[102] Vgl. E. Hassinger (wie Anm. 79), 35.

nen Atlas – und somit der Vermittlung des besten damaligen geographischen Weltbildes – widmete er seine Arbeitskraft bis unmittelbar vor seinem Tod[103]. Ob und wieviel er von dem abermaligen Ausgreifen seiner Landsleute nach Canada noch erfuhr, muß dahingestellt bleiben.

Ein kolonialpolitisches Programm für Frankreich, neue Erkenntnisse hinsichtlich des Werdeganges der geschichtlichen Überlieferung, verbunden mit wegweisenden Gedanken für die Perfektionierung der Historie, die Konzeption einer vergleichenden Kulturgeschichte und weltweiten komparativen Anthropologie – diese Summe bahnbrechender Gedanken in seinem Werk stellt das weitaus wichtigste Ergebnis der Begegnung des französischen Späthumanismus mit Amerika dar.

Erstaunlich rasch hat sich der Orientalist und Theologe Jean-Victor Palma-Cayet (1525–1610) über die wiederauflebenden französischen Unternehmen in Canada informiert. In seiner „Chronologie septenaire"[104], einer Chronik, die uns Begebenheiten in aller Welt vom Frieden von Vervins bis Ende 1604 berichtet, behandelt er schon die Canadafahrten der Seigneurs Du Ponts und De Monts in den Jahren 1603 und 1604. Er war, soweit ich sehe, der erste französische Historiker, der die jährlichen „Missionsbriefe" der Societas Jesu als Quelle für die neueste Geschichte Amerikas und Asiens auswertete. Er übernahm zwar da und dort Wunderberichte, aber die völkerkundlichen Informationen bei ihm sind gediegen und vielseitig. Sehr stolz war er darauf, daß seine Landsleute dort drüben festen Fuß faßten „pour y faire estat de regnicoles françois du Canada"[105].

Angeblich um einer korrupten Welt zu entfliehen, begleitete ein junger Pariser Notar und Dichter, Marc Lescarbot (1575–1630?) ab Mai

---

[103] Vgl. ebd. 34 f.
[104] Paris 1605 (*European Americana* 605/20); bis 1609 erschienen sechs Drucke dieses Werkes, „Septenaire" besagt, daß es den Zeitraum von 1598 bis 1604 umfaßt. Vgl. über ihn G. Atkinson, *Les nouveaux horizons* (wie Anm. 4), bes. 23, sowie die einleitende biographische Notiz zu der Edition in: *Nouvelle Collection des Mémoires pour servir à l'histoire de France*, Iere partie du t. XII. Paris 1838, 3 ff. Durch Petrus Ramus als Student für den Calvinismus gewonnen, kehrte er, nach der Conversion Heinrichs IV. und schon vorher als reformierter Pastor abgesetzt, zur katholischen Kirche zurück, wurde wegen Magie angeklagt, konnte aber dennoch 1596 „Professeur suppléant d'Hébreu" am Collège de Navarre werden. Überdies besaß er den Lehrstuhl für orientalische Sprachen am Collège de France und wurde mit dem Titel „Chronologue" ausgezeichnet. Für Magie interessierte er sich auch nach seinem Prozeß und veröffentlichte 1605 eine aus dem Deutschen übersetzte „Histoire prodigieuse et lamentable du docteur Faust".
[105] Ebd. 306. Bezüglich der Auswertung der Missionsbriefe vgl. R. Romeo, *The Jesuit sources and the Italien political Utopia in the second half of the Sixteenth Century*, in: *First Images* (wie Anm. 1), I, 165 ff.

1606 den Sieur de Poutrincourt nach Canada und veröffentlichte nach seiner Rückkehr (Sommer 1607) eine „Histoire de la Nouvelle France". Sie umfaßt den Zeitraum von Verazzano bis Champlain, enthält Auszüge aus ihren Berichten und bietet den ersten Überblick über rund acht Jahrzehnte französischer Amerika-Politik[106].

In drei emphatischen Vorreden stellt der Verfasser den Adressaten als große Aufgabe die noch nicht tatkräftig in Angriff genommene Missionierung der Indianer im Gebiet des St. Lorenzstromes vor Augen. „Sire, il faut vouloir et commander" ruft er dem jugendlichen König Ludwig XIII. zu. Wenn es den heidnischen Griechen und Römern gelang, viele Völker zu zivilisieren, müssen wir, die wir den wahren Gott kennen, alle die Völker, die jenseits des Ozeans „sans Dieu, sans loy, sans religion" herumirren, auf den Weg des Heils führen, Völker, „qui nous donnent volontairement leurs terres et nous tendent le bras il y a cent ans passez". Wenn Frankreich noch hundert Jahre warte, „la France ne sera plus France mais la proie de l'etranger".

Dem Baron de Montjeu hält er Frankreichs Versäumnisse noch eindringlicher vor. In dem Appell an „La France" steigert sich das nationalreligiöse Pathos erheblich über Postels Appelle zu Beginn der Expansionswelle hinaus. Nach göttlichem Recht gehöre die Erde den Kindern Gottes. Daraus, nicht aus „le droit de gents et politique" leite sich der Besitzanspruch her, der die Verpflichtung zur Erhaltung der Eingeborenen einschließt. Aber er unterläßt es auch nicht, für Frankreich den bereits von Postel vorgetragenen Besitzanpruch geltend zu machen.

So ist das Programm in großen Linien vorgezeichnet. Im Einzelnen

---

[106] Erstdruck Paris 1609 (*European Americana*, 609/66, weitere Drucke ebd. 611/66, 612/73, 617/75, 618/74, ferner 1613 je eine deutsche und eine englische Übersetzung: ebd. 613/88 und 89). Der Pariser Druck von 1617 (Exemplar der Herzog August Bibliothek Wolfenbüttel), nach dem im folgenden zitiert wird, ist auch in englischer Übersetzung erschienen: *The Publications of the Champlain Society*, Bde. 1, 7, 11. Toronto 1907, 1911, 1914. Aus der meines Wissens spärlichen Sekundärliteratur über Lescarbot sei außer auf G. Atkinson (wie Anm. 8) für unser Thema besonders auf F. Lestringant, *Champlain, Lescarbot et la „Conférence" des histoires* in: Scritti sulla Nouvelle France nel Seicento. Quaderni del Seicento francese, Bari 1984, verwiesen. Hier werden die ineinander verschachtelten Insertionen älterer Reisebeschreibungen in der „Histoire de la Nouvelle France" behandelt.

[107] So übernimmt er in verkürzter Form von Léry (wie Anm. 46, 86) den Vergleich zwischen der Guanabara-Bucht (Rio de Janeiro) und dem Genfersee („elle ne ressemble pas mal au Lac de Genève") und schaltet hier zwischen 190 und 191 die aus Thevets „Cosmographie universelle" entnommene Karte der Bucht ein. Lescarbot will dem Leser auch Landschaften, die er, wie in diesem Falle, selbst nicht gesehen hat, nach Möglichkeit veranschaulichen und benutzt dazu auch Kartenmaterial.

erweist sich Lescarbot als ein vorzüglicher Beobachter der Wirklichkeit[107], der eine den verschiedenartigen religiösen Vorstellungen der „sauvages" angepaßte Missionierung empfiehlt. Die eingangs vorgetragene Formel „sans Dieu... sans religion", die dazu bestimmt war, den Missionseifer des Königs anzustacheln, wird durchgängig den realen Verhältnissen entsprechend abgewandelt. Während Lescarbot die Brasilianer praktisch für unbekehrbar hält – er kennt sie nicht selbst, sondern durch Léry –, lassen sich die meisten canadischen Stämme leicht für das Christentum gewinnen, ja, es gibt schon „chrétiens de volonté", die noch gar nicht getauft sind[108]. Auszugehen sei bei der Missionierung davon, daß diese zu Unrecht als „sauvages" bezeichneten Menschen unsresgleichen und „raisonnables"[109] sind, aber für die Grundbegriffe der christlichen Religion keine Wörter besitzen[110]. Nur paraphrasieren ließe sich das „Vater unser", nicht übersetzen, und man solle nicht gleich, wie Champlain das tat, mit dem apostolischen Glaubensbekenntnis ankommen[111]. Ebenso wenig dürfe man – wie die Jesuiten dies tun – die Getauften, die bisher in Vielehe gelebt hatten, sofort zur Monogamie zwingen. Seine Argumente zur Rechtfertigung der Vielehe sind bemerkenswert unvoreingenommen, obwohl selbstverständlich auch für ihn in Canada die Monogamie das anzustrebende Ziel bleibt[112]. Lescarbots Religionsbegriff zeichnet sich im Vergleich zu anderen hier erörterten Autoren durch eine beträchtlich größere Weite aus. Er kann sich „religion" auch ohne Kultstätte denken. Wenn er von kultischen Tänzen spricht, die den

---

[108] Ebd. 744 f.
[109] Ebd. 7: „hommes comme nous", sowie 17: „...eux, qui sont noz semblables".
[110] Ebd. 395: „Car ilz n'ont point de mots qui puissent répresenter les mystères de notre Religion et seroit impossible de traduire seulement l'Oraison Dominicale en leur langue sinon par Paraphrase. Car entre eux ils ne sçavent ce que c'est de sanctification... de pain supersubstantiel (que nous disons quotidien)..."
[111] Als Kritik an Champlains Bericht, daß er den Wilden das Apostolicum vorgesprochen habe, schreibt Lescarbot in seiner Randbemerkung: „Je ne croy point que cette Théologie se puisse expliquer à ces peuples: quand même on sçauroit parfaitement leur langue" (ebd. 296).
[112] Ebd. 670 f.: „J'ay quelques fois ... fait un écrit sur cette matière en faveur de la polygamie, au quel je n'ai trouvé personne qui m'ait sceu valablement repondre. Non que je me souci de cela [d. h., nicht weil ich selbst dergleichen betreiben möchte], mais pour défendre par manière de paradoxe, l'honnête liberté de la nature, qui par tant de siècles a été approuvée par tout le monde, hors-mi dans l'Empire Romain, dans lequel la pluspart des Apôtres ayans exercé leur ministère, se sont aisément accomodé à la loy civile et politique, sous laquelle ilz vivaient." Also, für Apostel kein anderer Grund für die Einehe als die Anpassung an das bürgerliche und öffentliche Recht des Imperium Romanum!

Göttern dargebracht werden, fügt er hinzu „meinetwegen kann man sie auch Teufel nennen", und dergleichen mehr[113].

Zum Verständnis dieser fremden Welt zitiert Lescarbot häufig Bemerkungen antiker Autoren über die alten Gallier und Germanen[114]. Bezüglich des Kannibalismus verweist er auf die Skythen, betont aber, daß es in Canada keine Menschenfresser gebe[115]. Mehrmals bezeichnet er sie als „nobles"[116]. Wie sehr ihm die „studia humanitatis" am Herzen lagen, zeigt am sinnfälligsten, daß er in Port Royal anläßlich der Rückkehr des Sieur de Poutrincourt von einer Expedition am 14. November 1606 ein kleines Schauspiel mit Neptun, sechs Tritonen und vier „sauvages" aufführen ließ – die erste Theateraufführung in Nordamerika, nach „Brasilien in Rouen" jetzt „Jupiters Bruder am St. Lorenzstrom"[117].

Lescarbot war nicht der erste französische Amerikafahrer, der das Problem der Sprache der dortigen Eingeborenen aufgriff, sicher aber der Nachdenklichste. Mit Proben von Sprachen in der Neuen Welt waren die Leser der Amerika-Literatur seit Cartiers Bericht von 1545 bekannt gemacht worden[118]. Daneben gab es Ansätze zu einer vergleichenden

---

[113] Z. B. ebd. 849: die Tänze der Indianer bezwecken vor allem „agréer à leur Dieux (qu'on les appelle diables, si l'on veut, il ne m'importe)". Zu Lescarbots Religionsbegriff vgl. hauptsächlich Buch VI, cap. 4, bes. 714: „Dieu n'a pas de nom, car tout ce que nous sçaurions dire ne le pourroit comprendre. Mais nous l'appellons *Dieu*, pour ce qu'il donne. Et l'homme en donnant peut être appellé Dieu par ressemblance." Vgl. ferner ebd. 721 bezüglich der Religion der Einwohner Floridas.

[114] Z. B. ebd. 19, 40, 166 usw.

[115] 395 kritisiert er Champlain, weil dieser geschrieben habe, die „Sauvages de la Nouvelle France prins quelques fois de faim se mangent l'un l'autre", 838 wiederholt er, sie seien – „chose louable" – keine Menschenfresser mehr, wie die Skythen es waren. Fast zwei Seiten lang rechnet er auch mit Ausführungen von F. Belleforest über die Kannibalen ab. F. Lestringant (wie Anm. 106), 85 f., macht geltend, daß Lescarbot zu Unrecht behauptet habe, bei den Irokesen und Algonkin gäbe es keinen Kannibalismus (mehr), und verweist auf neuere Literatur.

[116] Z. B. 820 u. 586: Franzosen, die in Canada Gräber ausrauben, machten sich verhaßt bei denen, „qui n'ont rien de semblable ains le coeur noble et genereux". In: *Les Muses de la Nouvelle France*. Paris 1618, angebunden an die *Histoire de la Nouvelle France*, 1617 (*European Americana* 618/75, Erstdruck 1609 [ebd. 609/66], weitere Drucke ebd. 610/67, 612/74, 618/75) schreibt er in dem Gedicht „Adieu à la Nouvelle France" (30. VII. 1607): „Ce peuple n'est brutal, barbare ni sauvage / Si vous appelez tels des hommes du vieil age / Son vice le plus grand est qu'il aime vengeance / Lorsque son ennemi lui a fait quelque offence" (Ebd. 37 f.). *Histoire*, 782: „pour sauvages ilz disent Chabraca et s'apellent eux mémes tels, ne sçachant en quel sens nous avons ce mot." In diesem Sinn, d. h. nicht pejorativ, sondern als Gegensatz zu „doux", hat wohl auch La Popelinière (vgl. Anm. 91) diesen Begriff verstanden. Lescarbot nennt ihn aber nirgends.

[117] „Les Muses" (wie Anm. 116), 13–27.

[118] Bei Thevet, Laudonnière und Léry.

Sprachwissenschaft bei Theodor Bibliander, Guillaume Postel und Henri Estienne; aber ihnen war keine Indianersprache in den Blick gekommen[119].

Bei dieser Lage der Dinge war der Jurist Claude Duret (gegen 1570–1611) meines Wissen der erste, der einen weltweiten Überblick über 55 menschliche Sprachen und „les langues des Animaux et oiseaux" gab[120]. Obwohl im Untertitel von „Origines... Changemens... et ruines des langues" die Rede ist, handelt es sich nicht so sehr um Sprachgeschichte als Prozeß, sondern um „Histoire" im ursprünglichen Sinn (Kunde, bzw. Wissen von...). Mehr hätte Duret bei dem Kenntnisstand seiner Zeit nicht leisten können. Sein persönliches Wissen spiegelt sich in dem Verhältnis, in dem die Ausführungen über die verschiedenen Sprachen zu dem Gesamtumfang des Werkes (1030 Seiten) stehen. Auf Hebräisch entfallen über 300, auf die „langue des Indiens Occidentaux" immerhin 28 Seiten. Wie in anderen Partien des Werkes macht der Verfasser auch bezüglich Amerikas häufig von umfangreichen Zitaten Gebrauch, d. h. hier aus Thevet, Oviedo und ganz besonders aus Lescarbot. In Anbetracht der engen Zusammengehörigkeit von Sprache und Schrift wird auch letztere eingehend erörtert. Duret ist gut belesen; es fehlt ihm auch nicht ganz an Kritik. Aber andrerseits kompiliert er ziemlich wahllos, nimmt den Pseudo-Berosus für echt, entlehnt aus Thevet und Belleforest ohne Vorbehalte, so daß die kritische Sichtung dieser großen Materialsammlung hauptsächlich dem Leser überlassen bleibt. Diese Mängel sollen jedoch gegenüber Durets universalem Gesichtskreis nicht zu hoch bewertet werden.

---

[119] Grammatiken von einzelnen Indianersprachen haben Franzosen meines Wissens vor 1620 nicht verfaßt. Bezüglich derartiger Handbüchlein spanischer Autoren vgl. u. a. *European Americana*, z. B. 560/13, 14.

[120] *Le Trésor des langues...* Erstdruck Coulogne 1613. In: *Der Briefwechsel zwischen Philipp Hainhofer und Herzog August d. J. von Braunschweig-Lüneburg*, bearb. v. R. Golith, München 1984, berichtet Hainhofer dem Herzog am 1. II. 1624, daß er drei Werke von Duret, darunter „Le Thrésor...", gekauft habe (ebd. Nr. 727). In Nr. 1287 (4./14. VI. 1640), dem Katalog einer großen angekauften Bibliothek, ist unter Nr. 352 „La sepmaine..." (1615) von Du Bartas verzeichnet (vgl. unten S. 124). Über Duret vgl. den diesbezüglichen Artikel im *Dictionnaire de biographie français*, Bd. 12, 747. Paris 1970, mit Literaturangaben. Duret war Präsident des „Présidial" [Gerichts] in seiner Heimatstadt Moulins und u. a. befreundet mit Guillaume Du Bartas, dessen „Seconde Semaine" (s. u.) er 1591 mit einem Kommentar versah.

VI.

In diesem Überblick über die ersten Autorengruppe fehlen Humanisten par exellence wie die Familie Estienne und Joseph Justus Scaliger. Charles Estienne (1504–1564), Mediziner und einer der bedeutendsten Editoren antiker Literatur, publizierte erstmals 1561 ein „Dictionarium historicum, geographicum, poeticum...", sicher in erster Linie als Orientierungsmittel bei der Lektüre klassischer Texte. Aber es war doch mehr als dürftig, wenn noch in der Ausgabe von 1596 sämtliche Informationen über die Neue Welt in den drei Artikeln „Amerika", „Mexico" und „Cusco" untergebracht sind[121]. Im Oeuvre seines Neffen Henri junior (1536–98) sind die Bezugnahmen auf Amerika kaum der Rede wert.

Scaliger (1540–1609), in seiner Zeit wegen seiner stupenden Gelehrsamkeit zu Recht einer der berühmtesten Vertreter der „Respublica litteraria", behauptet zwar in seinem epochemachenden Werk „De emendatione temporum", er behandle die Zeitrechnung aller Nationen, aber mehr als ein Zitat, das Cuba betrifft, findet man über Amerika hier nicht[122].

Die zu ihren Lebzeiten hochangesehenen Universalhistoriker Jacques-Auguste de Thou (1553–1617) und Agrippa d'Aubigné (1552–1630) interessierten sich für die Neue Welt nur am Rande und füllten von je einigen tausend Seiten nur wenige Dutzend mit Ereignissen von jenseits des Atlantik[123].

---

[121] Der Fall Charles Estienne ist nicht singulär. Der Vielschreiber Joseph du Chesne, *Le grand miroir du monde*. 2. Ausg. Lyon 1593 (*European Americana* 593/16), der sein versifiziertes Werk – auch für damals altmodisch – nach den vier Elementen gliedert, besingt in ganzen acht Versen (557) die drei größten Ströme der Welt in Amerika (l'Orellana, La Plate, Maragnan), und sein Kommentator Simon Goulart bemerkt (647), diesen Versen sei nichts hinzuzufügen. Über du Chesne vgl. den diesbezüglichen Artikel im *Dictionnaire de biographie français*, Bd. 11, 1239 f. Über den extremen Fall Lambert Daneau s. u. S. 126.

[122] Frankfurt 1593, 112 D, 113 A. Zitat aus Pietro Martire d'Anghiera, *De orbe Novo decades...* Zu Scaliger vgl. jetzt A. Grafton, *Joseph Scaliger and historical Chronologie. The rise and fall of a discipline*. History and Theory 14 (1975). Von seiner auf zwei Bände berechneten *Study in the History of Classical Scholarship* liegt erst Bd. 1, Oxford 1983 vor, der nicht bis Scaliger reicht.

[123] Bezüglich De Thou vgl. den Nachweis bei A. Stegmann, *L'Amérique de Du Bartas et de De Thou*, in: *Découverte de l'Amérique. Dixième stage international d'études humanistes (Tours 1966)*. Paris 1968 (De Pétrarque à Descartes XVIII), 304–309. Bei eigener Durchsicht von De Thous Werk in der französischen Gesamtausgabe (La Haye 1760) erhielt ich den Eindruck, daß die Bedeutung Amerikas für den Autor noch geringer ist, als Stegmann sie einschätzt. Bei Agrippa d'Aubigné scheint mir der Anteil der Partien, in denen er sich mit Amerika beschäftigt, im Verhältnis zum Gesamtwerk noch geringer als bei De Thou. D'Aubigné bringt jeweils als letztes Kapitel in den einzelnen Büchern eines über den „Westen"; darin ist aber vornehmlich von Spanien und Portugal und

Antoine Duverdier (1544–1600), Verfasser einer dreibändigen „Prosopographie ou description des hommes illustres"[124] hatte hier nur weniger als fünf Zeilen für Columbus übrig, nachdem er sich in seiner recht bunten Geschichtensammlung „Les diverses leçons" immerhin in zwei Kapiteln über den Entdecker Amerikas und mythologische Vorstellungen bei amerikanischen Völkern ausgelassen hatte.

Von Autoren, die nur die Geschichte Frankreichs behandelten, ist von vorneherein nicht mehr zu erwarten, als daß sie eventuell die Amerika-Expeditionen ihrer Landsleute einbezogen.

Estienne Pasquier (1529–1615), von La Popelinière abgesehen wohl der bedeutendste Vertreter der gelehrten Historie in Frankreich, nahm in die Sammlung seiner Briefe *eine* Epistel auf, in der er einen Augenzeugenbericht aus Brasilien wiedergab[125].

Nach 1600 scheint das Interesse für die Neue Welt ein wenig zu steigen. Pierre Matthieu (1562–1621) bemerkt in seiner „Histoire de France", die beiden Indien seien häßliche Mädchen, aber so reich, daß es ihnen nicht an Ehemännern fehle. Alles Gold, das von dort kommt, werde in Europa völlig unnütz verwendet[126]. Im übrigen meint er, indem er sich wie manche anderen Zeitgenossen auf Platon beruft, Amerika sei schon im Altertum entdeckt worden, und hält Francis Drake für den erfolgreichsten und mutigsten Amerikafahrer seiner Zeit[127].

VII.

Statt weiterer Beispiele[128] für das relativ geringe Amerika-Interesse bei Geschichtsschreibern und Literaten zum Abschluß noch zwei Fragen:
1. Welchen Stellenwert hat die Neue Welt im gesamten Oeuvre der hier berücksichtigten Autoren?
2. Welche Wirkung ging von dieser Literatur auf das gebildete Lesepublikum aus?

---

manchmal von Amerika überhaupt nicht die Rede. Seine „Histoire universelle" hat 1982 in einer längst fälligen, durch A. Thierry besorgten kritischen Edition zu erscheinen begonnen (Presses Universitaires de Lille).

[124] Lyon 1604. André Thevet hatte schon 20 Jahre früher in seinen *Les vrais Pourtraits e Vies des Hommes Illustres Grecz, Latins et Payens*, 2 Bde. Paris 1584, unter den etwa 230 Bildnissen mehrere von bedeutenden Häuptlingen in der Neuen Welt aufgenommen! Eine Abbildung in *First Images* (wie Anm. 1), I, Tafel 26.

[125] *Les Lettres* d'Estienne Pasquier. Lyon 1597, fol. 83^r–84^r. Der undatierte Brief ist auf etwa 1558/60 anzusetzen, d. h. nach der Beendigung der Expedition Villegagnons.

[126] Paris 1605, Bd. 1, fol. 55^r u. 55^v.

[127] Ebd. Bd. 1, fol. 335 u. 354, sowie Bd. 2, fol. 62^v (Drake).

[128] In diese Kategorie fallen u. a. Johannes Macer, Nicolas Vignier, Jean de Serres, Richard Dinoth, Gérard Chappuys; für einige von ihnen verweise ich auf G. Atkinson, *Les nouveaux horizons...* (wie Anm. 4) (Namensregister).

Die erste Frage läßt sich kurz und stichhaltig beantworten: nur bei Léry, La Popelinière und Lescarbot steht und fällt das Gesamtwerk mit dem Thema Amerika. Dagegen kann eine Schätzung der Publikumswirkung aus mehreren Gründen kein einigermaßen verläßliches Resultat ergeben.

Die am häufigsten praktizierte Methode, die Ermittlung der Zahl der Drucke eines bestimmten Werkes und der Vergleich mit der Zahl der Auflagen von anderen, kann nur in Extremfällen etwas über das Publikumsinteresse aussagen. Nur *einmal* gedruckt worden zu sein, bedeutet fast immer geringe Beachtung seitens der Zeitgenossen und der Nachwelt. Zwei bis vier Drucke können wegen verschiedener Auflagenhöhen unter Umständen etwa gleich viele Exemplare ergeben. Bei welcher Zahl von Drucken aber beginnt der große literarische Erfolg? Ganz zweifellos bei über 30 Drucken binnen weniger Jahrzehnte. Ein solcher Spitzenreiter waren Montaignes „Essais", die binnen 50 Jahren nach dem Erscheinen des „Troisième livre" (1586) mindestens 92 Auflagen erreichten, davon nur zehn bis zum Jahre 1600[129].

Erheblich übertroffen wurden die „Essais" durch das Weltschöpfungsopus des reformierten Dichters Guillaume Du Bartas (1544–1590)[130]. Der erste Teil („La Sepmaine"), die eigentliche Schöpfungsgeschichte, erschien 1578; sechs Jahre später „La seconde Sepmaine", die Kindheit des Menschengeschlechts. Im ersten Teil finden sich nur wenige Bezugnahmen auf die Neue Welt, im zweiten handelt im Gesang „Les Colonies" etwa ein Achtel der Verse von Amerika. Hier zieht der Verfasser alle Register, um Denkmale in der Neuen Welt als imponierender herauszustellen als etwa die ägyptischen Pyramiden. Um weniger gebildete Leser nicht abzuschrecken, ließ Du Bartas das Werk u. a. durch den Genfer Theologen und Historiker Simon Goulart ausführlich kommentieren. Die Einzeldrucke der „Seconde Sepmaine" und die Gesamtausgabe von Du Bartas' Werken erreichten binnen sechs Jahrzehnten rund 120 Auflagen[131].

---

[129] In der mir noch nicht zugänglichen Bibliographie von R. A. Sayer/D. Maskell, *A descriptive bibliography of Montaignes Essays 1580–1700*. London 1983, sind laut der Besprechung in: Bibliothèque d'Humanisme et Renaissance 27 (1985), 278, etwa 700 Drucke aus dem Zeitraum von 120 Jahren verzeichnet. Ich vermute daher, daß die von mir in *European Americana* gezählten mindestens 92 Drucke bis 1636 nur einen Teil der wirklich erschienenen darstellen. Anderenfalls müßten zwischen 1636 und 1700 etwa 600 Drucke erschienen sein, was ich für äußerst unwahrscheinlich halte.

[130] Über das Amerika-Interesse dieses Autors vgl. die in Anm. 123 angeführte Abhandlung von A. Stegmann, 299–302.

[131] Zählung aufgrund der *European Americana*.

Sehr weit vorne liegt ferner eine Art von universalgeographischem Handbuch: „Les estats, empires et principautez du Monde" von Pierre d'Avity, in dem knapp 4 % des Inhalts auf Amerika entfallen. Binnen drei Jahrzehnten nach Erscheinen (1619) kam dieses Werk auf 50 Drucke[132].

Keines dieser drei Erfolgsbücher aber wurde – dies darf wohl einwandfrei behauptet werden – in erster Linie deshalb gekauft, weil man hier etwas über die Neue Welt erfahren konnte, sondern die einschlägigen Partien profitierten zwangsläufig von der Anziehungskraft des Werkes an sich.

Zu verläßlicheren Ergebnissen führt ein anderer Weg. In Frankreichs Archiven liegt ein riesiger Bestand von Testamenten; zu vielen von ihnen gehört ein mehr oder weniger ausführliches Verzeichnis der hinterlassenen Bücher. Dieses Material hat für Paris im 17. Jahrhundert Henri-Jean Martin[133]. unter einer Mehrzahl von Gesichtspunkten ausgewertet. Die

---

[132] Über diesen Verfasser vgl. *Dictionnaire de biographie français*, Bd. 4, 887. Er war die meiste Zeit seines Lebens Offizier auf verschiedenen europäischen Kriegsschauplätzen und schrieb sein Werk in Mußestunden. Ich habe die Edition Lyon 1659 benutzt, in der Amerika auf 200–234 behandelt wird. Während die früheren Editionen keine Karten enthalten, sind dieser Karten der einzelnen Kontinente beigegeben (Amerika von dem Amsterdamer Kartographen Jodocus Hondius). Auf 205 werden Canada und Labrador sowie die im Süden angrenzenden Gebiete behandelt, Florida unter Erwähnung der französischen Unternehmungen. Auf 230 definiert der Verfasser den Begriff „barbares" und erklärt – nachdem er einen ihm unzutreffend erscheinenden abgetan hat –: „Disons donc qu'on doit estimer barbares ceux dont les façons de vivre et coustumes s'esloignent extrememet de la droite raison, ce qu'advient par fierté de courage, par ignorance ou par rudesse de moeurs. La fierté est une certaine brutalité qui a quatre degrés." Diese vier Grade der Brutalität beschreibt er anschließend. In Anbetracht der sehr zahlreichen Editionen dieses Werkes wäre es interessant zu wissen – erforscht ist es m.W. noch nicht –, inwiefern sein differenzierter Begriff „barbares" rezipiert wurde. Diese Frage betrifft eigentlich vorrangig José Acosta, der in seiner 1599 in französischer Übersetzung erschienenen „Histoire naturelle et morale des Indes" diese Differenzierung vorgenommen hatte. D'Avity übernahm sie von ihm, ohne ihn zu nennen. Vgl. J. H. Elliot in: *First Images of America* (wie Anm. 1), I, 19.

[133] 2 Bde., Genève 1969. Der Verfasser hat für die einzelnen Perioden jeweils etwa 200 Testamente, die Bücherverzeichnisse enthalten, sowie Lagerverzeichnisse großer Buchhändler herangezogen. Er ist aber nicht der Ansicht, daß seine quantitative Methode ein vollständiges und in jeder Hinsicht zutreffendes Bild der Leser-Interessen vermittelt, obwohl sie in diesem Umfang vor ihm noch nie angewandt wurde. Die Americana in der Genfer Bibliothèque Publique (1559 gegründet) behandelt A. Dufour, *Quand les Genevais commencèrent à s'intéresser à l'ethnographie*, in: *Mélanges E. Pittard*. Genève 1957, 141–149. Zu Lebzeiten Calvins besaß diese Bibliothek noch kein Buch über Amerika. Eine Fundgrube auch bezüglich der Neuen Welt bildet das vierbändige Werk des Genfer Theologen Simon Goulart, *Thrésors d'histoires admirables*. Genf 1610-14. Danach war bereits ein bescheidener Bestand an anderen Amerika-Autoren vorhanden.

Nachlaßverzeichnisse besitzen dazu den großen Vorteil, daß sie aussagekräftig für die Lektüreinteressen der verschiedenen sozialen Schichten sind. Für das französische 16. Jahrhundert ist, soweit ich sehe, in dieser Hinsicht erst wenig geleistet worden.

Schlecht bestellt ist es zur Zeit auch noch um die Erschließung von Tagebüchern. Der bekannteste Tagebuchschreiber im damaligen Frankreich, der Pariser Parlamentsrat Pierre de l'Estoile (1546–1611), notierte jahrzehntelang Bücher, die irgendwie in seine Hand gelangt waren. Sucht man hier nach „Americana", so wird man stark enttäuscht[134].

Wir besitzen ferner keine Briefwechsel von Gelehrten wie Le Roy und Amerikareisenden wie La Popelinière oder Lescarbot. In der Dunkelzone bleiben für immer gelehrte Gespräche und all die Erzählungen von Kapitänen und Matrosen in den französischen Atlantikhäfen. Gewiß waren sie keine Humanisten, aber solche Berichte konnten als Informationsmaterial dienen, wie im Fall von Montaigne. Und endlich dürfen wir nicht ignorieren, daß eine unbekannte Zahl von Drucken aus jener Zeit verschollen ist. Pars pro toto zu nehmen, ist bedenklich.

Im Hinblick auf all diese Momente darf als Fazit festgestellt werden, daß die gebildete Leserschaft in der Ära des Späthumanismus relativ wenig von der Neuen Welt berührt worden ist.

Ich habe bei keinem Franzosen den lapidaren Satz Gómaras gefunden, die Entdeckung der Neuen Welt sei das größte Ereignis seit der Schöpfung – von der Inkarnation abgesehen[135]. Symptomatisch dürfte folgender Fall sein: Der streitbare reformierte Theologe Lambert Daneau (1530–1590) veröffentlichte 1579 eine „Geographia poetica... id est *univer-*

---

[134] P. de l'Estoile, *Journal pour le règne de Henri III*. Paris 1943 (Mémoires du passé pour servir au temps présent, Bd. 4). Ders., *Journal pour le règne de Henri IV et les débuts du règne de Louis XIII*, 3 Bde. Paris 1948–1960 (ebd.). In *Henri III*. 455 vermerkt der Verfasser die Rückkehr Francis Drakes von seiner Weltumsegelung (1586) und meint, dieser habe als Entdecker mehr als jeder andere seit Columbus geleistet; man nenne ihn den „Schrecken der Spanier" und die „Geißel Philipps II". In *Henri IV*, Bd. 2, 42, notiert er den Tod Drakes. Von La Popelinière erwähnt er aber nur sehr lobend dessen „Histoire de France", nicht aber „Les Trois Mondes" und die Trilogie von 1599 (*Henri IV*, II, 412). Ebd. II, 560, schreibt er (November 1609), daß Lescarbot, einer seiner Freunde, wegen des Besitzes einer verbotenen Schrift gefangengesetzt worden sei; dessen „Histoire de la Nouvelle France", deren Erstdruck damals schon vorlag, erwähnt er jedoch nicht.

[135] *Historia general de las Indias*. Madrid 1852, 156 (Biblioteca des Autores Españoles Bd. 22).

[136] Weitere Drucke 1580 (2 Drucke), 1583, ferner hrsg. von Airebaudouge 1588 (und 1589, 1591). Das Werk ist zu Unrecht in *European Americana* aufgenommen worden, weil Amerika ja darin nicht vorkommt! Wahrscheinlich ließen sich die Bearbeiter durch den Titel täuschen.

sae terrae descriptionis... libri quatuor"[136], in der er in hunderten von Versen die drei Teile der Alten Welt besingt, aber die Neue mit keinem Wörtchen erwähnt! Dieser Fall ist aus drei Gründen schwer erklärlich. Erstens schrieb derselbe Autor eine auf 1577 datierte Eloge auf Lérys „Histoire", die der Erstausgabe dieses Werkes von 1578, d. h. ein Jahr *vor* dem Erscheinen der „Geographia", vorangestellt ist. Vielleicht befand sich das Manuskript der „Geographia", als Daneau für Léry dichtete, schon beim Drucker. Jedenfalls kann sein Interesse an Amerika nur äußerst gering gewesen sein, wenn er es nicht der Mühe wert fand, seine „Universalgeographie", auf einen Kenntnisstand zu bringen, der im Laufe von rund acht Jahrzehnten ständig größer geworden war. Zweitens verträgt sich der Zusatz im Titel „ex optimis et vetustissimis quibusque Latinitatis poetis" nicht mit der behaupteten Universalität, es sei denn – was wegen des Gedichtes für Léry ausgeschlossen werden muß –, der Verfasser habe noch nie etwas von Amerika gehört. Drittens können eigentlich nur durch den widersprüchlichen Titel getäuschte Leser den Erstdruck und mehrere spätere Auflagen gekauft haben. Dieser Fall Daneau stellt auch für uns heute noch ein Memento dar, die zeitliche Distanz zwischen einem großen historischen Ereignis und seiner Realisierung im Bewußtsein der Zeitgenossen zu berücksichtigen. Hinsichtlich der Amerika-Literatur in der frühen Neuzeit sollte dieses Gebot als Selbstverständlichkeit beachtet werden. Aber bemühen sich alle Fachleute in jedem Fall darum, diese Distanz annähernd zu bestimmen?

Trifft die eben geäußerte Hypothese zu, dann erhebt sich als letzte Frage die nach den Gründen der verhältnismäßigen Gleichgültigkeit. Nur stichwortartig einige Ursachen, die ich für besonders wichtig halte: die hochgradige Fremdartigkeit speziell jenes Amerika, über das die Franzosen vornehmlich Berichte lasen; sie konnte freilich sowohl abstoßend als auch Neugier erregend wirken. Ferner das Scheitern aller französischen Amerika-Expeditionen vor dem Beginn des 17. Jahrhunderts sowie der konfessionelle Bürgerkrieg, der den Zeitgenossen schwerste, viel näher liegende Probleme aufdrängte. Endlich das Beharrungsvermögen der blinden Verehrer des Altertums und aller jener, die meinten, die Menschheit sei nicht mehr zu schöpferischen Leistungen imstande. Wären diese Reaktionäre und müden Zweifler nicht zahlreich gewesen, so hätten sich Le Roy, La Popelinière und Charron nicht so viel Mühe geben müssen, die Verblendeten anzuprangern und den Verzagten Mut zuzusprechen.

Anhang: La Popelinières Amerikafahrt

C. Vivanti hat 1962 einen Passus in La Popelinières Brief an J. J. Scaliger vom 4. Februar 1604, der die Amerikafahrt des Absenders betrifft, übersehen, worin ihm die gesamte seitherige einschlägige Literatur gefolgt ist[1]. Andererseits ist mein Nachweis, daß diese Fahrt stattgefunden haben muß, in den acht Jahren seit dem Erscheinen des „Empirisch-rationalen Historismus" ausnahmslos ignoriert worden[2]. Aus diesen beiden Gründen halte ich es für unerläßlich, die Beweise nochmals vorzulegen.

Hauptthema des eben erwähnten Briefes ist La Popelinières Bitte an den Adressaten, damals Professor an der Universität Leiden, sich darum zu bemühen, daß der Absender Gelegenheit zur Durchführung einer reinen Studienreise nach Ostasien erhielte, d. h. daß er auf einem Schiff der Holländisch-Ostindischen Companie zu gar keinem anderen Zweck mitgenommen werden möge als „de voir les mouvemens et actions des plus anciens et civilisez peuples qu'on a tousiours estimé estre les Asiens, et d'eux tous les Orientaux..."[3].

Unmittelbar *vor* diesem Passus schreibt La Popelinière, „que la prattique d'aucuns peuples des Isles et costes d'Afrique et de *l'Amérique* m'y aye fort aydé" besonders die Ursachen, Formen und die Entwicklung „de toutes les bonnes et mauvaises affections des hommes" kennenzulernen. Die Fahrt nach Ostasien bezwecke, diese auf Autopsie beruhende Anthropologie durch Ausdehnung auf die ältesten Kulturen der Menschheit zu einem Gesamtbild auszubauen.

Hier interessiert uns nur die Stelle bezüglich Amerika. „Prattique" kann nichts anderes bedeuten als „persönlicher Kontakt mit". Da der Briefschreiber in der ersten Person Singularis spricht und nicht ein mehrdeutiges „nous" verwendet, ist der leiseste Zweifel an seiner Autopsie

---

[1] C. Vivanti, *Alle origini della idea di civiltà. Le scoperte geografiche e gli scritti di La Popelinière.* Rivista storica Italiana 74 (1962), 225–247, befaßt sich mit dieser Stelle gar nicht und hat offensichtlich den Sinn von „Prattique" (Vivanti, 247) nicht verstanden. Er meint, in der „Histoire véritable" (s. u. Anm. 5.) sei La Popelinière vielleicht genannt worden, um dem dort gedruckten Bericht größere Glaubwürdigkeit zu verschaffen (ebd. 246 f.). In der seitdem erschienenen Literatur wird die Ansicht vertreten, La Popelinière sei nicht in Amerika gewesen, habe aber gewünscht, die dortigen „sauvages" an Ort und Stelle zu studieren (so zuletzt G. Nakam 1984 [wie Anm. 66], 339).

[2] Auch Gewecke hat diese Arbeit übersehen; anderenfalls wäre ihr kaum unterlaufen, daß sie La Popelinière mit keinem Wort erwähnt.

[3] Vivanti druckt diesen bereits 1624 veröffentlichten Brief im Anhang vollständig ab (247 ff.).

sinnlos. Noch unsinniger wäre es, „aucuns" in diesem Zusammenhang statt mit „einige" mit „keine" zu übersetzen. Die angerichtete Verwirrung zwingt dazu, jede mögliche Konfusionsursache zu beseitigen.

Wann war La Popelinière in Amerika und welche Gegenden lernte er kennen? Der zweite Teil dieser Frage läßt sich mittels dieses Briefes nicht genau beantworten. Aus mehreren anderen Quellen geht aber hervor, daß es sich bestimmt unter anderem um Brasilien handelte. Laut Aussagen eines Zeugen in einem Prozeß vor dem Admiralitätsgericht in La Rochelle war La Popelinière Teilnehmer an einer durch den König genehmigten Expedition, die auf dem Atlantik portugiesische und spanische Schiffe kapern sollte[4]. Den Registern eines Notars in La Rochelle ist zu entnehmen, daß La Popelinière mit dem als Kommandeur der Flottille vorgesehenen Kapitän Trépagny am 1. April 1589 einen Vergleich geschlossen hatte, der einen Streit zwischen beiden über die Ausrüstung der Schiffe betrifft. Einer weiteren Quelle, der „Histoire Véritable", zufolge wurden Lebensmittel für anderthalb Jahre an Bord genommen[5]. Am selben Tag unterzeichnete La Popelinière als einer von mehreren Zeugen eine Handlungsvollmacht, die Trépagny seiner Ehefrau für die Zeit seiner Abwesenheit erteilte[6].

Die aus drei Schiffen bestehende Flottille lief am 15. Mai 1589 von La Rochelle aus und kaperte vor der afrikanischen Küste auf der Höhe des nördlichen Wendekreises (23° 27′) zwei portugiesische Schiffe, die mit für Brasilien bestimmten Waren beladen waren. Eines wurde mit einem Teil der Beute unter dem Kommando La Popelinières nach La Rochelle beordert.

Blieb er nun etwa dort, was bedeuten würde, daß er Scaliger ein Märchen erzählt hätte? Und wenn er doch nach Brasilien gelangt sein sollte, weshalb erscheint sein Name nicht in Zusammenhang mit dem oben erwähnten Prozeß, den die Ehefrau des vermißten Kapitäns Trépagny wegen Ermordung ihres Ehemanns gegen den zurückgekehrten Kapitän Richard im Frühjahr 1591 angestrengt hatte[7]?

---

[4] E. Trocmé/M. Delafosse, *Le commerce Rochelais de la fin du XVe siècle au debut du XVIIe*. Paris 1952 (Ports, Routes et Trafics V), 205. Diese Quelle ist bisher nie herangezogen worden.
[5] *Histoire véritable de plusieurs voyages, Adventureux et perilleux faits sur la mer, en diverses contrees*, par I. P. T. Capitaine de Mer. Rouen 1600. Nach diesem Druck wird hier zitiert; 1599 war dieses Büchlein in Niort herausgegeben worden.
[6] Archives départementales de la Charente-Maritime (La Rochelle), Minutes du Notaire Bounyn 1589, fol. 148 f.
[7] Ebd. Beide Dokumente sind der bisherigen Forschung unbekannt.

Zur Beantwortung dieser Fragen muß wieder die „Histoire véritable" herangezogen werden. Dieser sehr genaue Bericht über die Expedition besagt, daß die Flottille, nachdem sie am Cap Blanc einen Halt zwecks Überholung der Schiffe eingelegt hatte, am Cap Verde durch widrige Winde drei Monate lang aufgehalten wurde, bevor sie nach Brasilien weitersegeln konnte[8].

Infolgedessen hätte La Popelinière, wenn er – was wir nicht wissen – eine gemeinsame Überfahrt von Afrika nach Brasilien verabredet haben sollte, ein Vierteljahr Zeit gehabt, um nach La Rochelle zurückzufahren, dort sein Schiff oder ein anderes neu auszurüsten und seine Gefährten am Cap Verde zu erreichen[9]. Da deren dortiger unfreiwilliger Aufenthalt nicht voraussehbar war, ist die Annahme wahrscheinlicher, daß er die gesamte Strecke La Rochelle–Brasilien im Alleingang zurückzulegen riskierte. Der Atlantik war leer, d. h. er hatte nicht zu befürchten, auf der Route Westafrika–Südamerika mehr als vereinzelten portugiesischen Schiffen zu begegnen.

Weshalb aber wird er in den Gerichtsprotokollen nicht genannt? Dafür kann es hauptsächlich folgende Gründe gegeben haben: 1. Er war zum Zeitpunkt des Prozesses (Ende April/Anfang Mai 1591) noch nicht zurückgekehrt. 2. Eine Wiedervereinigung mit Trépagnys Flottille hatte nicht stattgefunden, so daß er im Prozeß über die angebliche Ermordung Trépagnys nichts hätte aussagen können. 3. Er war bereits zurückgekehrt, hielt sich an seinem damaligen Wohnort Paris auf und konnte aus irgendwelchen Gründen nicht zum Prozeß erscheinen. Diese Hypothese halte ich für die unwahrscheinlichste. Also bleibt die Wahl zwischen der ersten und der zweiten Möglichkeit.

In jedem Fall ist zu berücksichtigen, daß sich die Flottille in Brasilien aufgelöst hatte und sich die Rückkehr der Besatzung in zwei Gruppen zu verschiedenen Zeitpunkten vollzog. Eine dritte unter Trépagny war nach Abfahrt der zweiten zurückgeblieben[10]. Auch La Popelinière kann, wenn

---

[8] Unpaginiert, ab Bogenzähler H 5.
[9] Die „Histoire" enthält genaue Entfernungsangaben für die einzelnen Etappen der Fahrt. Rechnet man diese auf durchschnittlich in je 24 Stunden zurückgelegte Entfernungen um, so ergibt sich für La Popelinières Fahrt von dem Ort der Kaperung nach La Rochelle und zurück zum Cap Verde, verteilt auf drei Monate, eine Tagesleistung von etwa 65 km. Veranschlagt man den Aufenthalt in La Rochelle bis zum Wiederauslaufen auf 20 Tage, so steigt der Durchschnittswert auf etwa 90 km, bei einer 40tägigen Liegezeit in La Rochelle auf etwa 150 km in 24 Stunden, d. h. etwa acht Seemeilen pro Stunde – eine auch unter damaligen Verhältnissen erreichbare Durchschnittsgeschwindigkeit. Wenn seine Liegezeit nicht mehr als sieben bis acht Wochen gedauert hatte, konnte er Trépagny am Cap Verde einholen.
[10] Trocmé/ Delafosse, 206 u. 205 (Antritt der Rückreise zu Weihnachten 1590 bzw. 15. IX.

er sich überhaupt mit den Gefährten von einst hatte wiedervereinigen können, länger dort geblieben oder schon früher abgefahren sein, weil keiner der Zeugen seinen Namen im Zusammenhang mit ihrer Rückkehr nannte. In Anbetracht des relativ regen Verkehrs zwischen mehreren französischen Kanal- und Atlantikhäfen und Brasilien ergaben sich in Abständen von wenigen Monaten Rückfahrtgelegenheiten, falls das zur Hinfahrt benutzte Schiff nicht mehr vorhanden oder untauglich geworden war.

Spätestens im Herbst 1591 – vier bis fünf Monate nach dem Prozeß – befand sich La Popelinière in Frankreich, weil er eigenen Aufzeichnungen zufolge im November 1591 im Auftrag König Heinrichs IV. den vor der Mündung der Gironde neuerbauten Leuchtturm inspizierte[11].

Fassen wir zusammen: Seine Brasilienfahrt war etwa acht Jahre vor der Veröffentlichung der Werk-Trilogie (1599) beendet. Die dortigen Ausführungen über die Eingeborenen in der Neuen Welt beruhen auf Autopsie. Sie stellt die Hauptquelle seiner Vier-Phasen-Theorie dar.

Seine 1599 veröffentlichten Informationen über die Art und Weise, wie die brasilianischen Indianer das Andenken an bedeutende Vorfahren überliefern, beschränkt sich auf *weniger* als *eine* Druckseite[12]. In Anbetracht dieser Sachverhalte liegt die Frage nahe: Hat er nicht einen ausführlichen Bericht über seine Amerikafahrt aufgezeichnet, und wenn ja, wo befindet sich dieser heute? Daß er eine Darstellung verfaßte, ist in hohem Grade wahrscheinlich. Ich habe bereits 1978 die Vermutung ausgesprochen[13], daß die im MS 475 der Collection Dupuy (Bibliothèque Nationale) enthaltene „Relation du Brésil" von ihm stammen könnte. Er war mit dem Vater der Brüder Dupuy, die damals die größte Privatbibliothek in Paris besaßen, in der sich auch einige Handschriften La Popelinières befinden, befreundet. Aber bereits in einem Katalog ihrer Bibliothek aus dem Jahre 1645 ist MS 475 nicht mehr aufgeführt[14], also rund 200 Jahre länger verschollen, als ich 1978 aufgrund einer Information aus der Bibliothèque Nationale mitgeteilt hatte. Wenn dieses Manuskript

---

1590). Da beide Gruppen auf der Rückreise durch schwere Mißgeschicke, die verzögernd wirkten, betroffen wurden, muß der Prozeß gegen Richard unmittelbar nach der Rückkehr der späteren Gruppe eingeleitet worden sein.
[11] Bibl. Nat. MS français 20782, fol. 585^v, eine ebenfalls in diesem Zusammenhang nie berücksichtigte Quelle.
[12] *Histoire des histoires* (wie Anm. 79), 28 f.
[13] E. Hassinger, *Empirisch-rationaler Historismus,* 196 Anm. 90.
[14] Damals hat Pierre Dupuy MS 475 in seinem Verzeichnis der verlorengegangenen Manuskriptbände (Collection Dupuy 883 fol. 3) notiert. Vgl. S. Solente, *Les manuscripts Dupuy à la Bibliothèque Nationale.* Bibliothèque de l'Ecole des Chartes 88 (1927), 214.

überhaupt noch existiert, liegt es an einem unbekannten Ort, den ich lange Zeit zu entdecken versuchte. In einer größeren Zahl gedruckter Inventare französischer Bibliotheken und in einigen Auktionskatalogen aus dem 18. Jahrhundert vermochte ich keine Handschrift festzustellen, die mit MS Dupuy 475 identisch sein könnte. Ein weiteres Beispiel dafür, daß auch eine planmäßig betriebene Fahndung nach einer höchst aufschlußreichen Quelle scheitern kann. Ich meine aber nicht, einem Phantom nachgejagt zu haben.

The Humanism of Vasco de Quiroga's „Información en derecho"

by Anthony Pagden

Vasco de Quiroga is best known as the man who in the 1530s founded in the Mexican province of Michoacan a number of "village hospitals"[1]. These were communities where the Indians were protected from the attentions of the Spanish settlers and encouraged to live full Christian lives. Because of two passages, one a quotation from Lucian's "Saturnalia", the other referring to More's "Utopia", in his longest and best-known work, the "Información en derecho" of 1535[2], and an association with Juan de Zumarraga, bishop of Mexico who owed an annotated copy of "Utopia", Quiroga has been credited with being a "humanist" and his village hospitals interpreted as an attempt to translate More's work into a communitarian project in Michoacan. Much of this, I shall argue, is correct. But just what it means has been hopelessly obscured by the uncritical enthusiasms of scholars such as Silvio Zavala who have had little understanding of how a sixteenth-century Spanish bishop might been expected to have read something as inherently ambiguous as "Utopia"[3]. In the terms of Zavala's understanding of "humanist" Quiroga has to be presented as an impassioned defender of Indian rationality and Indian rights, a characterisation which should have placed him very much on the same side of the struggle between the church and the state in America as Las Casas. But as Marcel Bataillon has pointed out, Quiroga was, in fact, a fierce opponent of Las Casas, and a consistent apologist for the "enco-

---

[1] F. B. Warren, *Vasco de Quiroga and his Pueblo Hospitals of Santa Fe*. Washington 1963.
[2] *Información en derecho*, ed. Paulino Castañeda Delgado. Madrid 1974 (hereafter referred to as *"Información"*). Although it seems to have been widely circulated in manuscript it was never published in Quiroga's own lifetime. The manuscript was sent to Spain accompanied by a *"preambulo y razonamiento of Utopia"* which has been lost.
[3] See S. Zavala, *La utopia de Tomás Moro en la Nueva España*. Mexico 1937, and *Sir Thomas More in New Spain. A utopian adventure in the Renaissance*. London 1955.

mienda"⁴. He was cited, rightly, by Sepúlveda as one of those in favour of the conquests and he himself claimed that the "Información" had been written for the service of God and his Majesty "y a la utilidad de conquistadores y pobladores"⁵. Quiroga had also written to the crown in 1531 in support of Cortes's request to be allowed to extend the conquest, a letter in which he seems to claim that one of the many benefits which the Indians had learnt from the Spaniards was how to fight⁶.

The "Información" was written as a protest against a "cédula" of 1534 which lifted an earlier prohibition on the slave trade. In this very limited respect Quiroga was on the side of the angels. But his objections were primarily directed at the sale of slaves rather than at enslavement as such. (He, in fact, argues forcefully that certain kinds of slavery are both natural and beneficial, particular if the slave is a non-Christian.) And his treatise certainly cannot, as we shall see, be read as a proposal for Indian liberties.

This apparent conflict of motives derives, in part, from the simple confusion in the minds of the historians of Zavala's generation over the meanings attached to the term "humanist". This has led to an implicit conflation of "humanist" and "humanitarian" and to the notion, which informs so much of Bataillon's work on Spanish Erasmianism, that since the humanists, at least of the generation of Erasmus, More, and Lefevre d'Étaples were concerned with the primacy of the word, critical of the apparatus of the Church and insistent on the role of the human personality – of "personhood" to use an anachronistic term – in theology, that they must, therefore, be in some general sense "liberal". On the same view, the schoolmen, because they were Aristotelians, Thomist (nearly all were Dominicans), undoubtedly conservative, more interested in exegesis than philology – with the interpretation of the thing, than the thing itself – were therefore illiberal. For Zavala, Hanke and others it seemed obvious that, roughly speaking, if a man was a humanist he must champion the Indian cause and if a scholastic he must be a supporter of the colonists. Hence the attempt to convert Las Casas, who despite the eccentricity of his working methods, was the most conservative of Thomists, and Francisco de Vitoria – who once contemptuously said of Erasmus that "ex grammatica fecit se theologus" and helped to have his work suppressed by the Council of Trent – into proto-humanists.

---

⁴ *Vasco de Quiroga et Bartolomé de Las Casas*, in his *Etudes sur Bartolomé de Las Casas*. Paris 1965.
⁵ *Información*, 277.
⁶ See R. Dealy, *The Politics of an Erasmian Lawyer: Vasco de Quiroga*. Malibu 1976 (Humana civitas 3), 13–14.

In fact, the reverse would seem to be true. Sepulveda, for instance was, or claimed to be a humanist. True he also had a degree in theology; but the arguments in "Democrates alter" are recognisably humanistic and his opponents, Melchor Cano in particular, stigmatised him precisely by claiming that all his arguments were false because he was more interested in rhetoric than in propositions, more learned in literature than in formal argument[7].

The term "humanist" presents definitional problems which "scholastic" clearly does not. The rigorous definition – someone engaged in the "studia humanitatis" – excludes too many particulars as we move away from the fifteenth-century. It is also the case that the dispute over the rights, status and humanity of the Indians was primarily a dispute in law. The "Información" is repetitious, sometimes contradictory, and frequently obscure. But although it has none of the formal apparatus that such treatises normally display, it is as its name makes clear easily recognisable as a legal treatise.

We are thus dealing with legal humanism, the humanism of Alciato and Connan, rather than the humanism of Valla and Bruni, and in terms of legal history a humanist may be described as one who had, most obviously, a commitment to the Roman law tradition and a corresponding insistence on the preeminence of the civic values of the ancient Roman world which meant, in effect, to Ciceronian moral philosophy. This amounts to privileging the human or positive law over the natural, the "ius naturae", which was, of course, the main support of Thomist essentialism. For the Thomist natural law was heavily ontologised. It governed all human relations both public and private; but for the Roman jurist it was simply, in Ulpian's definition "That which nature has taught all animals". At the centre of this distinction lay conflicting views of the significance of rights, "iura". For the Thomist all rights were natural, for the jurists they could only be the product of society of legal arrangements of a purely human character. Since, in their view all moral relationships, which for the Thomists were innate, belonged not to nature but to civilisation. The struggle between Las Casas and Quiroga, or between Sepúlveda and Las Casas was, in effect, a struggle between these competing views of the origin of rights. Built into the entire humanistic programme

---

[7] "Ellos trabajan de diminuir la auctoridad de mi libro diziendo que yo he estudiado mas en lenguas que en theologia" wrote Sepúlveda to Cardinal Granvelle, "El doctor Sepúlveda al obispo de Arras" (1550), Biblioteca del Palacio MS. 2324. For the struggle between Sepúlveda and the theologians see, A. Pagden, *The Fall of Natural Man*. Cambridge 1982, 109–118.

was a contempt for untutored, pre-social man, nicely summed up in Cicero's account in "De inventione" of the origins of society as an act of rhetorical persuasion. On this account there is very little reason to suppose that a "humanist" would be inclined to display "liberal" sentiments between "non-civil" peoples, peoples, that is, who had no positive laws, and, indeed, few humanists from Guicciardini to Sepúlveda ever did. They might object – and most did – on purely humanitarian grounds to wholesale slaughter. But that was quite another matter.

I do not wish, however, to suggest that the division between "humanist" and scholastic in the sixteenth-century is a hard and fast one. In the fifteenth-century, when humanists were often singled out by the kind of employment they had, and again in the seventeenth, when humanism had become largely a protestant affair (Calvin, of course, was a humanist, so too were Grotius and Pufendorf) the distinctions were clearly marked. But in the first four decades or so of the sixteenth there existed, in some spheres, at least a dialogue between the two. And in certain respects, Quiroga's work is a beneficiary of this dialogue. The language and many of the sources he uses, the dependence upon citation, are typical of scholastic rhetoric. But the underpinning of his central argument, as we shall see, is clearly humanistic.

In what follows, I shall be concerned with Quiroga's views on the political relations between the Indians and Spaniards and how these relate to his, evidently quite close reading of "Utopia". I shall argue that Quiroga is, indeed, proposing the establishment of a "Utopia" in America, but just what this implies is something rather different from what has hitherto been supposed. The first, and most crucial point to be made is that both the "Información" and "Utopia" share a common project, both are, in More's words accounts of the "optimus status reipublicae"[8]. It is significant that Quiroga never refers to "Utopia" by name, but only to More as the author of a work on "la republica" which suggests that he read it as not unlike Guevara's "Reloj de principes", the only other humanistic political treatise he mentions[9], as an account of how to achieve the best possible political life.

Unlike More (or Guevara), however, Quiroga is not describing an existing state but is advocating the imposition of an optimum republic on one which already exists, but which is very far from optimum. The

---

[8] I have relied heavily on the interpretation of "Utopia" by Q. Skinner, *Sir Thomas More's Utopia and the language of Renaissance humanism*, in: A. Pagden (Ed.), *The Languages of Political Theory in Early-Modern Europe*. Cambridge 1987.
[9] *Información*, 128.

first question Quiroga had to answer, therefore, was whether such a venture was legitimate at all. This he did by raising the issue which was crucial to every scholastic discussion on the subject, but only of scant interest to the humanists who were largely uninterested in the legitimation of past events; namely: could the Indians be said to have possessed "dominium" before the arrival of the Spaniards[10]. This term, which is often translated as property (and which with Locke and Grotius came to be defined as private property) had at the time Quiroga was writing a number of related meanings. Men enjoyed "dominium" over their goods, their actions, their liberty, even (although Quiroga denies this) their own bodies. "Dominium" described the relationship which held together the three parts of the triad into which the Roman jurist Gaius had divided the natural world: persons, actions, and things. The aspect of "dominium" with which Quiroga was primarily concerned, however, was "dominium jurisdictionis", the faculty and right ("facultas et Ius") which every individual has over his own affairs and those of the community to which he belongs. Quiroga's answer to the question "do the Indians have dominium" was, as Sepúlveda's was to be later, a straightforwardly humanistic one. For the scholastics all forms of "dominium" were, since they involved rights, natural. But for the Roman jurists and their humanist commentators most were part of the civil or positive law. A man, as an animal, might enjoy "dominium corporis sui" which was one of the reasons why the Indians could not be sold into slavery against their will. But only civil beings could be the subject of political rights. The canon lawyers had argued that the paganism of the ancients – and hence of American indians – deprived them "ipso facto" of any "dominium" (an argument also used by Sepúlveda who was far more dependent on canon law than on theology). Both the civil jurists and the theologians rejected this claim since, for the jurists, it threatened the universality of legal norms and, for the theologians, came perilously close to the Wycliffite, and more recently Lutheran, heresy of confusing God's laws with God's grace.

Quiroga, whose argument rests on the claims of Jean Gerson, the French fifteenth-century nominalist and opponent of the Papal claims to universal power, makes the point that, although the Indians may obviously be said to exercise those rights which are natural as men, they can make no unassailable claim to "dominium jurisdictionis" since that belongs only to those "que a lo menos saben y guardan la ley natural y no

---

[10] *Información*, 141–142, on the subject of "dominium" see A. Pagden, *Dispossessing the barbarian: the language of Spanish Thomism and the debate over the property rights of the American Indians*, in: A. Pagden (Ed.), *The Languages of Political Theory*.

honran muchos dioses y tienen rey, ley, y vida politica y ordenada"[11]. The Indians, he went on, live in what was in effect the state of nature "en tirania de si mismos como gente barbara y cruel y en ignorancia de las cosas y de buen vivir politico". Their ignorance of things, which meant that they had none of the arts which derive from a proper understanding of the mechanisms of the natural world, an understanding which itself can only be the product of civil society, made their communities structurally weak. The apparent ease with which they had all allowed themselves to be conquered – a point repeated by Sepúlveda – was proof of this "rusticidad e ignorancia de las cosas"[12]. They had no political life which meant, for Quiroga at least, the communities they did have, did not constitute legitimate polities. Such a polity could only be, said Quiroga, citing Gerson again, a classical mixed constitution composed of monarchy, aristocracy, and timocracy. The antithesis of these are tyranny, oligarchy, and democracy. Any examination of Indian societies would reveal, he went on, that they display none of the former and all of the latter of these types. Among the more civil races – the Aztecs – there were only tyrants, worshipped, as was Montezuma, "no como hombre humano de gente libre, sino casi como Dios de gente captiva, opresa y servil"[13]. Furthermore succession was by election not primogeniture which in his mind was "ni legitima ni razonable, sino tirania"[14]. Those communities which were ruled by what he called, "principalejos" operated only for the private gain of their overlords and hence were mere oligarchies. The acephalous villages which he refers to as "cabezas" far from being true commonwealths had no collective interest in "el bien comun y no el proprio suyo particular"[15] and could only be described as democracies. None were true civil communities, none had any legal structure worth the name and none, therefore, could be the beneficiary of rights.

It was obvious then that no Indian society had, prior to the arrival of the Spaniards, been adequately constituted as a full civil community, a "civitas"; and if that was the case, then it was equally obvious that no Indian leader could claim "dominium jurisdictionis". Political authority in the New World had no possessor and thus became the property of the first civil men to take possession of it. Furthermore, he said, by the terms

---

[11] *Información*, 141–142.
[12] *Información*, 200. Cf. Sepúlveda, *Democrates segundo, o de las justas causas de la guerra contra los indios*, ed. Angel Losada. Madrid 1951, 35–36.
[13] *Información*, 144–145.
[14] *Información*, 156.
[15] *Información*, 146.

of the Digest (43.16)[16] it was proper that "en tiempo de justicia" those enslaved by tyranny – even that tyranny constituted by the inevitable social "disorder" (a word which has a prominent place in Quiroga's vocabulary) which attends any imperfect political society – should be freed. It might even be claimed that to leave the Indians "mal ordenandos y barbaros y en vida salvaje y bestial, indoctos, derramados insuficientes y no bastantes e miserables e silvestres como estan"[17] amounted to a violation of their natural rights as men. The Spaniards, therefore, might be said to have an obligation to compel them to accept the civil life, to, in Quiroga's language, "order them".

This was not a strikingly original argument and it was, at best, questionable. Even Vitoria had been unable to defend adequately the much weaker claim that Spaniards could be said to be protecting those Indians who were the victims of such things as human sacrifice for, as Melchor Cano was to argue, all such claims were precepts of charity and thus could not, by definition, involve coercion[18]. But it satisfied Quiroga who was now in a position to argue that it was the duty of the Spanish crown to impose on the Indians "un estado de republica y buena policia mixta"[19] so that they might be gathered together in communities, places, that is where communication ("conversación") could also take place. It is also, of course, the case that the process of civilisation is a necessary condition of Christianisation, since that is a project which, for Quiroga, and here he was, of course, in full agreement with Las Casas, could only ever be achieved through persuasion.

Quiroga was not, however, ignorant of the persuasive power of custom particularly on the minds of those who "son a natura tan dociles" and whose customs are more marked than those of other men by "ignorancia y bestialidad y corrupción"[20]. It would not be possible, as Las Casas, for instance, supposed it to be, simply to argue the Indians out of their present barbarous condition, and into a new civil state. Quiroga, like Roman jurists, with whom he was clearly familiar, accepted that custom had, in effect, the force of law. He also recognised that the abolition of the old order, the first, and most crucial step in the civilising process, was required not only by the collapse of the pre-conquest political community, but also the restructuring of the Indians' social space, the creation of

---

[16] *Información*, 257.
[17] *Información*, 160–161.
[18] See: Pagden, *Dispossessing the Barbarian*.
[19] *Información*, 248–249.
[20] *Información*, 146.

towns, "donde se les puedan dar hordenanzas buenas que sepan y entiendan y en que vivan, y se puede thener cuenta y razon con ellos"[21]. And this, he knew, could only be achieved by conquest.

His objection to slavery is similarly based not only on the claim that the crown had no obvious right to enslave, precisely because its "dominium" was restricted to "dominium jurisdictionis", but that slavery constituted the relationship least likely to lead the Indians to true civility. And it is at this point in the argument that he introduces his famous quotation from Lucian. Once their "barbarous" leaders had been removed, and with them, much of their barbarous customs, the Indians will, he claims, be revealed to be like the men of the Golden Age[22]. For the Indians, like Lucian's primitives, generate no surplus and have no obvious property. No matter how "disordered" their political arrangements, these had had no power to make a lasting impression. They remained still "natural men" and, "tan buen metal de gente ... y tan blanda la cera y tan rasa la tabla, y tan buena la vasija en que nada hasta agora se ha impresso"[23]. What they now need is a political system which will civilise them, but "de manera que no pierdan esta su buena simplicidad, ni se les convierta en malicia nuestra"[24]. Quiroga's whole enterprise was directed towards the creation of the kind of optimal state which had failed to materialise in Europe; and to achieve this end he sought to preserve whatever was valuable of the Indians' former way of life. Civil communities, however, could not simply be imposed from above. They had to be created out of "natural foundations". The first thing to ensure was that whatever laws the Spaniards now introduced should be, as far as possible, in conformity with the Indians own customs. The crown had to "proveer y ordenar las cosas de nueva manera, conforme a la calidad y condición del y a la manera e condición e complexiones e indicaciones y usos y costumbres buenas de sus naturales, donde no debia ser tenido por reprehensible si, segund la diversidad y variedad de las tierras y gente, se variasen y diversificasen tambien los estatutos y ordenanzas humanas"[25].

The answer to the now-inescapable question, "what type of polity could achieve this end", is clearly the one which More had provided: it would be the "optimus status reipublicae", the Christian republic as set out in Hythlodaeus's account of "Utopia".

---

[21] *Información*, 135.
[22] *Información*, 208–210.
[23] *Información*, 248.
[24] *Información*, 267.
[25] *Información*, 147–148.

It is, of course, a matter of some dispute as to just what More understood the ideal commonwealth to be. One thing, however, is clear, and was quite obviously clear to Quiroga: Utopia is a society in which every citizen participates in the active political life, the life of "negotium". The opposite to this, the life which is most fiercely attacked by Hythlodaeus, and weakly defended by More in the first part of the dialogue is the life of inner contemplation, that is "otium". By the time More was writing, the term "otium", the Platonic ideal of infinite escape from the things of this world, had already become a pejorative term. Erasmus, for example uses the term in this sense of "iners otium" ("mere sluggishness")[26]. For many humanists – and this had been the case since the days of Bruni and Salutati – the active life, and for the citizen, the active political life, was the highest of human ends. Utopia is also, of course, a just society, but it is far from being an easy or liberal one. All deviations from the norm are very severely punished. And because it is just and composed of citizens who place the public interests before their own private ones, it is an ordered society, the supreme example of the Ciceronian well-ordered republic, the "bene ordinata respublica". Quiroga's references to "Utopia" are tantalisingly brief, and it is impossible to say just how he read it. But his constant insistence on the need to "order" the Indians and to raise them from "este ocio danoso en que estan criados y acostumbrados"[27] makes it clear, I think, that it was these aspects which appealed to him. The Indians would have to become hard working citizens and to order their lives so that their desires were fully commensurate with the good of the community as a whole (as, indeed, they were compelled to do in the "Village Hospitals" with some severity). And, of course, as Hythlodaeus, who is described at the very beginning of the book as proposing to return to "Utopia" as its first bishop, makes clear, such a society could very easily be mapped onto what Quiroga called "la republica cristiana e Iglesia nueva" of the New World[28].

But it is also clear that Quiroga had read "Utopia" – and there is evidence that many contemporaries saw it in this light – as an account not of an imaginary and possible world, but as a description the early condition of man in Lucian's "Golden Age". The status of Utopia and its possible relationship with this world is, of course, left deliberately ambiguous by More himself. "I readily admit", he famously concludes "that there are very many features in the Utopian commonwealth which it is

---

[26] For this account of "Utopia" see Skinner, *Sir Thomas More's Utopia*.
[27] *Información*, 275.
[28] *Información*, 276.

easier for me to wish for in our countries than to have any hope of seeing realised"[29]. Are we then to take it as a real alternative to our own world – something which the More of the first part of the dialogue seems to reject – or merely as a strategy, like Rousseau's "state of nature" which although it will certainly never exist, and may never have existed, remains a possibility, and may thus serve to arouse the reader's moral imagination? Quiroga seems to have accepted "Utopia" as if it were a political programme; but he is equally certain that not only would it be unrealisable among communities of civil men – those who were compelled to live in our age "de hierro y acero y peor"[30] – it would not even be desirable. "Pues es muy cierto y notorio", he wrote, "que nosotros que somos de tan diferente manera y condición de la suya [the Indians?], no nos contentamos ni avemos de contentar con aquello poco que ellos pueden"[31]. This claim effectively eliminates all ambiguities. For Quiroga "Utopia" was the image of one particular mode of civil society which could easily and profitably be created among groups of innocent and simple beings living just this side of the state of nature. It was certainly a "humanistic" vision, but, for those who were expected to live it out hardly a very comforting, nor a very humanitarian one.

---

[29] *Utopia*, ed. Edward Surtz. New Haven/London 1967, 152.
[30] *Información*, 262-263.
[31] *Información*, 273.

Aristotelischer Humanismus und Inhumanität? Sepúlveda und die amerikanischen Ureinwohner

von Horst Pietschmann

Wohl kein Problem der Geschichte der europäischen Expansion nach Übersee während der frühen Neuzeit hat bis in unsere Tage Geschichtsschreiber, Literaten, Philosophen, Theologen und Juristen dermaßen beschäftigt, wie die in Spanien während des 16. Jahrhunderts ausgefochtene Kontroverse über den Charakter und die angemessene Behandlung der amerikanischen Ureinwohner. Die Kontroverse diente national denkenden Historikern in Spanien zur Glorifizierung der spanischen Kolonisation, reformatorisch gesonnenen Autoren als Nachweis für den grausamen und unmenschlichen Charakter der Vormacht der Gegenreformation, Theologen zum Beweis des humanitären Grundzuges christlicher Mission in Übersee, Juristen leiteten aus ihr die Anfänge des modernen Völkerrechts ab und Philosophen bedienten sich dieser Debatte in verschiedenster Form, bald um die Überlegenheit der europäischen Kultur, bald um ihre Verderbtheit im Vergleich mit der des „bon sauvage" zu belegen[1]. Die Bedeutung dieser Debatte hält bis in unsere Tage an und spielt

---

[1] Eine wirklich umfassende Geschichte des Nachwirkens dieser Debatte um die Natur, den Charakter und die angemessene Behandlung der amerikanischen Ureinwohner liegt bislang nicht vor. In allgemeinerem Kontext wird ihre Nachwirkung nachgezeichnet in Benjamin Keen, *The Aztec Image in Western Thought*. New Brunswick 1971; bei Antonello Gerbi, *La disputa del Nuevo Mundo. Historia de una polémica 1750–1900*. 2. erw. und verbesserte Auflage, México 1982 (die erste italienische Auflage erschien 1955); faßbar ist die Bedeutung der Debatte auch in der Nachwirkung von Las Casas' Schriften und deren vielfältigen späteren Nachdrucken, vgl. dazu V. Afanasiev, *The Literary Heritage of Bartolomé de Las Casas*, in: Juan Friede/Benjamin Keen (Eds.), *Bartolomé de Las Casas in History. Toward an Unterstanding of the Man and His Work*. DeKalb 1971, 539–578, und Raymond Marcus, *Las Casas in Literature,* in: ebd. 581–600. – Zur Nachwirkung in der deutschen Literatur des 20. Jahrhunderts denke man beispielsweise nur an Reinhold Schneiders „Las Casas vor Karl V." und Hans Magnus Enzensbergers „Bartolomé de Las Casas kurzgefaßter Bericht von der Verwüstung der Westindischen Länder"!

selbst in der globalen Auseinandersetzung des Nord-Süd-Konflikts gelegentlich eine Rolle, wie man beispielsweise Reden Fidel Castros entnehmen kann[2]. Die Hauptprotagonisten jener Debatte im Spanien des 16. Jahrhunderts, der Dominikanermönch Bartolomé de las Casas, als engagierter Verteidiger der Indianer, und sein Gegenspieler, der humanistisch gebildete Theologe, Philosoph, Jurist und Chronist Juan Ginés de Sepúlveda, als Verteidiger des spanischen Vorgehens in Amerika, beide interessanterweise Andalusier, werden auch heute noch als Kronzeuge von Befreiungsbewegungen und Menschenrechtsorganisationen bemüht bzw. als Propagandist von Kolonialismus, Imperialismus und Völkermord verteufelt. Gerade Sepúlveda wurde so zu einer historischen Unperson, zu einer Art Buhmann der Menschheitsgeschichte, der mit Adolf Hitler in Verbindung gebracht wurde, etwa wenn bereits 1945 ein guatemaltekischer Wissenschaftler zu der uns hier beschäftigenden Thematik einen Aufsatz mit dem Titel „Von Aristoteles zu Hitler" schrieb oder eine in Barcelona erscheinende Fachzeitschrift zur lateinamerikanischen Geschichte unter Bezugnahme auf das 1992 bevorstehende 500jährige Jubiläum von Kolumbus' Landung in Amerika ein Herausgebervorwort unter der Überschrift „Viele Mauthausen" publizierte und die spanische Eroberung so mit dem Holocaust an den Juden in Beziehung setzte[3]. Diese Beispiele mögen genügen, um zu verdeutlichen, daß die Beschäftigung mit dem Thema „Humanismus und Neue Welt" einen brisanten Aktualitätsbezug gerade im Vorfeld der von den Staaten des amerikanischen Kontinents mit höchst gegensätzlichen Vorzeichen betriebenen Vorbereitungen für das Jubiläumsjahr 1992 hat.

Vor dem oben skizzierten Hintergrund muß es freilich überraschen, daß angesichts der Bedeutung der Thematik bislang nur recht wenig ernsthafte Forschungsarbeit zu diesem Komplex betrieben wurde. Es gibt keine halbwegs befriedigenden Editionen der entscheidenden Quellen zu dieser Kontroverse, ja, ein großer Teil ist bislang überhaupt nicht ediert. Selbst die Werke der beiden genannten Hauptprotagonisten der Debatte sind nicht zusammenhängend in textkritischen und kommentierten Ausgaben publiziert, so daß man auf eine Flut von z. T. schwer zugänglichen Veröffentlichungen zurückgreifen muß, um sich unabhängig von den Veröffentlichungen der Spezialforschung ein Bild von den

---

[2] Vgl. z. B. das Interview Fidel Castros mit der spanischen Zeitung „El Pais" v. 21. Juli 1985.
[3] Vgl. Rafael Arévalo Martínez, *De Aristóteles a Hitler*, Boletín de la Biblioteca Nacional (Guatemala), tercera época, no. I (1945), 3 f.; *Muchos Mauthausen*, Boletín Americanista (Barcelona), año XXV, núm. 33 (1983), 1.

Argumenten der Gegner in der Debatte verschaffen zu können. Während die Fülle der Schriften von Las Casas in ihrem größeren Teil noch vergleichsweise leicht zugänglich ist[4], liegen von Sepúlveda nur seine beiden Hauptschriften zu der Kontroverse in keineswegs befriedigenden neueren Ausgaben vor, während sein umfangreiches humanistisch-philosophisch-theologisch-juristisches Werk überhaupt nicht ediert und seine von ihm selbst veröffentlichte Briefsammlung nur auszugsweise in einer modernen Ausgabe vorliegt, sieht man einmal von der unvollständigen Edition seiner Werke durch die spanische Akademie der Geschichte aus dem Jahre 1780 ab, die heute freilich außerhalb Spaniens kaum zu finden ist[5]. Ungeachtet der Bemühungen des spanischen Historikers und Philologen Angel Losada um die Sepúlveda-Forschung fehlt bislang auch eine Biographie des Humanisten, sieht man von dem völlig unbefriedigenden Buch des Engländers Bell aus den 20er Jahren unseres Jahrhunderts und dem 1944 erschienenen Werk von Juan Beneyto mit dem Titel „Juan Ginés de Sepúlveda, Humanist und Soldat" in spanischer Sprache ab[6]. Jedem in der historisch-philologisch-textkritischen Tradition der Humanismusforschung stehenden Wissenschaftler müßten die Haare zu Berge stehen, sobald er sich mit den Editionen von Sepúlvedas Schriften und der Literatur über das Leben und Werk dieses zweifellos bedeutenden spanischen Humanisten konfrontiert sieht[7].

Es kann daher auch nicht überraschen, daß sich in der Literatur über diese Persönlichkeit sehr bald Klischeevorstellungen und Simplifizierun-

---

[4] Vgl. Raymond Marcus, *Las Casas: A Selective Bibliography*, in: Friede/Keen (wie Anm. 1), 603–616. – Seither sind eine ganze Reihe von Las Casas' Schriften erneut oder erstmals herausgegeben worden, wirklich kritische Editionen sind darunter freilich nicht.

[5] Juan Ginés de Sepúlveda, *Opera*. 4 Bde. Madrid 1780. – Weiter liegen von Sepúlvedas Werken vor: *Democrates Alter*, ed. Angel Losada. Madrid 1951; *Epistolario de Juan Ginés de Sepúlveda*, ed. Angel Losada. Madrid 1966; *Tratados políticos de Juan Ginés de Sepúlveda*, editados y traducidos por Angel Losada. Madrid 1963; Juan Ginés de Sepúlveda-Fray Bartolomé de Las Casas, *Apologia*. Traducción castellana de los textos originales latinos, introducción, notas e índices por Angel Losada. Madrid 1975; Juan Ginés de Sepúlveda, *Proposiciones temerarias, escandalosas y heréticas que notó el doctor Sepúlveda en el libro de la conquista de Indias*, in: Colección de documentos inéditos para la historia de España, Bd. 71. Madrid 1879, 335 ff.; Juan Ginés de Sepúlveda, *De Rebus Hispanorum gestis ad novum orbem mexicumque*, in: Seminario Americanista, Universidad de Valladolid (Ed.), *Juan Ginés de Sepúlveda y su crónica indiana, en el IV Centenario de su muerte 1573–1973*, 187.

[6] A. F. G. Bell, *Juan Ginés de Sepúlveda*. Oxford 1925; Juan Beneyto Pérez, *Ginés de Sepúlveda, humanista y soldado*. Madrid 1944.

[7] Angel Losada, *Juan Ginés de Sepúlveda a través de su „Epistolario y nuevos documentos"*. Madrid 1949, Kapitel IX, X und XII, gibt eine Übersicht über die Werke Sepúlvedas, deren Manuskripte und zeitgenössische Editionen.

gen durchsetzten, die, reduziert auf ihren Kern, behaupten, daß Sepúlveda, gestützt auf die Lehre des Aristoteles von der Minderwertigkeit von Barbaren und dem daraus abzuleitenden Status von naturbedingten Sklaven bzw. Untertanen der Zivilisierten, das Vorgehen der Spanier gegen die Indianer mit Waffengewalt gerechtfertigt habe. Mit seinem Buch „Aristotle and the American Indians"[8] lieferte der nordamerikanische Historiker Lewis Hanke 1959 gewissermaßen die gängig gewordene Formel für diese Beurteilung, wenn auch, wie angesichts der Verdienste von Hanke um die Erforschung dieser Thematik gesagt werden muß, dies wohl eher ungewollt geschah. Nicht genug mit diesen Simplifizierungen, hat sich selbst die seriöse Las Casas-Forschung der Nachkriegszeit auch noch eifrig bemüht, die Person Sepúlvedas zu diskriminieren, indem sie in der Nachfolge von Las Casas, der selbst wenig zimperlich mit seinen Gegnern umging, den Humanisten als von den Eroberern Amerikas gekauften und mit dem den Indianern abgepreßten Edelmetall bezahlten Mietling verunglimpfte, wie dies etwa der spanische Historiker Giménez Fernández in seinen bedeutenden Arbeiten über Las Casas tat[9].

---

[8] Lewis Hanke, *Aristotle and the American Indians. A Study in Race Prejudice in the Modern World*. Bloomington–London 1959; die wichtigsten anderen Werke Hankes zu dieser Problematik sind: *Las teorías políticas de Bartolomé de Las Casas*. Buenos Aires 1935; *The First Social Experiments in America: A Study in the Development of Spanish Indian Policy in the Sixteenth Century*. Cambridge, Mass. 1935; *La lucha por la justicia en la conquista de América*. Buenos Aires 1949 (engl. Ausgabe: *The Spanish Struggle for Justice in the Conquest of America*. Boston 1965); *Estudios sobre Fray Bartolomé de Las Casas y sobre la lucha por la justicia en la conquista española de América*. Caracas 1968; *All Mankind is One. A Study of the Disputation Between Bartolomé de Las Casas and Juan Ginés de Sepúlveda in 1550 on the Intellectual and Religious Capacity of the American Indians*. DeKalb 1974.

[9] Angel Losada, *Juan Ginés de Sepúlveda a través de su „Epistolario"*, 105, nennt den historischen Zusammenhang, den er einer Dokumentenedition von Lewis Hanke entnimmt. In polemischer Überspitzung übernimmt ihn Manuel Jimenez (sic. – gängige Schreibweise Giménez) Fernández, *Estudio preliminar*, in: Fr. Bartolomé de Las Casas. *Tratado de Indias y el Doctor Sepúlveda*. Biblioteca de la Academia Nacional de la Historia, Bd. 56. Caracas 1962, XXXII. – Der Sachverhalt ist folgender: Nach der Kontroverse hatte der Stadtrat von México beschlossen, Sepúlveda als Dank für seine Verteidigung der Rechte der Kolonisten ein Geschenk zukommen zu lassen – soweit das von Hanke zitierte Dokument –, wobei freilich nicht bekannt ist, welcher Art das Geschenk war („joyas y aforros hasta el valor de 200 pesos de oro de minas") und ob Sepúlveda es überhaupt erhielt. Fest steht, daß es sich um eine nachträgliche Gabe gehandelt hat. Außerdem waren derlei „Geschenke" an Höflinge und Beamte in jener Zeit eine fest etablierte Praxis. Sepúlveda selbst schreibt dazu in einem Brief an den Doktor der Theologie Pedro Serrano: „Como reacción, mis enemigos, de palabra y por escrito … llegaron a propalar que yo había escrito mi obra en defensa de unos cuantos soldados depravados que, después de apoderarse de los bienes de los bárbaros más ricos, llevados de su vicioso instinto de avaricia los redujeron a la más dura esclavitud. Este fue el

Bevor wir uns jedoch dem Thema im engeren Sinne zuwenden, sollen einige historische Tatsachen in Erinnerung gerufen werden, die den Hintergrund der ganzen Problematik deutlich machen können. Mit der Wiederentdeckung der Kanarischen Inseln im 14. Jahrhundert waren Christen im Zuge der sich zögerlich entfaltenden Expansion im Atlantik erstmals auf heidnische Nichteuropäer im engeren Sinne gestoßen. Bis dahin hatte das christliche Europa des Spätmittelalters, sieht man einmal von der Ostkolonisation ab, die freilich keine Rechtstiteldiskussion nach sich zog[9a], nur Kontakt mit Juden und Moslems als einzigen Nichtchristen gehabt, die jedoch aus theologischer Sicht als renitente Ungläubige eingestuft wurden, die ungeachtet der Verkündigung des Christentums in ihrem Unglauben beharrten. Aus diesem Grunde galten aus christlicher Vorstellung heraus Kriege gegen Ungläubige und die Versklavung von Nichtchristen als legitim, sofern nicht rechtliche Garantien christlicher Herrscher gegenüber solchen Bevölkerungsgruppen diesen Schutz boten. Auf der Iberischen Halbinsel diente zur Legitimierung von Krieg gegen die Mauren zusätzlich die Vorstellung, daß es sich um die Rückeroberung altchristlichen Gebietes handele. Ferner ging bis zum Beginn der Neuzeit vom Kreuzzugsgedanken eine Legitimierung von Krieg gegen Ungläubige aus. Daneben kursierten im christlichen Europa des Spätmittelalters, stark vereinfacht gesagt, zwei verschiedene Lehrmeinungen über die Rechtmäßigkeit von politischen und sozialen Ordnungen unter Nichtchristen: einmal die Position des Thomas von Aquin, die das Naturrecht in gewisser Weise über die christliche Ordnung stellte und von da aus die Auffassung vertreten konnte, daß es auch unter Nichtchri-

---

juicio que dieron de mi obra, en la que, de manera clara y terminante, dejaba yo bien sentado mi anatema contra tales soldados, de quienes yo decía que ‚de ellos se debería tomar venganza como de ladrones y explotadores de hombres'. Al comienzo de nuestra polémica, para no desaprovechar ningún recurso que la calumnia les brindaba, pusieron en movimiento a toda la corte y consejeros reales, hablaron con éstos, uno por uno, y propalaron la especie de que el propósito que me guiaba, no era ni la sincera convicción personal de la doctrina defendida, ni el cumplimiento del deber que la piedad me imponía, como yo públicamente decía ... sino que – según decían – yo me había vendido a los capitostes de ese público latrocinio y que, en premio a mis servicios, había recibido unos cinco o seis mil ducados de oro .." *(Epistolario* de .. Sepúlveda [wie Anm. 5], 241).

[9a] Man muß diesbezüglich freilich berücksichtigen, daß die Ostexpansion seit dem Zeitalter der Ottonen nicht auf völlig neuartige, unbekannte Völker traf, sondern es sich um bekannte, nichtchristliche slawische Völkerschaften handelte, so daß hier Außen- und Machtpolitik, Grenzprobleme, missionarisch-zivilisatorischer Sendungsgedanke etc. unauflöslich miteinander verknüpft waren. Im weitesten Sinne war dies „europäische Innenpolitik" und nicht der Vorstoß in unbekannte Weltgegenden, so daß trotz zahlreicher Parallelen beide Phänomene nicht problemlos zu vergleichen sind.

sten eine auf dem Naturrecht basierende Ordnung geben könne, die von Christen zu respektieren sei; demgegenüber setzten Aegidius Romanus und Heinrich von Susa Naturrecht und christliches Recht gleich und negierten von da aus die Möglichkeit von naturrechtlich begründeten Ordnungen unter Nichtchristen, die von Christen anzuerkennen seien[10].
Die letztgenannte Auffassung dominierte lange Zeit und diente den am Expansionsprozeß beteiligten Kräften zur Legitimierung von Krieg, Beutezügen und Versklavung von Nichtchristen.

Die Auffindung der heidnischen Kanaren änderte an dieser Auffassung zunächst nichts, zumal erst zu Beginn des 15. Jahrhunderts erste Versuche zu ihrer Unterwerfung und Christianisierung unternommen wurden. Erste Missionserfolge veranlaßten freilich bereits 1434 Papst Eugen IV. in der Bulle „Regimini gregis" die Bekämpfung und Versklavung der kanarischen Guanchen zu verbieten, die christliche Mission tolerierten und so als kurz vor der Annahme des Christentums stehend angesehen wurden. Nachdem seit Beginn der 40er Jahre des 15. Jahrhunderts die portugiesische Expansion auf schwarzafrikanische Heidenvölker gestoßen war und in deren Gefolge christliche Missionare an der afrikanischen Küste tätig wurden, dehnte Papst Sixtus IV. mit der Bulle „Pastoris Aeterni" 1472 diese Bestimmungen auch auf die von der Mission erfaßten Schwarzafrikaner aus. Weitergehende Debatten um die Behandlung der neu angetroffenen Heidenbevölkerung entspannen sich zunächst nicht, was wahrscheinlich darauf zurückzuführen ist, daß die Portugiesen an der afrikanischen Küste lediglich eine Handelskolonisation betrieben und keine effektive Besitznahme und Kolonisation der angetroffenen schwarzafrikanischen Völker anstrebten. Man beschränkte sich darauf, Handelsstützpunkte anzulegen, mit den benachbarten Stämmen gute Beziehungen herzustellen und von ihnen die begehrten Waren, einschließlich der Negersklaven, einzutauschen. Da die portugiesische Krone auch keine Anstrengungen unternahm, mit staatlicher Hilfe die Verbreitung des Christentums zu fördern, blieb die Mission für längere Zeit auf vereinzelte Versuche einzelner Orden und Kleriker begrenzt, so daß sich keine rechtlichen Probleme im Umgang mit den Afrikanern ergeben zu haben scheinen.

Anders stellte sich die Situation in Spanien, genauer in Kastilien dar, das erst nach erfolgter Rückeroberung des maurischen Granada seine maritimen Expansionsbestrebungen intensivierte. Auch hier verfolgte

---

[10] Vgl. dazu und dem Folgenden das Resümee dieser spätmittelalterlichen Entwicklungen am Rande der Ökumene bei Antonio Rumeu de Armas, *La política indigenista de Isabel la Católica.* Vallladolid 1969.

man zunächst die Politik einer Handelskolonisation in den von Kolumbus in Besitz genommenen Gebieten der Karibik. Als sich jedoch schon nach der zweiten Reise des Kolumbus herausstellte, daß diese Politik ungeeignet war, um die enormen Kosten zu decken, leitete die Krone eine Politik der Siedlungskolonisation und effektiven Besitznahme der aufgefundenen Gebiete ein, nach dem Vorbild der Kanarischen Inseln, wo die Krone seit dem Ausgang der 70er Jahre ebenfalls unter Mobilisierung der Privatinitiative die Unterwerfung und Besiedlung in Angriff genommen hatte[11]. Bereits auf den Kanaren hatte die Krone strikt verboten, die sich friedlich unterwerfenden Eingeborenen zu versklaven und mehrfach den Rücktransport von Guanchen verfügt, die in Spanien als Sklaven verkauft worden waren und glaubhaft machen konnten, daß ihre Versklavung widerrechtlich erfolgt war. Das spanische Konzept der Siedlungskolonisation sah von Anfang an vor, die angetroffenen Eingeborenen, ob auf den Kanaren oder in Amerika, in eine spanisch-christlich geprägte Ordnung nach dem Vorbild des Mutterlandes zu integrieren, wobei der Mission die zentrale Rolle der Bekehrung und der Europäisierung der Ureinwohner zufallen sollte.

Nachdem die von den Königen betriebene Kirchen- und Klosterreform im Mutterland den Kräften der religiösen Erneuerung im spanischen Klerus zur Vorherrschaft in der kirchlichen Organisation verholfen hatte, bestand in Spanien ein großes missionarisch gesonnenes Potential vor allem in den Bettelorden, das sehr bald in die neu erworbenen Gebiete drängte. Die Meinungen über die geeignete Form der Bekehrung gingen freilich unter diesem reformierten Klerus von Anfang an weit auseinander, wie sich schon in den Jahren 1504/5 im ehemals maurischen Granada zeigte, als der neu ernannte Bischof Granadas mit seiner Politik einer friedlichen, schrittweise erfolgenden Bekehrung der Mauren am Eifer des geistlichen Vorkämpfers der Kirchenreform, des Kardinal Jiménez de Cisneros, scheiterte[12]. Im Gegensatz zum Klerus verfügte

---

[11] Zu den Kanarischen Inseln vgl. Eduardo Aznar Vallejo, *La integración de las Islas Canarias en la Corona de Castilla 1478-1526*. Madrid 1983; Felipe Fernández-Armesto, *The Canary Islands after the Conquest. The Making of a Colonial Society in Early Sixteenth Century*. Oxford 1982; zu Amerika vgl. Juan Pérez de Tudela, *Las armadas de Indias y los orígenes de la política de colonización (1492-1502)*. Madrid 1956.

[12] Eine brauchbare Untersuchung der Missions- und Kirchenpolitik in Granada unmittelbar nach der Eroberung liegt nicht vor, so daß man bezüglich der unterschiedlichen Missionskonzepte, die der erste Erzbischof Fray Hernando de Talavera und Kardinal Jiménez de Cisneros verfolgten, auf allgemeine Darstellungen zur Geschichte und Kirchengeschichte Granadas im Zeitalter der Katholischen Könige angewiesen ist, die diesen Konflikt durchweg kurz abhandeln. Einen ersten Ansatz zur doch so naheliegen-

das dünn besiedelte Spanien jedoch über keine unter den Bedingungen eigener körperlicher Arbeit auswanderungswilligen Bewohner, die die neu erworbenen Gebiete besiedeln konnten und wollten. Nur die Hoffnung auf die Verbesserung des sozialen Status durch den Erwerb von Reichtum vermochte Teile der Bevölkerung dazu zu bewegen, sich an den überseeischen Unternehmungen zu beteiligen, und nur die Aussicht auf die Nutzung eingeborener Arbeitskraft konnte diese wiederum dazu veranlassen, in den neu erworbenen Gebieten seßhaft zu werden, um so den notwendigen zivilen Pfeiler der Siedlungskolonisation zu bilden. Die Krone sah sich daher von Beginn der Landnahme an gezwungen, nicht nur den Anführern solcher Unternehmungen weitreichende administrative und politische Privilegien zu verleihen, sondern auch die Nutzung der indianischen Arbeitskraft zu gestatten, um so nicht nur die Landnahme voranzutreiben, sondern auch um die Besiedlung und dauerhafte Eingliederung dieser Gebiete in den spanischen Staatsverband zu gewährleisten[13].

Nachdem die anfangs praktizierte Versklavung vieler Indianer von der Krone immer weiter gesetzlich eingeschränkt worden war, entwickelte sich das System der Encomienda zu dem Instrument, das Beherrschung, Bekehrung und Zwangsverpflichtung der Indianer zur Arbeit sicherstellen sollte. In ihrer rechtlichen Form war die Encomienda die Zuweisung von Gruppen der Eingeborenenbevölkerung an einzelne Kolonisten. Diese sollten für die Christianisierung der Indianer Priester finanzieren und als Gegenleistung von den Indianern Tribute in Form von Naturalien und Arbeitsleistungen verlangen dürfen, Tribute, die der spanische König als Rechtsnachfolger der eingeborenen Herrscher für sich beanspruchte und für die Dauer von ein bis zwei Leben an die begünstigten Kolonisten abtrat. Dagegen sollten diese keinerlei Jurisdiktion über die ihnen übertragenen Indianer haben. In der Praxis wurde diese Institution freilich zum Instrument rücksichtsloser Ausbeutung der Unterworfenen

---

den Verknüpfung der Entwicklung in Granada mit derjenigen in Amerika unternimmt Antonio Garrido Aranda, *Organización de la iglesia en el reino de Granada y su proyección en Indias*. Sevilla 1980, insbesondere 91 ff. interessieren für den vorliegenden Zusammenhang. In Spanien existierte auch in der Kirche eine weiter zurückreichende theologische Schule, die für eine Toleranz gegenüber anderen Religionen eintrat; inwieweit diese in die Auseinandersetzungen um die Behandlung der amerikanischen Ureinwohner hineinwirkt, ist freilich bislang nicht recht zu übersehen, vgl. dazu Nicolás López Martínez, *Teología española de la convivencia a mediados del siglo XV*, in: *Repertorio de Historia de las Ciencias Eclesiásticas en España*, Bd. 1 (siglos III–XVI). Salamanca 1967, 465 ff.

[13] Vgl. dazu Horst Pietschmann, *Staat und staatliche Entwicklung am Beginn der spanischen Kolonisation Amerikas*. Münster 1980, Spanische Forschungen der Görres-Gesellschaft, 2. Reihe, Bd. 19, passim.

und war die Grundlage für ein Feudalsystem, das dem aufkommenden monarchischen Absolutismus in Spanien ganz und gar nicht als Modell für die Organisation der Überseegebiete geeignet erschien. Angesichts dieser Ausgangslage mußte es zwangsweise schon bald zu Zielkonflikten zwischen Krone, Missionsklerus und Kolonisten kommen. Bereits 1511 attackierte der Dominikanerpater Montesinos in seiner Weihnachtspredigt die Kolonisten auf La Española, warf ihnen ihre rücksichtslose Ausbeutung der Eingeborenen vor und stellte die Rechtsgrundlage für ihr Verhalten in Frage. Damit war die Diskussion über die spanischen Rechtstitel in Amerika eröffnet und sollte rasch weite Kreise ziehen. Bis zur Regierungszeit Philipps II. stand die spanische Krone nunmehr unter einem ständigen Legitimationsdruck, der insbesondere von Vertretern des Dominikanerordens durch persönliche Interventionen bei Hof und von den Kathedern der Universität Salamanca aufrechterhalten und verstärkt wurde. Die geistigen Leistungen der spanischen Spätscholastik sind maßgeblich durch diese Diskussion und generell durch das Phänomen einer Neuen Welt hervorgerufen worden. Die Krone reagierte seit 1512 auf diesen Gewissensdruck auf den Herrscher stets gleich: sie berief Zusammenkünfte von Theologen und Juristen ein, die die aufgetauchten Zweifel ausräumen oder Maßnahmen vorschlagen sollten, um Mißständen abzuhelfen[14].

Zur Rechtfertigung berief sich die Krone seit 1512 zunächst auf die Papstbullen Alexanders VI. aus dem Jahre 1493, die unter Hinweis auf die Missionsabsicht der kastilischen Krone die entdeckten Gebiete übertragen hatten, und unternahm zugleich mit dem viel diskutierten „Requerimiento", einer Aufforderung an die Indianer, den christlichen Glauben anzunehmen und sich der kastilischen Krone zu unterwerfen, die vor jeder Kampfhandlung den Eingeborenen mit Dolmetscher zur Kenntnis gebracht werden sollte, den Versuch einer Formalisierung der Kriegführung nach europäischen Rechtsbräuchen. Gleichzeitig und in der Folgezeit wurden immer weitergehende Schutzbestimmungen für die Indianer erlassen. Als durch die theologisch-philosophischen Aktivitäten der „Schule von Salamanca" die päpstliche Autorität zur Vergabe jener Gebiete bestritten wurde und die Debatte grundsätzlicheren Charakter annahm – man denke diesbezüglich nur an Vitoria und seine „Relectiones de Indis" –, erließ Karl V. schließlich 1541/42 die berühmten „Neuen

---

[14] Dazu Lewis Hanke, *La lucha por la justicia* (wie Anm. 8); Juan Friede, *Las Casas and Indigenism in the Sixteenth Century*, in: ders/Keen (Eds.) *Bartolomé de Las Casas* (wie Anm. 1), 127–234; Demetrio Ramos et al., *Francisco de Vitoria y la Escuela de Salamanca: La Etica en la Conquista de América*. Madrid 1984 (Corpus Hispanorum de Pace, Bd. 25).

Gesetze", die zwar die persönliche Freiheit der Indianer deklarierten und die Verfügungsgewalt der Eroberer und Kolonisten über die Eingeborenen drastisch einschränkten, aber prompt den massiven Widerstand der Kolonisten und einen Aufstand in Peru hervorriefen. Erst in dieser Phase griff Sepúlveda in die Debatte ein, und es entspann sich die literarische Auseinandersetzung mit Las Casas, die in der persönlichen Disputation beider vor einer von Karl V. eingesetzten Junta aus Theologen und Juristen ihren Höhepunkt fand und anschließend mit weiteren Veröffentlichungen fortgesetzt wurde, eine Auseinandersetzung, die von beiden Seiten, speziell aber von Las Casas und seinen Parteigängern, auch mit persönlichen Verunglimpfungen und Intrigen geführt wurde.

Um nicht in den Fehler eines Großteils der mit der Kontroverse befaßten Historiker zu verfallen, die Sepúlvedas Position ausschließlich aus seinen diesbezüglichen Schriften herleiten, ist vor der Erörterung von Sepúlvedas Doktrin ein Blick auf seinen Werdegang und sein früheres literarisches Werk zu werfen. Sepúlveda wurde zwischen Ende 1489 und Anfang 1490 in einem kleinen Landstädtchen in der Nähe von Córdoba geboren. Er stammte aus sehr bescheidenen, nichtadeligen Verhältnissen, erhielt jedoch in Córdoba eine höhere Schulbildung und studierte etwa seit 1510 an der neu gegründeten Universität von Alcalá de Henares Philosophie in einem Kolleg für arme Studenten[15]. Nach einem kürzeren Theologiestudium in Sigüenza erhielt er ein Stipendium zum Studium im spanischen Kolleg von San Clemente in Bologna, wo er Theologie und Artes hörte und zum Schülerkreis des italienischen Humanisten Pomponazzi gehörte, bevor er zu Beginn der 20er Jahre den Doktorgrad in beiden Fachgebieten erwarb. Der hervorragende Graecist Sepúlveda erhielt um diese Zeit von Giulio Medici, dem späteren Papst Clemens VII., den Auftrag zur Übersetzung der Werke des Aristoteles ins Lateinische. Daneben zählten Alberto Pio, der Fürst von Carpi, Ercole Gonzaga und Hadrian VI. zu seinen italienischen Gönnern. Nachdem er 1523 das Kolleg in Bologna verlassen hatte, lebte er in Carpi und Rom, wo er hauptsächlich mit der Übersetzung und Kommentierung von Aristoteles befaßt war. Neben einer Geschichte des Kardinals Albornoz, des Gründers des spanischen Kollegs in Bologna, publizierte Sepúlveda in jenen Jahren die Übersetzung von „De mundo" und „De ortu et interitu" des Aristoteles, dessen „Meteorologia" und die Übersetzung des Kommentars von Alexander von Aphrodisias zur Metaphysik des Stagyriten sowie

---

[15] Zur Biographie Sepúlvedas Angel Losada, *Juan Ginés de Sepúlveda as través de su epistolario* (wie Anm. 7), Kap. 1 ff., der gegenüber den älteren Darstellungen von Bell und Beneyto (wie Anm. 6) neues Quellenmaterial erschließt.

als weiteres eigenes Werk den „Gonsalus o Dialogus de appetenda gloria". Bereits um 1526 stand Sepúlveda als offizieller Übersetzer des Aristoteles in Diensten der Kurie, erlebte 1527 den „Sacco di Roma" durch die Truppen Karls V. mit und sah sich wenig später von Thomas Vio, dem Kardinal Cajetan, zur Mitarbeit an dessen theologischen Kommentaren aufgefordert, vom General des Ordens also, mit dessen Angehörigen er später in so bittere Fehde geraten sollte.

Als Karl V. 1529 nach Italien zog, um sich von Clemens VII. zum Kaiser krönen zu lassen, ist Sepúlveda Mitglied der päpstlichen Delegation, die den Kaiser in Genua empfangen sollte. Der Kontakt des inzwischen zum Weltpriester geweihten und zum Kanonikus in Córdoba ernannten Humanisten mit dem kaiserlichen Hof riß in der Folge nicht mehr ab und nach dem Tod seines Hauptgönners Clemens VII. akzeptierte Sepúlveda 1536 die Ernennung zum Hofchronisten des Kaisers, kehrte in dieser Eigenschaft nach Spanien zurück, wo er Anfang der 40er Jahre zu einem der Erzieher des Prinzen Philipp ernannt wurde. Bis zu seinem Tode im Jahre 1573 sollte Sepúlveda fortan im Dienste der spanischen Krone stehen und neben seiner Tätigkeit als Chronist, Hauptprotagonist in der Auseinandersetzung um die amerikanischen Ureinwohner auch seine philologischen Arbeiten mit der Veröffentlichung weiterer Aristotelesübersetzungen fortsetzen.

Der Wechsel Sepúlvedas aus den Diensten der geistlichen Universalmacht in die der weltlichen Universalmacht des Abendlandes gibt sicherlich Raum für mannigfache Spekulationen, noch dazu wenn man bedenkt, daß er eine Autorität auf dem Gebiet der Aristotelesforschung seiner Zeit war. Der Forschungsstand läßt dazu freilich keinerlei gesicherte Aussagen zu. Ungewöhnlich erscheint der Schritt vor allem, wenn man bedenkt, daß zu jener Zeit am Hofe des Kaisers Humanisten in der Tradition des Erasmus tonangebend waren, während Sepúlveda ganz der italienischen Humanismustradition verhaftet war und sich sogar an einer Polemik gegen Erasmus beteiligt hatte. Andererseits führte ihn seine Ausbildung und seine enge Vertrautheit mit den beiden universalen Mächten an der Schwelle der Neuzeit zwangsweise dazu, sich mit den großen allgemeinen Problemen der Zeit auseinanderzusetzen, so etwa mit Luther, der Türkengefahr, den Problemen von Krieg und Frieden, dem Konzilsgedanken, den Fragen von Ethik und Moral und nicht zuletzt auch der Sprengung des überkommenen europäischen Weltbildes durch die Begegnung mit so zahlreichen heidnischen Völkern in Übersee und deren Sitten und Gebräuchen.

Tatsächlich läßt sich diese Beschäftigung in seinen seit den späteren 20er Jahren des 16. Jahrhunderts immer zahlreicheren eigenständigen

Werken verfolgen. So veröffentlichte er 1520 in Bologna seine Schrift „Ad Carolum V imperatorem invictissimum, ut facta cum omnibus christianis pace, bellum suscipiat in turcas"[16]; etwa um dieselbe Zeit verfaßte er seinen gegen Luther gerichteten Traktat „De fato et libero arbitrio", wenig später die „Antapologia pro Alberto Pio", mit der er in eine Polemik zwischen Erasmus und seinem Gönner, dem Fürsten von Carpi, eingriff, und 1531 veröffentlichte er seinen Traktat „De ritu nuptiarum et dispensatione", der sich gegen die Scheidungsabsichten Heinrichs VIII. von England richtete[17]. Alle Schriften wandten sich gegen Abweichungen von der überkommenen Ordung, von denen Sepúlveda, wie sich zeigte, mit Recht, weitreichende Folgen für das christliche Europa befürchtete. Bereits in seinem früher erwähnten Dialog „Gonsalus" hatte sich Sepúlveda mit dem Streben nach Ruhm und Anerkennung auseinandergesetzt und dieses gut geheißen, sofern es sich mit tugendhafter Lebensweise verbinde. Es folgten der Dialog „Theophilus sive de ratione dicendi testimonium in causis occultorum criminum", worin er eine für die Inquisition heikle Frage anschnitt, dann eine Schrift zu der seinerzeit viel diskutierten Kalenderreform, mehrere chronistische Werke zur Geschichte Karls V., Philipps II. und der spanischen Landnahme in Amerika, weitere Aristotelesübersetzungen, schließlich seine Briefsammlung und gegen Ende seines Lebens seine „Ioannis Genesii Sepulvedae de regno libri III"[18], in denen er sich – gegen Aristoteles – für die Erbmonarchie als die beste Staatsform ausspricht, nachdem bereits seiner Briefsammlung zu entnehmen war, daß diese Thematik ihn bei Diskussionen mit zeitgenössischen Staatsmännern immer wieder beschäftigt hatte. Aus seinen Briefen ist zu entnehmen, daß er sich auch mit Archäologie, linguistischen Problemen und allerlei anderen gelehrten Fragen befaßte. Er schrieb überwiegend in einem von den Zeitgenossen als brillant bezeichneten Latein, auch wenn bereits zu seinen Lebzeiten Übersetzungen ins Spanische erschienen, die aber wohl nicht von ihm selbst stammten. Seine ganz in den humanistischen Ausdrucks- und Stilformen verfaßten Schriften wurden in Italien, Frankreich, Spanien und auch Deutschland gedruckt, z.T. in mehreren Auflagen. Obwohl aus den einleitend genannten Gründen eine Würdigung seines Werkes und seiner Nachwirkung

---

[16] Diese Schrift ist in spanischer Übersetzung veröffentlicht in Angel Losada, *Tratados políticos* (wie Anm. 5), 1 ff.
[17] Von beiden Schriften liegt keine neuere Ausgabe vor.
[18] Von den genannten Werken sind nur die Briefsammlung in spanischer Übersetzung (wie Anm. 5) und „De regno libri III" in Angel Losada, *Tratados políticos* (wie Anm. 5), 29–130, in neueren Ausgaben zugänglich.

bislang auch nicht annähernd möglich ist, verdeutlichen die genannten Informationen doch, daß Sepúlveda ein universal gebildeter Gelehrter war, der sich ebenso wie Erasmus den politischen und intellektuellen Herausforderungen seiner Zeit stellte und über weitreichende Kontakte in Europa verfügte. Dessen ungeachtet lebte er seit Beginn der 40er Jahre immer zurückgezogener und verbrachte mit kaiserlicher Lizenz nur den kleineren Teil des Jahres am Hofe. Wann immer möglich, zog er sich auf ein kleines Landgut in der Nähe von Córdoba zurück, wo er sich neben seinen Studien auch aktiv dem Gartenbau, der Pflanzenzucht und anderen landwirtschaftlichen Aktivitäten widmete.

Neben den genannten Themen hatte sich Sepúlveda noch während seiner Zeit in Italien mit dem Problem der Rechtfertigung von Krieg konfrontiert gesehen. Offenbar waren es jedoch weniger die diesbezüglichen Schriften des Erasmus, die ihn schließlich veranlaßten, seine Meinung dazu zu Papier zu bringen, als vielmehr die Begegnung mit einer Gruppe von adeligen spanischen Studenten seines Bologneser Kollegs anläßlich einer späteren Reise nach Norditalien. Die Studenten vertraten pazifistische Auffassungen und negierten unter Berufung auf die christlich-neutestamentarische Moral, daß irgendeine Form von gerechtem Krieg möglich sei[19]. Sepúlveda, der den Sacco di Roma erlebt und sich anläßlich der Belagerung Wiens durch die Türken im Feldlager Karls V. befunden hatte, der den Kaiser in einer Schrift zum Krieg gegen die Türken aufgefordert und später ausführlich den Feldzug Karls gegen Tunis beschrieben hatte, mußte durch eine solche Haltung beunruhigt sein. Er griff zur Feder und schrieb „De conuenientia militaris disciplinae cum christiana religione dialogus, qui inscribitur Democrates". Dieser auch als „Democrates Primus" bezeichnete Dialog erschien 1535 in Rom und 1541 in Paris[20]. War die zuvor an Karl V. gerichtete Aufforderung zum Krieg gegen die Türken mehr tagespolitischen Charakters, so setzte sich der Humanist nun grundsätzlich mit dem Problem der Rechtfertigung von Krieg auseinander.

Gesprächspartner in dem Dialog sind Leopold, ein deutscher Zivilist mit lutherischen Neigungen, Alfonso, ein spanischer Veteran und der den Autor verkörpernde Grieche Democrates. Ausgehend von dem von Christus im Neuen Testament ausgesprochenen Verbot der Gewaltanwendung bezweifelt Leopold die Möglichkeit von gerechten Kriegen. Die Debatte wendet sich dann dem Verhältnis zwischen Altem und

---

[19] Vgl. Angel Losada, *Juan Ginés de Sepúlveda a través* (wie Anm. 7), 184.
[20] In spanischer Übersetzung publiziert in Angel Losada, *Tratados* (wie Anm. 5), 127–304.

Neuem Testament zu und schließlich den in beiden enthaltenen Elementen einer natürlichen Ordnung. Democrates arbeitet diese Elemente heraus und unterscheidet zwischen dem Weg der unmittelbaren Christusnachfolge zu höchster Perfektion, auf dem Gewaltanwendung tatsächlich verboten sei, und der natürlichen oder zivilen, ebenfalls auf Gott zurückgehenden Ordung, in der es durchaus erlaubt sei, sich gegen Feinde zur Wehr zu setzen und Ungerechtigkeiten und Verstöße gegen die natürliche Ordnung mit Gewalt zu bestrafen. Der Dialog wendet sich dann der Frage zu, wie man beurteilen könne, welche Kriege gerecht und welche ungerecht seien, worauf Democrates als oberste Richtschnur die Unterscheidung zwischen Gut und Böse, Tugend und Laster, anwendet, worüber freilich nur tugendhafte und weise Männer zu urteilen vermögen. Democrates-Sepúlveda leugnet nicht die Grausamkeit der Soldateska, die Häufigkeit von Übergriffen und Ungerechtigkeiten, die im Krieg üblich sind, er hält sie jedoch nicht für essentielle Bestandteile eines Urteils über die Gerechtigkeit oder Ungerechtigkeit des in einem Krieg verfolgten Anliegens. Bei der Erörterung der Frage, welche Kriege ein Christ als gerecht akzeptieren könne, postuliert Sepúlveda, daß nur das Streben nach einem gerechten Frieden einen Krieg gerecht erscheinen lassen könne, da allein eine gerechte Friedensordnung ein geregeltes Zusammenleben der Menschen ermögliche, denn nur in einer solchen Ordnung könne man das aristotelische Ideal vom Menschen als einem politischen und sozialen Wesen verwirklichen. Der Krieg erscheint hier also als Vorbedingung zur Herstellung von Verhältnissen, die dem Menschen seine Selbstverwirklichung im aristotelischen Sinne überhaupt erst ermöglichen. Sepúlveda greift damit auf den Heiligen Augustinus und dessen Lehren von Krieg und Frieden zurück, einen christlichen Kirchenlehrer also, wenn es darum geht, die Bedingungen zu menschlicher Selbstverwirklichung im aristotelischen Sinne einer natürlichen Ordnung zu schaffen. Es ist Aufgabe jedes weisen Fürsten, nicht nur in Frieden zu regieren, sondern auch Krieg gegen das Böse zu führen, das den Frieden bedroht, wenn alle friedlichen Ermahnungen und Ratschläge den Feind nicht zur Einsicht bringen. Es ist deshalb notwendig, zunächst auf friedlichem Wege berechtigte Forderungen anzumelden und, sollte diesen nicht entsprochen werden, formell den Krieg zu erklären.

Dieses knappe Resümee des „Democrates Primus" läßt erkennen, daß Sepúlveda sich in seiner Rechtfertigung des gerechten Krieges nicht einfach auf Aristoteles beruft, sondern eine ganze Reihe von Quellen heranzieht: neben der biblischen Überlieferung auch Kirchenväter und andere antike Autoren, während die mittelalterlichen Autoritäten weitgehend fehlen. In bezug auf Sepúlvedas Aristotelismus hat sicherlich der spanische Historiker Maravall recht, wenn er den Humanisten in die Reihe der sogenannten „Alexandriner" rückt, die auf die Wiederentdekkung des reinen, von dem Ballast der mittelalterlichen Überlieferung und Kommentierung freien Aristoteles abzielten. Maravall sieht bei unserem Autor eine Beziehung zum Averroismus und das Erbe einer extremen Betonung der Autonomie der Natur und der ihr inhärenten Vernunft, wie sie sich bei dem von Sepúlveda übersetzten Aristoteleskommentaristen Alexander von Aphrodisias findet[21]. Wenn sich diese philosophiegeschichtlichen Spezialfragen auch der Beurteilung eines Nichtfachmannes entziehen, so lassen sie doch erkennen, daß Sepúlveda in seiner Rechtfertigung von Krieg in einer breiten zeitgenössischen Tradition steht, die vom späteren Erasmus, über Luther, dessen augustinisches Erbe ja allgemein bekannt ist, bis zu den italienischen Humanisten reicht und ebensowenig von den Lehren des Francisco de Vitoria weit entfernt ist.

1541 erschien eine spanische Übersetzung von Sepúlvedas „Democrates" in Sevilla. Zu diesem Zeitpunkt hatte sich die Debatte in Spanien und Hispanoamerika erheblich zugespitzt. Die Antillenindianer waren durch das Kolonialsystem und eingeschleppte Epidemien physisch nahezu völlig vernichtet. Cortés und Pizarro hatten die indianischen Großreiche der Azteken und Inkas erobert und in diesen Gebieten das Encomienda-System eingeführt. Die völlig fremdartigen Sitten und Gebräuche der Indianer hatten neben anfänglicher Bewunderung unter den Eroberern weithin zur Irritierung der Kolonisten durch Praktiken wie Menschenopfer, Götzendienst vor steinernen Idolen, andersartige sexuelle Praktiken usw. geführt, die Zweifel daran hatten aufkommen lassen, ob die Indianer in vollem Umfang im Besitz der Vernunft und in der Lage wären, das Christentum anzunehmen. Theologen und Missionare in Amerika und im Mutterland stritten sich über die geeignete Behandlung, die Rationalität der Indianer und über die anzuwendenden Missionsmethoden. Franziskaner, Dominikaner, Mercedarier und Augustiner als die Hauptmissionsorden verfolgten jeweils unterschiedliche Ziele und bedienten sich verschiedener Vorgehensweisen, waren aber auch unter sich zerstritten[22]. Vitoria hatte in Salamanca seine für die Ent-

---

[21] José Antonio Maravall, *Carlos V y el pensamiento político del Renacimiento*. Madrid 1960, 290 u. 294 f.
[22] Eine neuere zusammenhängende Darstellung der verschiedenen Missionskonzepte der Orden existiert nicht, sondern lediglich Studien über einzelne Orden. Noch am besten kann man sich dazu in den beiden klassischen Werken zur Christianisierung Mexikos und Perus informieren, vgl. den entsprechenden Abschnitt und die Literaturangaben in: Horst Pietschmann, *Die Kirche in Hispanoamerika. Eine Einführung*, in: Willi

wicklung des Völkerrechts so wichtigen „Relectiones de Indis" gehalten, deren Publikation die Krone jedoch verboten hatte. 1537 hatte Papst Paul III. in seiner Bulle „Sublimis Deus" erklärt, daß die Indianer vernunftbegabt und das Christentum anzunehmen in der Lage seien. Las Casas und zahlreiche andere Missionare hatten die Kronbehörden mit Eingaben und Veröffentlichungen eindringlich auf die Mißhandlungen der Eingeborenen durch die Siedler hingewiesen, forderten die Abschaffung von Sklaverei und Encomienda und das Verbot weiterer Eroberungen. Die Eroberer ihrerseits intervenierten bei Hof, verwiesen auf ihre Verdienste, auf die Notwendigkeit der Encomienda für das Weiterbestehen der Kolonien und forderten nachdrücklich die Anerkennung ihrer Privilegien bzw. deren Ausweitung und machten der Krone verlockende finanzielle Angebote[23].

Als in dieser gespannten Situation die spanische Übersetzung von Sepúlvedas „Democrates" erschien, war es nahezu zwangsläufig, daß er in die Auseinandersetzungen um die Indianerproblematik hineingezogen wurde. Es scheint der Präsident des Indienrates, der obersten Zentralbehörde für die kolonialen Angelegenheiten im Mutterland, gewesen zu sein, der Sepúlveda aufforderte, doch einen Traktat über den Krieg gegen die Heiden zu schreiben. Bereits 1541 folgte der Humanist diesem Rat und schrieb sein bis heute umstrittenstes Werk „I. Genesii Sepulvedae Artium, et Sacrae Theologiae doctoris Dialogus qui inscribitur Democrates Secundus de iustis belli causis", das in der Literatur gemeinhin kurz, aber nicht ganz korrekt als „Democrates Alter" bezeichnet wird[24]. Über das Schicksal seines Manuskripts wissen wir einiges durch Sepúlveda selbst, das meiste jedoch durch Vermittlung seines Gegners Las Casas. Der Indienrat scheint das Manuskript zur Begutachtung an Theologen der Universitäten von Salamanca und Alcalá weitergereicht zu haben, die sich gegen eine Druckerlaubnis aussprachen, die von der Krone denn auch verweigert wurde, obwohl offenbar mehrere Mitglieder des Kastilienrates die Veröffentlichung vorschlugen – es ist dies einer der vielen unklaren Punkte im Zusammenhang mit Sepúlvedas Beteiligung an der Kontroverse. Losada, der sich am intensivsten mit der Entstehung von

---

Henkel, *Die Konzilien in Lateinamerika*. Teil I: Mexiko 1555–1897. Paderborn 1984 (Konziliengeschichte, hg. v. Walter Brandmüller, Reihe A: Darstellungen), 13 ff.

[23] Vgl. dazu Horst Pietschmann, *Staat* (wie Anm. 13), passim.

[24] Publiziert von Angel Losada (wie Anm. 5); vgl. aber auch die ältere zweisprachige Ausgabe Juan Ginés de Sepúlveda, *Tratado sobre las justas causas de la guerra contra los indios*. Con una advertencia de Marcelino Menéndez Pelayo y un estudio por Manuel García-Pelayo. 2. Aufl. México 1941.

Sepúlvedas Werken befaßt hat, führt die Verweigerung der Druckerlaubnis auf Machenschaften von Las Casas und seinen Parteigängern zurück[25]. Dies führte zunächst dazu, daß Sepúlvedas Werk in zahlreichen Abschriften kursierte, die teilweise erhalten sind, wie auch das Originalmanuskript. Es hat den Anschein, daß manche der Kopien Zusätze von ihren zeitgenössischen Benutzern enthalten, die geeignet sein könnten, Licht in die Hintergründe des Druckverbots und der sich darum zwischen beiden Parteien vollziehenden Intrigen und Vorwürfe zu bringen; doch sind diese Kopien bislang nicht korrekt ausgewertet oder quellenkritisch untersucht worden. Das Ausbleiben der Druckerlaubnis veranlaßte Sepúlveda schließlich, eine Art Zusammenfassung seiner Argumente und Widerlegung der Argumente seiner Gegner zu verfassen, die er in Rom drucken ließ, da er, wie Las Casas ironisch anmerkte, wußte, daß dort „Druckfreiheit" herrsche. Diese „Apologia Ioannis Genesii Sepulvedae Pro Libro de Iustis belli causis, ad Amplissimum et doctissimum virum D. Antonium Episcopum Segouiensium" erschien 1550, ihre Verbreitung wurde jedoch in Spanien untersagt und die Einziehung eventuell aufzufindender Exemplare angeordnet[26].

Schließlich kam es auf Anordnung Karls V. zur Einberufung einer Junta aus Theologen und Juristen, vor der beide Widersacher ihre Argumente darlegen sollten. Die sich in mehreren Sitzungen vollziehende Disputation ist überliefert durch eine Zusammenfassung aus der Feder von Domingo de Soto, einem dominikanischen Spätscholastiker, der als Sekretär der Junta fungierte, durch eine „Apologia" von Las Casas, deren systematischer Teil sich auf Sepúlvedas Argumente bezog und erst vor einigen Jahren veröffentlicht wurde, während der als Anhang gedachte historische Teil über die Geschichte der Indianerreiche und ihrer Eroberung bereits seit langem bekannt ist, und schließlich durch einen spanischsprachigen Traktat des Sepúlveda gegen Las Casas, nach der Disputation verfaßt unter dem Titel „Proposiciones temerarias, escandalosas y hereticas que notó el Doctor Sepúlveda en el libro de la Conquista de Indias que fray Bartholome de las Casas Obispo que fué de Chiapa hizo imprimir sin licencia en Sevilla año de 1552 cuyo título comienza: Aquí se

---

[25] Vgl. Angel Losada, *Juan Ginés de Sepúlveda a través* (wie Anm. 7), 96 ff. – Hier sind auch zwei weitere Arbeiten von Losada zu erwähnen, die sich direkt auf die Kontroverse mit Las Casas beziehen: Angel Losada, *The Controversy between Sepúlveda and Las Casas in the Junta of Vallodolid*, in: Friede/Keen (Eds.), *Bartolomé de Las Casas* (wie Anm. 1), 279–307 und ders., *Juan Ginés de Sepúlveda – su polémica con Fray Bartolomé de Las Casas*. Cuadernos de Investigación Histórica (Madrid), 2 (1978), 551–590.

[26] Angel Losada, *Juan Ginés de Sepúlveda a través* (wie Anm. 1), 101.

contiene una disputa o Controversia"[27]. Sepúlveda geht in dieser Schrift so weit, seinen Gegner der Häresie zu bezichtigen, wozu er sich erstmals in seiner Laufbahn der spanischen Sprache bedient und auf das Lateinische verzichtet. Schließlich enthält auch ein von dem Las-Casas-Biographen Giménez Fernández publiziertes Dokumentenkorpus mehrere Zusammenfassungen der Argumente von Las Casas und Sepúlveda[28].

Eine zusammenhängende quellenkritische Analyse der von diversen Autoren zu verschiedenen Zeiten publizierten Schriften zu diesem Komplex liegt bislang nicht vor, so daß nicht klar ist, in welcher Weise sich die Argumente der beiden Gegenspieler im Verlauf der mehr als ein Jahrzehnt andauernden Kontroverse verändert haben mögen. Dies ist ein ziemlich zentrales Problem, behauptete doch jüngst ein spanischer Historiker, daß beide im Verlauf der Debatte gewissermaßen die Begründung für ihre zentralen Thesen austauschten, indem Las Casas sich der Quellen und Autoritäten von Sepúlveda bediente, um zu beweisen, daß Krieg gegen die Indianer nicht zu rechtfertigen sei, während Sepúlveda sich umgekehrt der Begründungen von Las Casas bedient habe, um diesen Krieg zu legitimieren. Waren sich schon beide Gegner nicht darüber einig, was Aristoteles unter „Barbaren" verstand, so streitet sich die moderne Forschung u. a. darüber, was Sepúlveda etwa unter dem Begriff „servus" verstand, ob er damit „Sklave" oder „Diener" meinte und so fort. Hier wird bereits ersichtlich, daß ohne zusammenhängende, wirklich textkritische Edition wenigstens der zentralen Quellen zu dieser Kontro-

---

[27] Eine neuere Ausgabe fehlt, zugänglich lediglich die ältere Veröffentlichung in: Colección de Documentos Ineditos (wie Anm. 5).
[28] Fray Bartolomé de Las Casas, *Tratado de Indias* (wie Anm. 9), passim. – Zu dem Folgenden vgl. Vidal Abril, *Bipolarización Sepúlveda – Las Casas y sus consecuencias*, in: Demetrio Ramos et al., *Francisco de Vitoria* (wie Anm. 14), 229–238. Der Autor gibt nicht nur die beste Übersicht über die für die Kontroverse relevanten Texte, sondern bietet auch einen guten Einblick in die Veränderung der Argumentationsweise beider Disputanten. Nützlich in dem genannten Band ist auch der Beitrag von Jaime González, *La Junta de Valladolid convocada por el Emperador*, 199–227; vgl. ferner Silvio Zavala, *Aspectos formales de la controversia entre Sepúlveda y Las Casas*. Cuadernos Americanos (México) 212/3 (Mai–Juni 1977), 137–151; Teodoro Andrés Marcos, *Los imperialismos de Juan Ginés de Sepúlveda en su Democrates Alter*. Madrid 1947. Nicht berücksichtigt werden kann in diesem Zusammenhang die gesamte Literatur zu den Anfängen des Völkerrechts im 16. Jahrhundert, in der Sepúlveda, Vitoria, Las Casas und die übrigen Protagonisten dieser Debatten ebenfalls recht ausführlich behandelt werden. Dasselbe gilt auch für die schier unübersehbare Las Casas-Literatur, in der Sepúlveda auch in mehr oder weniger direkter Form angesprochen wird, vgl. dazu Raymond Marcus, *Compte Rendu: Publications récentes sur le débat Las Casas-Sepúlveda*. Ibero-Amerikanisches Archiv (Berlin), Neue Folge, Jg. 3, Heft 2 (1977), 231 ff., und Bruno Rech in diesem Band.

verse willkürlicher Interpretation der Argumente beider weiterhin Tür und Tor geöffnet ist, ein Problem, das sich insbesondere in bezug auf Sepúlveda stellt, da dieser seine Argumente größtenteils in Latein niederschrieb, während sich Las Casas überwiegend des Spanischen bediente. Sicher ist jedoch, daß Sepúlveda spätestens in der Disputation auf humanistische Stilform und Argumentationsweise verzichtete und ganz als scholastisch geschulter Kirchenrechtler argumentierte. Die Auseinandersetzung Sepúlvedas mit Las Casas nach dem „Democrates Alter" ist daher auch wenig dazu geeignet, ersteren als Humanisten zu erweisen. Sein Rückgriff auf scholastische Denkweisen ist freilich nichts weiter als ein taktischer Kunstgriff.

Wenn wir uns nach dieser Skizzierung der Problemlage hinsichtlich Forschungsstand, Person und Werk Sepúlvedas, Vorgeschichte und äußerem Verlauf der Kontroverse den Argumenten von Sepúlveda zuwenden, so werden diese meist auf ihre zentralen vier Thesen reduziert, die Sepúlveda zur Rechtfertigung des Krieges aufstellte und die er jeweils knapp begründete. Soweit er sich dabei auf Charakter, Sitten und Gebräuche der Indianer bezieht, so bildete seine Hauptquelle die „Historia Natural de las Indias" des Chronisten Gonzalo Fernández de Oviedo[29], der einen großen Teil seines Lebens in Amerika verbracht hatte und den Las Casas einen „bitterbösen Feind der Indianer" genannt hatte. Sepúlvedas Argumente sind folgende: Krieg gegen die Indianer ist gerecht, weil diese alle „Barbaren" sind oder zumindest vor der spanischen Eroberung waren

---

[29] Über Sepúlvedas Informationsquellen in bezug auf die Vorgänge in Amerika und seine Beziehungen zu Fernández de Oviedo und Cortés und dessen Umgebung vgl. Demetrio Ramos Pérez, *Sepúlveda, cronista indiano, y los problemas de su crónica*, in: Seminario Americanista, Universidad de Valladolid (Ed.), *Juan Ginés de Sepúlveda y su crónica* (wie Anm. 5), 101–167. Der Autor läßt in seiner detaillierten Studie deutlich werden, wie wichtig die persönlichen Beziehungen der Zeitgenossen für die Entwicklung der Kontroverse waren und daß die Chronik Sepúlvedas nicht aus der Betrachtung des Gesamtzusammenhangs der Debatte herausgelassen werden kann. Eine Reihe anderer, teils kürzerer Beiträge in diesem aus Anlaß des 400. Todestages von Sepúlveda publizierten Band sind für den hier interessierenden Zusammenhang ebenfalls zu berücksichtigen: Rafael Gibert de la Vega, *Juan Ginés de Sepúlveda: su figura académica*, 13–16; Antonio Truyol y Serra, *Sepúlveda en la discusión doctrinal sobre la conquista de América por los españoles*, 27–33; Angel Losada, *Exposición analítica de la „Apología" de Juan Ginés de Sepúlveda en pro de su libro „Democrates II"*, 35–61; Alfred Dufour, *Juan Ginés de Sepúlveda, canonista y filósofo del derecho*, 63–68; Pedro Palop, *Sobre el latin de Juan Ginés de Sepúlveda*, 69–74. – Zu Fernández de Oviedo vgl. K. Kohut in diesem Band und Bruno Rech, *Zum Nachleben der Antike im spanischen Überseeimperium. Der Einfluß antiker Schriftsteller auf die Historia General y Natural de las Indias des Gonzalo Fernández de Oviedo, 1478–1557*, in: Gesammelte Aufsätze zur Kulturgeschichte Spaniens, Münster 1984, hg. v. Odilo Engels, Bd. 31, 181–244.

und weil sie größtenteils von Natur aus ohne Bildung und Klugheit und von vielen barbarischen Lastern besessen sind; zweitens sind diese Barbaren der schwersten Sünden gegen das Naturgesetz schuldig. Unter Bezugnahme auf Deuteronomium 9 verweist Sepúlveda darauf, daß Gott selbst die Barbaren des Gelobten Landes vernichtete. Während sich Sepúlveda zur Stützung des ersten Arguments des Hl. Thomas und des Hl. Augustinus bediente, um zu klären, welche Personen als „Barbaren" zu bezeichnen seien, und daß nach Augustin auch die Herrschaft der Römer über die Barbaren gerechtfertigt gewesen sei, rekurriert er beim zweiten auf das Alte Testament, Innozenz IV., den Ostiensis und das Matthäus-Evangelium. Das dritte Argument Sepúlvedas lautet, daß alle Menschen durch Naturgesetz verpflichtet sind, nach Möglichkeit zu verhindern, daß unschuldige Menschen umgebracht werden, womit er sich auf die Menschenopfer vor ihren Götzen bezieht. Als viertes Argument führt Sepúlveda an, daß es nach natürlichem und göttlichem Recht notwendig ist, die Menschen zu korrigieren, die geradewegs auf ihren Untergang zusteuern, um sie selbst gegen ihren Willen zum Heil zu führen. Dazu kann man sich verschiedener Methoden bedienen: erstens der Ermahnung; zweitens Ermahnung in Verbindung mit Zwang, und zwar Zwang nicht, um sie zu bewegen, Gutes zu tun, sondern um die Hindernisse für die Predigt des Christentums zu beseitigen. Weiterhin führt er aus, daß die Gewalt nicht zur Brechung des Willens eingesetzt werden darf, sondern um die Betroffenen gewaltsam vom Bösen abzuhalten. Schließlich erörtert Sepúlveda die Formen der Ermahnung, Gewaltanwendung und Erziehung zum Christentum, die anzuwenden sind. Mit diesen vier zentralen Argumenten versucht er zu begründen, daß die Indianer, sofern sie sich auf entsprechende Aufforderung nicht freiwillig ergeben, gerechterweise mit Gewalt der spanischen Herrschaft unterworfen werden könnten, damit ihre Hinwendung zum Naturgesetz und zum christlichen Glauben ermöglicht werde.

Diese in der Apologia für den Zweck der gelehrten Disputation extrem kondensierten Argumente werden jedoch nicht überwiegend mit Aristoteles, sondern mit der Heiligen Schrift und den Kirchenvätern sowie einigen historischen Belegen gerechtfertigt, das heißt aber, daß sich Sepúlveda in der Disputation nicht nur der scholastischen Methode der Disputation bedient, sondern überwiegend als Theologe bzw. Kanonist und nicht als Philosoph argumentiert. Im „Democrates Alter" dagegen, einem Dialog, argumentiert Sepúlveda mehr philosophisch-historisch, bringt zahlreiche Beispiele aus der Geschichte und führt im wesentlichen seine Argumentation aus dem „Democrates Primus" weiter. Die Grundtendenz des „Democrates Alter" ist freilich weitgehend dieselbe wie die der Disputation, nämlich die Rechtfertigung der Unterwerfung der Eingeborenen unter spanische Herrschaft, sei es mit friedlichen Mitteln, sei es mit Gewalt, und mit dem Ziel, sie zunächst in eine natürliche Ordnung zu überführen und dann zum Christentum zu bekehren. Im Hinblick auf diese Kernaussagen läßt sich feststellen, daß sich Sepúlveda in großen Zügen in einer Linie mit dem in Paris lehrenden schottischen Nominalisten Joannes Mayor, der bereits um 1510 ebenfalls die Rechtmäßigkeit der Unterwerfung der Heiden zwecks Bekehrung postuliert hatte, mit den Juristen und Theologen der ersten Junta, die über diese Fragen im Jahre 1512 beriet, und schließlich auch mit Francisco de Vitoria und dessen Lehre vom gerechten Krieg gegen heidnische Völker befindet[30]. Seine Begründung bzw. Rechtfertigung der Unterwerfung der Eingeborenenvölker, so vielseitig sie im einzelnen auch ist, basiert letztlich sicherlich auf der aus Beobachtung abgeleiteten Erfahrung, daß die Indianer infolge ihres Götzendienstes, der Menschenopfer und anderer Sitten gegen die naturrechtliche Ordnung verstoßen, weshalb sie als Barbaren anzusehen und daher in Anklang an Aristoteles von Natur aus „servi" seien, die sich die Spanier zu Recht untertan machen dürften, freilich nur mit dem Ziel, sie dem Naturrecht und anschließend dem Christentum zuzuführen. Der Zustand des „servus" sei jedoch kein unabänderliches Schicksal, sondern nur so lange rechtens, bis die Indianer in die neue christliche Ordnung überführt seien. Diese Begründungskette war es vor allem, die Sepúlveda damals wie heute den Haß seiner Gegner einbrachte, zumal der von Sepúlveda gebrauchte Ausdruck „servus" von seinen Gegnern mit „Sklave" übersetzt wurde, während andere Autoren ihn mit „Diener" oder „Unfreier" im Sinne der europäischen Feudalordnung interpretieren.

Vor wenigen Jahren hat schließlich J. A. Fernández-Santamaría in seinem Buch „The State, War and Peace"[31] eine weit umfassendere Deutung

---

[30] Vgl. dazu Vidal Abril, *Bipolarización* (wie Anm. 28), passim.
[31] J. A. Fernández-Santamaría, *The State, War and Peace. Spanish Political Thought in the Renaissance 1516–1559*. Cambridge 1977, 163 ff. – In gewisser Weise knüpft der Autor in bezug auf die Debatte an Bell (wie Anm. 6) an, der ebenfalls Sepúlveda gegen den Vorwurf in Schutz nimmt, die natürliche Sklavennatur der Eingeborenen postuliert zu haben, die, so wie sie in einem großen Teil der Las Casas-Literatur dargestellt wird, tatsächlich von Sepúlveda nicht postuliert wurde. In dieser Hinsicht ist die auf Sepúlveda spezialisierte Literatur sich weitgehend einig. Freilich fällt diese Literatur zahlenmäßig gegenüber der Flut der Las Casas-Literatur nicht ins Gewicht. – Eine Sonderstellung nimmt ein: Henri Mechoulan, *L'antihumanisme de J. G. de Sepúlveda. Etude Critique du „Democrates Primus"*. Paris–Den Haag 1974, der ohne Bezug auf die Debatte Sepúlveda als eine Art geistigen Militaristen bezeichnet und ihn als einen Vorläufer von Leibniz'

von Sepúlvedas Denken geboten, die den Autor nicht nur vordergründig in den Kontext des humanistischen Denkens einordnet, sondern ihn, soweit ersichtlich, erstmals in dessen weiterem Zusammenhang zu verstehen sucht. Fernández-Santamaría geht dabei von der Einsicht aus, daß Sepúlvedas Schriften ein kohärentes Denkschema zugrunde liegt. Der Humanist erkannte demzufolge, daß einerseits durch den sich konsolidierenden souveränen Nationalstaat und andererseits durch die Auffindung so vieler Heidenvölker das einheitliche Weltbild des Mittelalters endgültig zu zerbrechen drohte. Im Gegensatz zu Aristoteles und der frühen Stoa, die die Welt in die Gesellschaft der zivilen, von Weisen beherrschten Gemeinwesen und die Welt der Barbaren einteilten, versuchte Sepúlveda in Anknüpfung an die späteren Stoiker eine einheitliche Weltsicht zu retten. Ausgehend von der Definition zweier grundsätzlich verschiedener Lebensformen, der „vita activa" und der „vita contemplativa", entwickelt er aus der Lebensform der „vita activa" seine Vision von einer zivilen, von weisen Männern regierten Gesellschaft und definiert deren moralische Tugenden, zu denen auch der gerechte Krieg zählen kann. Er entwickelt, immer nach Fernández-Santamaría, schließlich ein duales Herrschaftsprinzip, demzufolge der Weisere und Würdigere über den weniger Ausgezeichneten herrschen solle.

In diesem Zusammenhang erklärt sich Sepúlveda als entschiedener Parteigänger der Erbmonarchie. Der Monarch muß jedoch sein Reich unterschiedlich regieren, je nachdem, ob er einer zivilen, d. h. naturrechtlich-christlich geordneten Gesellschaft oder einer ihrem Herrn gehörenden Gesellschaft vorsteht – Sepúlveda gebraucht in bezug auf letztere ausdrücklich den Begriff „herilis". Die Unterscheidung, so differenziert sie Sepúlveda im Detail auch vornimmt, reduziert sich darauf, daß die zivile Herrschaft die der naturrechtlich begründeten, weisen Gesetze ist, in der eine große Zahl weiser Männer an den Staatsgeschäften beteiligt ist und über sie zu urteilen vermag, während die dem „Herrn gehörende Herrschaft" in unterschiedlichen Graden dieser Vorzüge entbehrt, so daß hier die Herrschaft des Königs auch unterschiedlich ausgeübt werden muß. Zur erstgenannten Gattung rechnet Sepúlveda sicherlich die Verhältnisse im christlichen Europa und erweist sich so als Gegner absolutistischer Herrschaft. Die Herrschaft über die amerikanischen Indianer gehört für Sepúlveda dagegen zur zweiten Kategorie, da diese sich nicht

---

Monadologie hinstellt, nur um seinen „Antihumanismus" und ihn selbst als Vorläufer der Moderne zu charakterisieren. Auf die sich hier grundsätzlich stellende Frage, was der Autor unter Humanismus versteht, kann hier nicht eingegangen werden.

nach dem Naturrecht richten und die zivilen Tugenden ihnen fremd sind. Der Herrscher in einer zivilen Gesellschaft ist freilich verpflichtet, die Bedingungen für ein ziviles Gemeinwesen auch dort zu schaffen, weshalb er die Indianer je nach Lage mit friedlichen oder kriegerischen Mitteln seiner Herrschaft einverleiben muß, um sie der Gemeinschaft der zivilen Gemeinwesen zuzuführen. Für diese Phase muß der König sie wie die Angehörigen seines Haushalts gleichsam als Hausvater mit wohlwollender Autorität regieren. Sepúlveda weist in späteren Schriften ausdrücklich darauf hin, daß er die Indianer nicht als „natürliche Sklaven" bezeichnet habe, sondern als „Diener von Natur aus" der Angehörigen einer zivilen, d. h. kulturell überlegenen Gesellschaft[32]. Im Hinblick auf sein Konzept einer zivilen Gesellschaft bezieht sich Sepúlveda ausdrücklich auf Aristoteles und postuliert, daß die Vorstellungen des Stagyriten in bezug auf diese uneingeschränkt auf die christliche Gesellschaft zu übertragen seien, wobei er auch in der Christenheit zivilere und weniger zivile Gesellschaften unterscheidet.

Es scheint, diese umfassendere, auf dem Gesamtwerk Sepúlvedas aufgebaute Interpretation, die hier freilich extrem verkürzt wiedergegeben werden muß, ist ein wichtiger Schritt, Sepúlvedas Denken vor dem Hintergrund des Humanismus seiner Zeit zu deuten, da in ihr erstmals die ganze Spannweite humanistischen Denkens bei Sepúlveda deutlich wird, während sich die älteren, auf die Kontroverse beschränkten Deutungen mehr oder weniger dem Vorwurf nicht entziehen können, Humanismus

---

[32] So in seinen Briefen und in seinen „Proposiciones temerarias" (wie Anm. 5), so z. B.: „Había escrito yo un libro ‚sobra las justas causas de la guerra', en que, apoyándome en una sólida argumentación filosófico-teológica y en todos los decretos emanados de la autoridad eclesiástica, sostenía la licitud de la guerra que nuestros Reyes movían contra los indios del Nuevo Mundo, para, bajo nuestro dominio, poder convertirlos al Cristianismo; no con el fin precisamente de privarles de sus bienes y libertad – lo cual sería a todas luces injusto –, sino para liberarlos de sus bárbaras costumbres, vencer su resistencia a la predicación del Evangelio y conseguir así que adquirieran una mejor preparación para recibir la Religión cristiana" *(Epistolario,* 240 f.). – Mit seinem Wunsch, daß die Indianer das Christentum annehmen müßten, meint Sepúlveda freilich mehr als nur die Annahme eines anderen Glaubens, sondern Europäisierung im weitesten Sinne, war doch damals die Ansicht weit verbreitet, daß mit der Christianisierung eine allgemeine „Zivilisierung" verbunden sein sollte und die Indianer etwa „wie kastilische Bauern leben" sollten, vgl. dazu Horst Pietschmann, *Entwicklungspolitik und Kolonialismus. Die spanische Kolonialpolitik des 16. Jahrhunderts und der Entwicklungsgedanke,* in: Inge Buisson/Manfred Mols (Hg.), *Entwicklungsstrategien in Lateinamerika in Vergangenheit und Gegenwart.* Paderborn 1983 (Internationale Gegenwart, hg. v. Manfred Mols/Dieter Nohlen/Peter Waldmann, Bd. 5), 29–44 und Felix Becker, *Indianermission und Entwicklungsgedanke unter spanischer Kolonialherrschaft,* ebd. 45–66.

als ein je nach Bedarf willkürliches Hantieren mit antiken Zitaten und Autoritäten zu verstehen. Wie schon wiederholt betont, ist noch viel zu tun, um Sepúlvedas Werk in seiner ganzen Breite zu erschließen und zu deuten, doch mit dem Buch von Fernández-Santamaría und einigen neueren Editionen seiner Schriften seit Beginn der 80er Jahre ist dazu allmählich der Grund gelegt. Sepúlveda ist sicherlich ein Autor, der im Gegensatz zu vielen seiner utopisch gesonnenen Zeitgenossen, insbesondere unter den Missionaren, felsenfest von der Überlegenheit der europäischen Kultur überzeugt war, auch wenn er ihre Schwächen und Mängel deutlich sah. In gewissen zeitgenössischen geistigen Strömungen in Europa und in der Verteidigung nichteuropäischer Kulturen sah er offenbar eine Bedrohung für den Bestand der spätmittelalterlichen christlich-humanistischen Kultur und ist darin wahrscheinlich ein universalerer Denker als selbst Erasmus. Dessenungeachtet ist er jedoch kein Verfechter von Inhumanität, Kolonialismus und Ausbeutung, betont er doch allenthalben die Notwendigkeit menschlicher Behandlung und plädiert für einen Paternalismus, wie er letztendlich auch von den meisten Missionaren in Amerika praktiziert wurde. Dagegen war Sepúlveda sicherlich der Vertreter einer Imperiumsidee, die die amerikanischen Indianer einbezog, so daß man, wenn man will, ihn durchaus mit einigem Recht als Imperialisten bezeichnen kann. Doch welche, noch so gutmeinende, von Nichtindianern für Indianer konzipierte Entwicklungsvorstellung von Sepúlveda bis heute, basiert nicht letztlich auch auf einem kulturellen Imperialismus derer, die sie konzipierten, gleichgültig ob diese Vorstellungen von „links" oder „rechts" kommen.

Bartolomé de Las Casas und die Antike

von Bruno Rech

Die Literatur über Las Casas ist fast unübersehbar geworden. Der Meinungsstreit um die Deutung seiner Persönlichkeit ist im Gange. Da überrascht es, daß man das Thema, um das es hier geht, praktisch noch gar nicht aufgegriffen hat. Beachtet wurde, wenn auch nur in einem Teilaspekt, lediglich Aristoteles.

Daß dem so ist, überrascht deswegen, weil sich im hinterlassenen Werk von Las Casas eine solche Fülle von Hinweisen auf die antike Literatur findet, daß man schon aus dieser Tatsache auf eine besondere Bedeutung antiker Vorstellungen für seine Gedankenwelt schließen darf. Und weiterhin legt die Vielfalt der Zitate den Schluß nahe, daß Las Casas ein besonders eifriger Anhänger des Renaissancehumanismus gewesen ist.

Da es nicht möglich ist, im Rahmen eines kurzen Beitrages den ganzen Komplex zu behandeln, müssen wir uns hier darauf beschränken, durch ein exemplarisches Verfahren eine, wenn auch eingeschränkte, Vorstellung von der Bedeutung antiker Autoren für Las Casas' Werk zu geben. Auch kann hier nicht im einzelnen auf die für das Verständnis notwendige, in manchem noch keineswegs geklärte, Biographie eingegangen werden[1].

---

[1] Die Schriften von Las Casas (L. C.) sind, soweit sie hier in Betracht kommen, in der Bibliotheca de Autores Españoles (BAE) am leichtesten zugänglich und werden wie folgt zitiert: „Historia de las Indias" (H. I.) Kapitel und Seitenzahl in BAE 95 (Madrid 1957) und BAE 96 (dto. 1961). In BAE 95 „Estudio Preliminar" des Herausgebers Juan Perez de Tudela sowie Libro I, in BAE 96 Libro II (3–168) und Libro III (168–583). – Die „Apologética Historia" (A. H.) Kapitel 1–134 in BAE 105, Kapitel 135–267, mit Epilog, in BAE 106, beide Madrid 1958, ed. ebenfalls von Tudela. – „Opúsculos, Cartas y Memorias" in BAE 110 (Madrid 1958; der gleiche Herausgeber). – Die „Apologías de Juan Ginés de Sepúlveda" nach der allerdings unzulänglichen Ausgabe von Angel Losada. Madrid 1975: die erste Zahl bezieht sich auf die spanische Übersetzung von

Bei der Beurteilung der Zitate hat man sich zunächst daran zu erinnern, daß sie der aus der Antike übernommenen und dann besonders im Mittelalter gepflegten Übung entsprachen, sich für jede Aussage möglichst auf Autoritäten zu berufen. So verwandte etwa die scholastische Theologie noch bis zur Zeit von Las Casas einen nicht unerheblichen Teil ihrer Bemühungen darauf, die Aussagen von Autoritäten, die Petrus Lombardus (ca. 1100–1160) in den 1150/52 abgefaßten „IV Libri Sententiarum" vor allem aus dem überlieferten Schatz der patristischen Literatur zusammengestellt hatte, auszulegen. Auch im profanen Bereich, der sich vom sakralen oft kaum trennen ließ, wurde diese Methode, die ja in der Jurisprudenz bis heute in Übung ist, angewandt.

Für den weltlichen Bereich konnte Las Casas auf eine Reihe von Florilegien und Sammelwerken zurückgreifen[2]: von der „Historia Scholastica" des Petrus Comestor (Mitte des 12. Jahrhunderts) über das „Speculum Mundi" des Vincentius von Beauvais (Mitte des 13. Jahrhunderts) führt die Reihe bis zu zeitgenössischen Werken. Für Las Casas wurden besonders wichtig die „Sex Libri Genialium Dierum" des Alexander ab Alexandro und die 16 Bücher der „Antiquae Lectiones" des Lodovicus Coelius Rhodoginus[3]. Diese heute vergessenen Werke wurden von ihm

---

Losada, die zweite auf die beigefügte Faksimileausgabe. – Für die Biographie von L. C. sei auf zwei ebenso bekannte wie konträre Darstellungen verwiesen: Joseph Höffner, *Kolonialismus und Evangelium*. Trier 1972; Ramón Menéndez Pidal, *El Padre Las Casas – Su doble Personalidad*. Madrid 1963. Beide vermitteln eine Vorstellung von dem zu Beginn angesprochenen Meinungsstreit. – Unentbehrlich daneben Raymond Marcus, *El Primer Decenio de Las Casas en el Nuevo Mundo*. Ibero-Amerikanisches Archiv. Neue Folge 3 (1977) 87–122. Ebenso Lewis Hanke, *Aristotle and the American Indians*. Bloomington/London ²1971. Für den literaturgeschichtlichen Hintergrund des Problems: A. Buck, *Die Rezeption der Antike in den romanischen Literaturen der Renaissance*. Berlin 1976. – Der Verfasser darf auch auf seine eigenen Arbeiten zum Thema verweisen: *Zum Nachleben der Antike im spanischen Überseeimperium, Der Einfluß antiker Schriftsteller auf die Historia General y Natural de las Indias des Gonzalo Fernández de Oviedo (1478–1557)*, in: Gesammelte Aufsätze zur Kulturgeschichte Spaniens, Bd. 31. Münster/Westfalen 1984 (= Verf. Oviedo). – *Las Casas und die Autoritäten seiner Geschichtsschreibung:* Jahrbuch für Geschichte von Staat, Wirtschaft und Gesellschaft Lateinamerikas (JBLA) 16 (1979) (= Verf. I). – *Las Casas und die Kirchenväter*. JBLA 17 (1980) (= Verf. II). – *Las Casas und das Alte Testament*. JBLA 18 (1981) (= Verf. III). – *Bertolomé de las Casas und Aristoteles*. JBLA 22 (1985) (= Verf. IV).

[2] Über deren Bedeutung im allgemeinen vgl. A. Buck (wie Anm. 1), 83–90; Verf. II, 2.
[3] Alexander ab Alexandro (1461–1523) verfaßte seine 1522 erschienenen „Dies Geniales" nach dem Vorbild und im Geiste der „Noctes Atticae" des Aulus Gellius (2. Hälfte des zweiten Jahrhunderts p. Chr.) und der „Saturnalien" des Macrobius (um 400 p. Chr.). Der Verfasser der 1516 erschienenen „Antiquae Lectiones" ist der zu Rovigo (daher Rhodoginus) geborene Ludovico Ricchieri (1469–1525). L. C. zitiert ihn meist als Coelius.

sehr oft benutzt. Sie empfehlen sich durch ein vorzügliches Stichwort- und Inhaltsverzeichnis, welche es ermöglichten, in Kürze zu den verschiedensten Fragen Autoritäten zu zitieren. Las Casas ist meist, aber keineswegs immer, ehrlich genug anzugeben, daß sein jeweiliges Zitat aus einem solchen Florilegium stammt[4]. Dennoch bleibt eine Fülle von unzweifelhaften Originalzitaten. Man erkennt sie als solche meist durch ihre Länge. Wichtige Zitate erscheinen im lateinischen Original. Auch griechisch schreibende Autoren werden nach den damals zugänglichen lateinischen Übersetzungen zitiert. Bei besonders wichtigen Zitaten ist eine spanische Übersetzung oder Paraphrase beigefügt. Manchmal begnügt sich Las Casas damit und verzichtet auf das Original. Stellenangaben sind, wenn überhaupt vorhanden, meist sehr summarisch und unzuverlässig. In vielen Fällen ist die Entscheidung, ob es sich um ein Original- oder Sekundärzitat handelt, nicht leicht zu treffen. Man muß dann auch das besondere Verhältnis, das Las Casas zu dem betreffenden Autor hat, würdigen.

Wir sagten oben, daß eine Untersuchung von Las Casas' literarischer Tätigkeit ohne Kenntnis seiner Biographie nicht möglich ist. Daher sei, bevor wir uns unserem Thema zuwenden, zuvor eine ganz kurze Hinführung gestattet.

Las Casas war, seinem Vater folgend, 1502 in die Neue Welt, und zwar zunächst nach der Insel Española (dem heutigen Haiti) gekommen. Nach neueren Erkenntnissen war er damals etwa 18 Jahre alt und hatte aufgrund von Studien, welche er bis dahin betrieben hatte, den Grad eines Lizentiaten „utriusque juris" erworben. Bald nach der Ankunft beteiligte er sich aktiv am Ausrottungskrieg, den die spanischen Eroberer gegen die Reste der einheimischen Bevölkerung führten. Er übernahm den Besitz, welchen sein Vater erworben hatte, mehrte ihn und machte sich die Zwangsarbeit der Indios zunutze, wie dies auch die übrigen Spanier taten. Dem berühmten Protest, den die 1510 nach Santo Domingo

---

[4] Instruktiv für seine Arbeitsweise ist folgende Stelle, wo es wieder um das für die Beurteilung der Indios wichtige Sexualverhalten der alten Völker und ihre Ehesitten geht (A. H. 202; 233): „...en los casos que no señalé autores (que fueron pocos) lo hallarán en Alexander de (!) Alexandro, lib. 1^0 cap. 24, y más en particular y alegados por los antiguos autores por el vigilantísimo y copioso Tiraquello, in De Legibus connubialibus, en la glosa de la leg. 7^a, parte 7^a". Bei Tiraquello, den er gelegentlich zitiert, handelt es sich um den damals berühmten und als Vielschreiber berüchtigten André Tiraqueau (1480–1558), einen Freund und Gönner von Rabelais. Das von L. C. hier erwähnte Werk erschien, zusammen mit anderen, vor 1541. Man sieht, wie er seine Handbibliothek immer auf dem neuesten Stand hielt.

gekommenen Dominikaner in ihren Adventspredigten von 1511 gegen die Behandlung der Indios erhoben, stand er distanziert gegenüber[5].

Nachdem Las Casas 1512 als Feldkaplan des Diego Velázquez, eines der grausamsten Conquistadoren, nach Cuba gegangen war, sagte er sich am 15. August 1514, dem Festtag von Mariae Himmelfahrt, in einer Predigt feierlich von dessen Methoden los. Eine Encomienda, welche er von Diego Velázquez erhalten hatte, gab er zurück. Damit eröffnete er den Kampf um die Menschenrechte der Indios, einen Kampf, der bis an sein Lebensende dauern sollte[6].

Las Casas führte diesen Kampf mit der ihm eigenen Aktivität vor allem da, wo die Entscheidungen fielen, im spanischen Mutterland. Nachdem er damit keinerlei Erfolg gehabt hatte und völlig isoliert war, trat er, neun Jahre nach seiner Umkehr, im Jahre 1523 in Española in den Predigerorden ein; ein einjähriges Noviziat war vorausgegangen.

Man würde diesen Schritt sehr mißdeuten, wollte man ihn als Anzeichen einer Resignation verstehen. Las Casas hatte offenbar erkannt, daß sein Kampf nur auf ideologischer Ebene geführt und entschieden werden konnte. Seine Ausbildung zum Lizentiaten befähigte ihn zwar, weltliche oder auch geistliche Ämter zu übernehmen: wir befinden uns damals ja noch in der vortridentinischen Zeit. Sie befähigte ihn jedoch nicht, auf gehobener Ebene zu argumentieren. Die Grundlagen dazu hat er sich offenbar in jenen Jahren nach seinem Ordenseintritt in weltabgewandter Stille durch Selbststudium gelegt.

Daß bei diesem Bemühen Aristoteles eine besondere Bedeutung zukam, ist naheliegend. Einmal diente er, zusammen mit den Kommentaren von Thomas, als Grundlage des gelehrten Unterrichts. Und dann

---

[5] Von den Indios waren allerdings auf den Karibischen Inseln, wenige Jahre nach deren Entdeckung, nur noch Reste übrig. Die Insel Española (= Haiti) war bei ihrer Entdeckung von etwa 380 000 Indios bewohnt. Als die Dominikaner, welche 1510 auf die Insel gekommen waren, durch ihre Adventspredigten von 1511 den Kampf um die Menschenrechte der Indios eröffneten, waren davon noch etwa 30 000 übrig. Dazu vgl. Frank Moya Pons, *Demografía aborigen en Santo Domingo*. Jahrbuch für Geschichte ...Lateinamerikas 16 (1979). Die Situation, die durch die Aktion der von ihren Oberen keineswegs gedeckten Dominikaner entstand, schildert L. C. sehr anschaulich in H. I. III cc. 4 u. 5; 174; 181. Er verhielt sich damals dazu ebenso kühl distanziert wie die Franziskaner, die zur gleichen Zeit wie er, 1502, auf die Insel gekommen waren. Für diese Zeit schätzt Moya Pons die Zahl der Eingeborenen noch auf etwa 252 000. Vgl. auch Höffner (wie Anm. 1), 190 f.

[6] In Cuba verlief die Entwicklung noch dramatischer. Wie ein Gluthauch kam die Conquista über die Insel und vernichtete in kurzer Zeit die wehrlose Bevölkerung. Erst die hier gewonnenen Eindrücke veranlaßten L. C. zu seiner Umkehr.

hatte gerade er im Meinungsstreit um die Stellung der Indios eine Bedeutung erlangt, die für die Conquista entscheidend war[7]. Aristoteles wurde von deren Verteidigern schon sehr früh ins Feld geführt. So wurde auch Las Casas in einem entscheidenden Moment seines Kampfes mit ihm konfrontiert.

Als es ihm 1519 nach vielen Schwierigkeiten gelungen war, seine Sache persönlich vor Karl V. zu vertreten, hielt ihm sein Opponent, der Franziskaner Juan Quevedo, Bischof von Darien (etwa der Karibikküste des heutigen Panama entsprechend), Aristoteles entgegen. In der Diskussion zeigte sich, daß Las Casas dieser damals in keiner Weise gewachsen war[8].

Als aber dann 31 Jahre später in jenem berühmten Streitgespräch in Valladolid wieder mit Aristoteles argumentiert wurde und Las Casas sich diesmal als Gegner dem vielleicht besten Aristoteles-Kenner jener Zeit, Juan Ginés de Sepúlveda, gegenübersah, zeigte er sich diesem nicht nur gewachsen, sondern teilweise sogar überlegen.

Es ist sehr bemerkenswert, daß die Kräfte, welche sich immer wieder gegen die Indios auf Aristoteles beriefen, offenbar von dem von Las Casas beschworenen Missionsauftrag als alleiniger Rechtfertigung der Conquista wenig hielten. Das gilt für Juan Quevedo ebenso wie für den Bischof Juan Rodriguez de Fonseca, den Vorsitzenden des Indienrates. Auch Sepúlveda gehörte ja dem geistlichen Stande an.

Es ist demgegenüber eine der bemerkenswertesten intellektuellen Leistungen von Las Casas, daß er die Fronten gleichsam verkehrte und mit Aristoteles für die Indios argumentierte. Dabei wurde der Kreis der in die Diskussion eingebrachten aristotelischen Schriften erheblich erweitert: „De anima", die Metaphysik, „De caelo" und die Nikomachische Ethik gewinnen das gleiche Gewicht wie die von den Gegnern immer wieder ins Feld geführte Politik.

---

[7] Dazu vgl. Verf. IV. Durch die bekannte Arbeit von Lewis Hanke wurde die Diskussion um Aristoteles, soweit sie hier relevant ist, leider auf einen Teilaspekt beschränkt.

[8] L. C. schildert diese Disputation sehr anschaulich H. I. III cc. 148 u. 149; 532–537: „... a lo que dijo el reverendísimo obispo [sc. Quevedo] que son [sc. los indios] siervos a natura, por lo que el Filósofo [übliche Bezeichnung für Aristoteles] dice en el principio de su Política, que vigentes ingenio naturaliter sunt rectores et domini aliorum, y deficientes a ratione naturaliter sunt servi [nach pol. I, I; 1252 a/b], de la intinción del Filósofo a lo que el reverendo obispo dice hay tanta diferencia como del cielo a la tierra; y que fuese así como el reverendo obispo afirma, el Filósofo era gentil y está ardiendo en los infiernos, y por ende tanto se ha de usar de su doctrina, cuanto con nuestra sancta fe y costumbre de la religión cristiana conviniere" (535 f.). Und wenn man, was für die Spanier selbstverständlich war, die Indios als Barbaren einstufte (dazu Verf. IV, 59–62), ergab sich auch die Berechtigung, sie nach pol. 1256 b 23–28 gewaltsam der Zwangsarbeit zu unterwerfen.

Aber auch diese versteht er ins Positive zu wenden. So beweist er mit ihr, daß die Sozialstruktur der Indios höchsten Ansprüchen genüge, diese also nicht, wie das allgemein geschah, als Barbaren angesehen werden konnten[9]. Diesem Nachweis dienen nicht weniger als 68 der insgesamt 267 Kapitel umfassenden „Apologética Historia". Daß dabei die Gewichte sehr unterschiedlich verteilt sind, läßt Rückschlüsse auf Las Casas' eigene Interessen zu. Für die „labradores" hat er nur zwei Kapitel übrig (cc. 59 u. 60; 195–201). Zur Landwirtschaft hatte Las Casas kein besonderes Verhältnis, was wohl auch zum Scheitern seines Siedlungsprojekts beigetragen haben mag. Den „artifices" sind immerhin fünf Kapitel gewidmet (cc. 61–65; 201–219). Wenig Interesse bringt er begreiflicherweise für die „hombres de guerra" und die „hombres ricos" auf, erinnern sie ihn doch an die Träger der Kolonialgewalt (cc. 66–68 sowie 69 u. 70; 219–236). Sein Hauptinteresse gilt, kaum überraschend, den „sacerdotes", die auch von Aristoteles, was er zu erwähnen nicht vergißt, als wichtigster Stand angesehen wurden (pol. VII; 1328 b 12). Ihnen widmet er nicht weniger als 123 Kapitel, in denen er allerdings auch über die ihn besonders berührenden religiösen Verhältnisse der Indios im allgemeinen spricht (cc. 71–194; BAE 105, 236–464 und BAE 106, 9–204). Und schließlich überrascht es nicht, wenn er bei seinem stark ausgeprägten Sinn für Jurisprudenz dem letzten der aristotelischen Stände, den „jueces", 68 Kapitel widmet, was ihm Gelegenheit gibt, besonders auf die Rechtsverhältnisse der Indios einzugehen (cc. 195–262; 204–430). Daß dabei, Las Casas eigener geistiger Struktur entsprechend, die Aufgabenbereiche von „sacerdotes" und „jueces" nicht so klar getrennt sind wie bei Aristoteles, ist ebenfalls kaum überraschend. Sie gehören zusammen, wobei an dem Vorrang des „sacerdote" allerdings kein Zweifel aufkommen kann. Dies ist ein für Las Casas sehr wichtiger Gedanke, dem wir noch begegnen werden. Es ist unmöglich, hier auf alle weiteren Probleme einzugehen, welche Las Casas im Anschluß an Aristoteles entwickelt; der Verfasser darf dazu auf einen früheren Beitrag verweisen. In jedem Fall zeigt sich, daß Las Casas jene hilflose Position von 1519 weit hinter sich gelassen hat. Aristoteles hatte für ihn normative Bedeutung erlangt. Aber auch hier konnte sich gelegentlich ein Zwiespalt offenbaren, und es zeigte sich dann, daß diese normative Bedeutung nicht auch gleichzeitig etwas über die Wertung aussagte. Ein solcher Fall ergab sich bei der Beurteilung von Platon und Sokrates.

---

[9] In der A. H. c. 46; 155 f., unter der Überschrift „De la perfección de las sociedades indianas", beruft sich L. C. ausdrücklich auf die sechs Stände, welche Aristoteles als Träger einer idealen Gesellschaft nannte (pol. VII; 1328 b 5 ff.).

Platon wird von Las Casas nicht sehr oft, nur etwa sechsundzwanzigmal, zitiert; doch haben alle Zitate Gewicht.

Sein Einfluß ist schon in der „Historia de las Indias" zu verspüren. In deren ersten Kapiteln stehen Autoren im Vordergrund, von denen man Antwort auf geographische Fragen erwartete, welche durch die ersten Entdeckungsfahrten aufgeworfen waren. Auf keinem anderen Gebiet[10] mußten die Menschen der damaligen Zeit radikaler umdenken, nirgends waren die ideologischen Gefahren des Umbruchs deutlicher zu verspüren.

Schon vor seiner Wiederentdeckung in der Renaissancezeit war Platon durch seinen „Timaios" bekannt, mit dem auch Las Casas wohlvertraut war. Diesem Dialog verdankte Platon eine fast kanonische Bedeutung für die christliche Theologie, wobei die Würdigung seiner Philosophie und speziell des Timaios durch Augustinus (civ. VIII, cc. 3–13, sowie XI, c. 21) eine wesentliche Rolle spielte.

Besonderes Interesse fand bei Las Casas der im „Timaios" erzählte Atlantismythos, was durch ein langes Zitat bezeugt wird[11]. Auch die Erweiterung des Mythos im unvollendeten Dialog „Kritias" ist ihm bekannt. Las Casas erkannte, daß dieser Mythos, dessen Wahrheitsgehalt er nicht bezweifelt, und der zur Erzählung der Genesis von der Sintflut ebenso paßte wie zur stoischen Kataklysmostheorie (vgl. Tim. 25 d), auch bei der Erklärung von Phänomenen der Neuen Welt hilfreich sein konnte. So hielt er es z. B. für möglich, daß die Inselgruppe der Islas Anegadas[12], welche der die Großen Antillen ansteuernde Seefahrer ca. 120 km östlich von Puertorico (damals San Juan) als erstes Land sichten konnte, ein Rest von Atlantis sei. Das gleiche galt nach seiner Ansicht auch von den Kanarischen Inseln, die jeder Westindienfahrer damals auf der Ost-West-Route passieren mußte.

Noch etwas anderes fand bei Las Casas höchstes Interesse. Im „Timaios" (20 e–25 d; bes. 24) wird nach der angeblichen Erzählung eines alten ägyptischen Priesters eine mythische Urverfassung von Athen entwickelt. Las Casas gibt sie zwar nicht detailliert wieder, weist jedoch

---

[10] Wenn L. C. nur ein sehr begrenztes Interesse für naturwissenschaftliche Dinge bekundete (Aristoteles' einschlägige Schriften beachtet er z. B. nicht), so schloß dies nicht aus, daß er sich lebhaft für Probleme der mathematischen und beschreibenden Erdkunde interessierte. Mit Ptolemaios hat er sich sehr intensiv beschäftigt. Auch besaß er beachtliche nautische Kenntnisse, die er sich wohl auf seinen zahlreichen Fahrten zwischen der Alten und der Neuen Welt, wißbegierig wie immer, angeeignet hatte.

[11] H. I. I 8–37, nach Timaios 24 e.

[12] Der Name, den man ihnen damals gab, und den sie heute noch tragen, spielt deutlich auf die Kataklysmoshypothese an.

auf ihre segensreiche Gestaltung eingehend hin („Historia de las Indias" 8–36). Nach ihr gebührt den Priestern die erste Stelle im Staat. Ihnen folgen im Rang die Handwerker („Demiurgen"), danach die Hirten, Jäger und Landleute. Die Kriegerkaste bleibt von den anderen getrennt; sie hat sich nur um Dinge, welche mit der Kriegführung zusammenhängen, zu kümmern. Dies ist genau die Gesellschaftsordnung, welche Las Casas vorschwebt. In ihr würden die Conquistadoren und deren sich als exklusiver Stand verstehende Nachkommen auf ihren gebührenden Platz verwiesen. Keinesfalls könnten sie, gemäß dem europäischen Feudalsystem, durch die Encomiendas zur führenden Gesellschaftsschicht werden.

So wie hier ist Las Casas an vielen anderen Stellen um eine rechte Würdigung des Priesterstandes bemüht. Ebenso wie Aristoteles geht es auch ihm dabei zunächst nur um dessen gesellschaftliche Stellung. Fragen nach der Rechtgläubigkeit sind irrelevant. Er findet bei Platon noch eine weitere Bestätigung für dieses ihm so wichtige Anliegen. In der „Apologética Historia" (134–459) spricht er über die Stellung der Priester im Alten Rom. In diesem Zusammenhang paraphrasiert er den „Staat" (Plat. pol. 290 c/d)[13], wo die führende Stellung der „sacerdotes" beschrieben wird. Doch unterschlägt er, daß dort nach Platon dem König die erste Stelle gebührt und die Priester als dessen Diener („diákonoi") zu verstehen sind.

In einem Fall mußte sich Las Casas zwischen den gleichermaßen verehrten Autoritäten von Platon und Aristoteles entscheiden. In der „Apologética Historia" (201–226, auch angesprochen in 216-277) finden wir eine lange Auseinandersetzung um die bekannte Partie in Platons Republik, wo es um die Frauengemeinschaft geht. An dieser Frage hat sich immer wieder die Kritik an Platon und Sokrates entzündet. Es war auch für Las Casas nicht leicht, sich trotz der negativen Kritik einer Autorität wie Aristoteles dennoch für Platon zu entscheiden[14].

In Las Casas' Wertskala steht, wie man an diesem Beispiel sieht, Platon über Aristoteles. Das ist verständlich, wenn man an die deutliche Prägung seiner Gedankenwelt durch den Neuplatonismus denkt, wie er ihm

---

[13] Wie so oft gibt er auch hier die Stelle nicht an. Er nennt den Dialog, den wir als „Politikos" kennen, „Civilis" oder auch „De regno". Auch hier zeigt sich wieder, daß man L. C.' Zitate immer nachprüfen muß.
[14] A. H. 201-226; auch angesprochen A. H. 216-277. Nach Platon rep. V, VII; 457 d–465 c. L. C. konnte sich hier auf gewichtige Autoritäten berufen: Augustinus (civ. VIII, c. 4), den von ihm sehr geschätzten Valerius Maximus (I, 1) und schließlich auch Thomas (De regim. princ. IV, c. 4). Die Thomasstelle ist allerdings, wie man heute weiß, apokryph.

durch Dionysius Areopagita vermittelt wurde[15]. Der Umstand, daß die Zahl der Aristoteleszitate um ein vielfaches höher ist als die Zahl der Platonzitate, steht dem nicht entgegen.

Vor einer vergleichbaren Situation stehen wir bei Seneca. Die Zahl der auf ihn weisenden Zitate ist etwa ebenso groß wie die der Platonzitate. Doch kommt auch ihm in Las Casas' Weltbild eine besondere Bedeutung zu.

Seneca gehörte damals der christlichen Legende an. Man glaubte, und Las Casas bildet da keine Ausnahme, an die Authentizität des, nach seinem Gehalt übrigens recht dürftigen, unter seinem Namen gehenden Briefwechsels mit dem Apostel Paulus[16]. Augustinus wußte davon, und Hieronymus versetzte folgerichtig Seneca wegen des von Nero erzwungenen Selbstmords unter die christlichen Märtyrer.

Las Casas trug daher kein Bedenken, Seneca als glaubwürdigen Propheten der Entdeckung neben Ambrosius zu stellen und aus seiner „Medea" einige Verse zu zitieren, die in solcher Interpretation allerdings überraschend klingen mußten:

„Venient annis saecula seris
Quibus Oceanus vincula rerum
Laxet et ingens pateat tellus,
Tiphisque novos detegat orbes,
Nec sit terrarum ultima Thule".[17]

Nach dem Bericht von Las Casas stand auch Columbus unter dem Eindruck dieser Stelle. Diese Verse klangen ebenso überzeugend wie die in diesem Zusammenhang ebenfalls angeführten Stellen aus Isaias[17a].

---

[15] Vgl. Verf. II, 43. Auch Marsilius Ficinus wird L. C. besser gekannt haben, als dessen einzige Erwähnung in A. H. 150-58 vermuten läßt.
[16] Seneca III, p. 476-481, ed. Fr. Haase. Leipzig 1881. Zur Frage des Verhältnisses von Seneca zum Christentum vgl. K. Vossler, *Die Antike und die Bühnendichtung der Romanen*, in: *Die Romanische Welt. Gesammelte Aufsätze*, hg. v. H. Friedrich. München 1965, 85-87 und Anm. 343/344.
[17] Verse 374-378. Neben der Lesart, der L. C. in dem Medeazitat folgt, werden heute zwei andere bevorzugt: „terris" statt „terrarum", was für die Interpretation von geringer, und „Tethys" statt „Tiphis", was von großer Bedeutung ist. Damit entfällt zwar nicht die Möglichkeit, die Stelle auf die Entdeckungen im allgemeinen zu beziehen, doch kann man sie nicht mehr, wie L. C. will, auf Columbus beziehen: „Tiphys", der Steuermann der Argo = Columbus.
[17a] Vgl. Verf. III, 27 f.

Die meisten Senecazitate des Las Casas stammen aus den Tragödien und den „Naturales quaestiones". Aus letzteren schien eine Stelle besonders wichtig, welche sich auf den angeblich nur geringen Abstand zwischen Gades (dem heutigen Cadix) und Indien bezieht. Davon hatte bereits Aristoteles gesprochen (cael. II-297 b). Die Kenntnis davon wurde später durch die „Imago Mundi" des Petrus von Ailly (1350-1420) vermittelt[18].

Auch leichtes Holz (vermutlich Balsaholz), welches der Golfstrom auch schon vor 1492 an den Azoren anschwemmte, kann Las Casas nach Seneca erklären. Diese und ähnliche Erfahrungen mußten in der Tat des Columbus Hypothesen zur Gewißheit erheben[19].

In einem Fall konnte er indes Seneca nun doch nicht folgen. Es ging dabei um die Erklärung der Nilschwelle, ein Problem, mit dem er sich sehr beschäftigt hat. Wie sich zeigte, war es auch von Belang für die Einordnung des Orinoco, auf dessen Süßwasser Columbus weitab von der Küste im Ozean stieß. Hierzu kommt Seneca mit einem langen Zitat in spanischer Übersetzung zu Wort, dessen Inhalt allerdings stark vom Original abweicht: wieder ein Beweis für den sorglosen Umgang mit Zitaten[20].

Die bisher besprochenen Senecazitate finden wir in der „Historia de las Indias", weil sie dort zur Erhellung geographischer oder kosmographischer Probleme beitragen. Doch wird Senecas Autorität auch in der „Apologética Historia" angerufen, wo es um anthropologische Fragen im weitesten Sinne geht. Seine Autorität ist so groß, daß sie als richtungweisend sogar neben der von Aristoteles genannt werden kann.

So spricht Las Casas einmal (nach Vergil, Aen. 8,314) von der segensreichen Tätigkeit des Saturn, den er gemäß euhemeristischer Tradition als vergöttlichten Menschen versteht. Er hat, so glaubt er zu wissen, zusammen mit dem in Italien wirkenden Janus aus den „incultos habitantes"

---

[18] Ein von Columbus häufig benutztes und mit vielen Randbemerkungen versehenes Exemplar dieser Schrift hat L. C. nach seiner Angabe (H. I. 11-43) oft in der Hand gehabt und selbst benutzt. Die Senecastelle lautet: „quantum enim est, quod ab ultimis litoribus Hispaniae usque ad Indos jacet? paucissimorum dierum spatium, si navem suus ferat ventus, implebit" (nat. quaest. I, Prol. 12/13). Man muß sich immer daran erinnern, daß Columbus bei seiner ersten Fahrt von dieser Überzeugung ausging, was ja auch L. C. bestätigt: „... este doctor [gemeint ist Vincentius von Beauvais] creo cierto que Cristóbal Colón más entre los pasados movió a su negocio" (H. I. Ic. 11; 43).

[19] „De lo dicho parece bien claro que Cristóbal Colón pudo tener del descubrimiento destos orbes no solo probable, pero muy cierta e indubitable confianza" (H. I. Ic. 10; 43). Die Terminologie dieses Satzes läßt deutlich die syllogistische, auf Aristoteles zurückgehende Schulung des Mittelalters erkennen.

[20] H. I. 128; 343; nach nat. quaest. VI, 8, 3-5.

Latiums, die nach seiner Meinung tief unter den ihm bekannten Indios standen, zivilisierte Menschen gemacht. Dabei waren die „Epistulae" von Seneca als ebenso richtungsweisend anzusehen wie des Aristoteles „Nikomachische Ethik"[21].

Diese Frage war für Las Casas deshalb von besonderer Wichtigkeit, weil als Beweis für die „barbaridad" der Indios u. a. auch der bei ihnen konstatierte Mangel einer geschriebenen Rechtsordnung angesehen wurde. Demgegenüber kommt Las Casas mehrfach auf das Ideal einer Gesellschaftsordnung zu sprechen, welche, gelenkt von einem „sabio" (= „sacerdote") ohne geschriebenes Gesetz auskommt.

Eine etwaige verwunderte Frage, warum er sich hier auf zwei antike Autoren und nicht auf die christliche Botschaft als Quelle einer verbindlichen Ethik beruft, ist gegenstandslos. Seneca galt als Christ, und ohne Aristoteles ist auch die christliche Ethik nicht denkbar. Gerade die hier genannte Nikomachische Ethik wurde durch den Kommentar von Thomas zu dieser Schrift sowie dessen „Summa Theologica" als Hauptquelle einer christlichen Sozialethik neben der Individualethik des Neuen Testaments anerkannt.

Sehr schwierige und heikle Fragen werden in einer verlorenen Schrift Senecas aufgeworfen, deren Thesen wir durch Augustin (civ. X,6) kennen. Es handelt sich um einen Dialog „De Superstitione", der sich mit der Frage beschäftigte, wie sich die Gebildeten zum Aberglauben, in diesem Fall dem von Augustus zur Grundlage des römischen Staates erhobenen Götterkult, verhalten sollten. Gern beruft sich Las Casas auf Seneca, der sich ja als Christ, wie er zu wissen glaubte, in der gleichen Situation wie er selbst befand. Der Aberglaube, um den es ihm ging, war der von den Spaniern verfolgte und bekämpfte Kult der Indios. Seine Lösung entspricht derjenigen Senecas[22].

Besonderes Interesse verband Las Casas mit Lukan, dem Neffen Senecas. Trotz seines kurzen Lebens war er eine der eindrucksvollsten Gestal-

---

[21] „Púsoles leyes, no penales, porque no las habían entonces menester como viviesen con mucha simplicidad, sino por via de doctrina y enseñanza, como es la Philosophia moral [gemeint ist die Nikomachische Ethik] y las Epístulas de Séneca, que no son ley, sino enseñamiento y doctrina de virtud" (A. H. 47; 162 f.). L. C. geht sonst nicht auf Senecas „Epistulae Morales" ein. Doch wußte er natürlich, daß dessen wohlfundierte Autorität vornehmlich auf den „Epistulae" und nicht auf den „Quaestiones naturales" oder den Tragödien beruhte.

[22] „Nolebant [sc. Seneca und Cicero, dem hier wohl zutreffend eine ähnliche Auffassung zugeschrieben wird] tamen populum ab antiqua consuetudine tot saeculis recepta avocare autore Augustino de civ. Dei Lib. 6 cap. 10". Der Satz ist dort nicht zu finden. Er entspricht jedoch der von Augustin, wenn auch mit einer gewissen Distanzierung, geschilderten Intention Senecas.

ten der römischen Geistesgeschichte. In seinem Epos „Pharsalia" beschreibt er den Bürgerkrieg zwischen dem von ihm bewunderten Pompeius und Caesar. Noch zur Zeit Neros, auf dessen Befehl auch er Selbstmord verüben mußte, begeisterte er sich für die vor über hundert Jahren untergegangene republikanische Freiheit. Las Casas kannte Lukan recht gut. In den 25 z. T. recht umfangreichen Zitaten geht es fast immer um die Erhellung wichtiger Fragen.

So kommt Lukan anläßlich einer ausführlichen Darstellung des oben erwähnten alten Streites um die Nilschwelle ebenfalls zu Wort. Sachlich weiß er dazu allerdings nichts anderes beizutragen, als daß er die verschiedenen Meinungen referiert, die er dann mit breit ausgesponnenen Sensationsgeschichten ausschmückt[23]. Es ist nun bemerkenswert, daß Lukan, der sich sonst nur auf das Fatum berief, in diesem Falle das Eingreifen einer höheren Macht zum Wohle Ägyptens für möglich hielt. Damit nahm er den auch von Las Casas gebilligten Standpunkt des Hieronymus vorweg. Und so konnte auch Lukan, was ja bei einem Neffen Senecas nicht zu überraschen brauchte, dem christlichen Lager zugerechnet werden[24].

Auch zu einer anderen Frage wird Lukan von Las Casas theologisch sehr ernst genommen. In der „Apologética Historia" (cc. 81-83) geht es um Beschreibung und Deutung der wichtigsten Orakel der Alten Welt, von denen das von Delphi das bedeutendste war: seine Bedeutung reichte nach Las Casas bis in die Neue Welt[25]. Hier beruft er sich auf mehrere antike Autoren; auf keinen jedoch so ausführlich wie auf Lukan:

---

[23] H. I. 129; 346. Phars. 10, 172-331. Dazu auch Seneca, nat. quaest. IV, 2. Zu diesen Sensationsgeschichten gehört (nach Seneca, nat. quaest. IV, 2, 13-15) eine packende Schilderung von Kämpfen zwischen Delphinen und Krokodilen, die man im Überschwemmungsgebiet des Nildeltas gelegentlich beobachten konnte und bei denen übrigens letztere den kürzeren zogen. Dieser Darstellungsstil, den man vor allem in der sogenannten Silbernen Latinität findet, gestaltet die Lektüre im Sinne von L. C. als „muy delectable", für ihn ein wichtiges Kriterium. Daraus erklärt sich der spätere Erfolg gerade dieser antiken Autoren.

[24] „Lucano ... estima que deste crecimiento del Nilo ninguna razón otra suficiente se puede dar, sino que Dios quiso proveer al reino de Egipto el agua necesaria por vía maravillosa, pues allí no quiso que lloviese, sin la cual no podía pasar. Y esta no es muy indigna razón, y no discrepa mucho de la de San Hieronimo" (346). „San Hieronimo sobre el profeta Amos, cap. 8, cuasi parece declinar en esta sentencia; dice allí que el río Nilo, una vez en el año, viene mucho avenido, tanto que riega todo Egipto, pero que esto se hace por divino milagro, sin algún augmento de agua, sino que se hacen grandes montones de arena en la boca del Nilo, etc. ..." (345).

[25] A. H. 81: „Donde se trata de Apolo y de su oráculo de Delfos" (271-275). Wir berühren hier eine der wichtigsten Thesen von L. C.; danach ist das Heilsgeschehen in der Neuen Welt nahtlos mit dem der Alten Welt verbunden. Vgl. Verf. I, 42-44. Beim Wort Delfos

"...y da la razón Lucano en este lugar, más como filósofo que como historiador, que como poeta, puesto que como poeta y como filósofo tuvo errores" (273). Lukan entwickelt hier, ausgehend von der örtlichen Situation in Delphi mit seinen Höhlen und dem darüber ragenden zweigipfligen Parnassus, einen Pantheismus, den Las Casas durch vier Zitate aus den „Pharsalia" illustriert und anschließend im Geist von Aristoteles und Thomas widerlegt[26].

Zwei Irrtümer entdeckte er in der Darstellung Lukans: „Una (sc. falsedad) es que el ánima del mundo era Dios [weil Lukan Juppiter/Zeus bemüht hatte] y que todas las cosas y partes dél se comparaban a Dios... otro error y disparate dice Lucano, que los vientos de aquella cueva hablaban" (273/274).

Von Lukan übernahm Las Casas die Auffassung von Apollo, dem Pythontöter, dem Helden, der vergleichbar einem Theseus oder Herakles die Menschen errettete und dafür heroisiert wurde (274). Doch hatte er dafür eine ganz andere Deutung: „Pero esta poética ficíon vanísima es, porque como Apolo fuese hombre, no se podía encerrar, y si se encerrase aprovechárale poco para usurpar la divinidad y dar las divinas respuestas, como allí no estuviese sino, como dicho queda, un demonio. Pero como Apolo fuese rey de aquellos pueblos délficos, después de muerto... tuviéronle por dios, y por ende, las respuestas quel demonio en aquel lugar daba, atribuyéronlas al mismo rey Apolo, y así cobró aquel demonio el nombre de Apolo" (274).

Hier verband Las Casas den antiken aufgeklärten Euhemerismus mit der christlichen Dämonologie und fand gleichzeitig eine Begründung dafür, daß dem Delphischen Orakel aufgrund seiner Treffsicherheit der Vorrang vor anderen Orakeln zukam. Er erklärte sie durch eine auf „ordinación divina" zurückgehende pervertierte „Hierarchia coelestis", so wie sie, in positiver Form, der ihm so wichtige Dionysius Areopagita entwikkelt hatte; nicht umsonst sprach man gerne vom „Fürsten der Unterwelt", was ja eine hierarchische Ordnung voraussetzt.

---

    darf man annehmen, daß es sich um eine Kontamination zwischen Delphi und Delos, dessen besondere Bedeutung L. C. nicht unbekannt war, handelt. Seine Vorstellungen über antike Geographie waren, wie man immer wieder feststellt, teilweise recht verworren.

[26] „Parnasus gemino petit aethera colle / Mons Phoebo Bromioque sacer" (V, 73 f.). „Quis latet hic superum? Quod numen ab aethere pressum / Dignatur caecas inclusum habitare cavernas" (V, 86 f.). „Totius pars magna Jovis Cyrrhaea per antra / Exit et aethereo trahitur connexa Tonanti" (V, 95 f.). „Cum regna Themis tripodasque teneret / Ut vidit Paean vastos telluris hiatus / Divinam spirare fidem, ventosque loquaces / Exhalare solum, sacris se condidit antris / Incubuitque adyto, vates ibi factus, Apollo" (V, 81–85).

So war also der Schlußsatz von Kapitel 81 der „Apologética Historia" wohlbegründet: „Por esta razón Apolo excedía, según la reputación de los gentiles, a todos los otros dioses cuanto a la adevinación, y con él sólo en las dudas y secretos por venir se tenía cuenta, y a él sólo se occurría para obligárle con dones, sacrificios y supersticiones" (275). Und es war dieser unter Apollos Namen auftretende Dämon, der, durch Christi Erscheinen aus Delphi und Europa vertrieben, in der Neuen Welt eine Heimat fand, um dort ungestört weiterhin sein Unwesen zu treiben[26a].

Lukan wurde also von Las Casas sehr ernst genommen. Aber obwohl er für ihn weltanschaulich in dieselbe Kategorie wie Seneca gehörte, billigte er ihm dennoch nicht dessen Rang zu. Daher war auch gelegentlich Widerspruch möglich, wie er bei Platon nicht denkbar war.

Schon die bisherige kurze Übersicht dürfte gezeigt haben, daß die Frage nach der Autorität, welche hinter einem Autor stand, für Las Casas primäre Bedeutung hatte. Dies entsprach durchaus dem Geist seiner Zeit. Auch wenn seine Wertmaßstäbe dabei nicht den heutigen entsprachen, so bewegten wir uns doch bisher auf vertrautem Boden.

Einen anderen Eindruck, und gleichzeitig einen überraschenden Einblick in seine Gedankenwelt, gewinnen wir, wenn wir uns einem Autor zuwenden, der auf seiner Wertskala einen herausragenden Platz einnimmt, mit dessen Namen wir jedoch heute kaum noch etwas anfangen können.

Berosus (Bērossós) von Babylon lebte zur Zeit Alexanders und der ersten Diadochen. Er verfaßte drei Bücher „Babyloniaca" (auch als „Chaldaica" bekannt), die später von jüdischen (vor allem von Josephus Flavius) und christlichen Autoren deswegen besonders geschätzt wurden, weil sich aus der von Berosus dargestellten babylonischen Kosmo- und Anthropogonie Parallelen zum Alten Testament ergaben, die bekanntlich von der modernen Forschung teilweise bestätigt wurden. Das Werk ist verloren und nur durch spätere Zitate bekannt[27].

Im Ausgang des 15. Jahrhunderts, in dem so viele verlorene oder dem Gedächtnis entschwundene antike Autoren wieder entdeckt wurden, konnte es kaum Erstaunen hervorrufen, wenn auch das verlorene Werk des Berosus, von dem man durch Josephus wußte, wieder auftauchte. Als Entdecker trat ein Mann auf, dessen Name in seinen Publikationen in

---

[26a] Vgl. Verf. I, 42–44.
[27] Zum echten Berosus vgl. Paulys *Realencyclopädie der Classischen Altertumswissenschaften* II, 309 ff., und Suppl. I, 429.

der latinisierten Form „Joannes Annius Viterbensis", bei Las Casas, der ihm große Bedeutung beimaß, als „Juan" oder „Annio de Viterbo" oder „Viterbio" oder auch als „Annius Viterbensis" erscheint. Die Enciclopedia Italiana behandelt ihn ausführlich unter dem Stichwort „Nanni, Giovanni (da Viterbo)". Er war 1432 in Viterbo geboren, trat dem Dominikanerorden bei, was ihm wohl die besondere Zuneigung von Las Casas sicherte, und machte unter den Päpsten Sixtus IV. und Alexander VI. Karriere. Er war als kenntnisreicher Humanist bekannt; seine arabischen Sprachkenntnisse werden gerühmt. Auch mit dem Hebräischen scheint er vertraut gewesen zu sein. Seine Schriften waren vielseitig. So erschien von ihm noch postum 1525 in Wittenberg eine Schrift „De Monarchia", welche Luther mit einem Nachwort versah. 1499 finden wir ihn als Magister Sacri Palatii in Rom, wo er am 13. 11. 1502 starb. Seine Vaterstadt setzte ihm ein Monument[28].

1489 edierte Annius in Venedig ein Werk (ohne Kommentar) unter dem Titel „Auctores vetustissimi nuper in lucem editi". Dieser Ausgabe folgte 1498 in Rom eine zweite, diesmal mit ausführlichem Kommentar. Weitere Ausgaben folgten, in denen wir sowohl von Annius entdeckte wie auch verfaßte Schriften vereinigt finden. Unter den ersteren befinden sich die angeblich wiederentdeckten „Babyloniaca" des Berosus in fünf Büchern. Damit in Zusammenhang steht eine von Annius verfaßte Schrift „De primis temporibus et quatuor ac viginti regibus Hispaniae et eius antiquitate". In ihr wird u. a. eine frühe Verbindung zwischen Spanien und Italien behauptet. Der 20. König Spaniens hieß danach Romus, dessen Sohn und 21. König Palatinus. Auch kommt der Stadt Valentia (oder Palentia; das geht etwas durcheinander) als dem geistigen Zentrum

---

[28] Zu Annius gibt es kaum Literatur. Als Publikation aus unserem Jahrhundert wäre zu nennen: O. A. Danielsson, *Annius von Viterbo über die Gründungsgeschichte Roms,* in: *Corolla archaeologica Principi hereditario Regni Sueciae Gustavo Adolpho dedicata.* Lund 1932. Über seine Schriften orientiert man sich am besten bei Mario Emilio Cosenza, *Bibliographical Dictionary of the Italian Humanists and of the World of Classical Scholarship in Italy 1300–1800,* 5 vols. Boston 1962. Die Angaben der *Enciclopedia Italiana* sind ungenau und irreführend. Die Ausgaben von 1489 und 1498 sind in der Bundesrepublik nicht vorhanden. Nach des Annius Tod erschienen in Paris zwei Ausgaben, 1512 und 1515; die zweite konnte in der Stadtbibliothek Trier eingesehen werden. Sie vereinigt 16 von Annius angeblich herausgegebene oder verfaßte Schriften, mit einer ausführlichen Inhaltsangabe des Ganzen. Da sie auch die ausführlichen Kommentare enthält, ist sie wohl weitgehend mit der Ausgabe von 1498 identisch. Ferner gibt es noch eine Antwerpener Spezialausgabe von Berosus (ebenfalls in Trier vorhanden) und eine Cosenza unbekannte Kölner Ausgabe von 1534 (in der UB Köln vorhanden); in ihr sind die drei von L. C. in seinem ersten Autorenkatalog gleichsam als heilige Trias vorangestellten Berosus, Metástenes und Manetón vereinigt.

Spaniens, von dem Impulse nach Italien ausstrahlten, eine besondere Bedeutung zu. Daß in diesem Zusammenhang der besonderen Verbindung des Hauses Borja mit Valencia gedacht und Alexander VI. gepriesen wird, war der Karriere des Annius offenbar nicht abträglich[29].

Was nun das angeblich wiederentdeckte Werk des Berosus angeht, so sollte dies offenbar einem besonderen Desiderat abhelfen. In der Genesis finden wir ein Geschlechtsregister der Söhne Noahs: „Dies sind die Sippschaften der Söhne Noahs nach ihren Geschlechtern und Völkerschaften. Von ihnen stammen die verschiedenen Völker auf der Erde nach der Sintflut" (Gen. 10, 32). Dies wird durch ein von Sem bis Abraham reichendes Geschlechtsregister ergänzt (Gen. 11, 10–32). Die Angaben der Genesis beziehen sich aber im wesentlichen nur auf das Volk Israel. Dem wachsenden Selbstbewußtsein des christlichen Abendlandes konnte das nicht mehr genügen. Und zudem konnte man sich in der Renaissancezeit eine Menschheitsentwicklung unter Ausschluß der Antiken Welt schon gar nicht mehr vorstellen. Daher war es ein legitimes Anliegen, die genealogischen Mythen der Bibel auf die Völker der bekannten Erde auszudehnen und sie außerdem mit der Antike zu verknüpfen. Da man nun (durch Josephus Flavus) wußte, daß bei Berosus eine solche Erweiterung und Verknüpfung zu finden war, nahm man begreiflicherweise an seiner Wiederentdeckung ein besonderes Interesse.

Dasselbe galt auch für zwei Zeitgenossen von Berosus, Manethón und Metásthenes, die durch ihre ebenfalls verlorenen Werke zur Zeit Alexanders das bis dahin noch wesentlich engere Weltbild der Griechen erheblich erweitert hatten. Auch sie wurden durch Annius „wiederentdeckt", der, wie man sieht, einem aufnahmebereiten Erwartungshorizont begegnete. Daß er dabei auch noch besonders an seine Vaterstadt dachte, zeigt, was man damals den Lesern zumuten konnte: die Etrusker mit ihren mythischen Vorfahren sowie Vetulonia, das Annius unbekümmert mit dem über 100 km entfernten Viterbo gleichsetzt, werden besonders berücksichtigt.

In dieser Genealogie, die die Zeit vor und nach der Sintflut umfaßt, kommt Noah die entscheidende Rolle zu. Von Armenien, wo er mit der

---

[29] Zur Ausgabe von 1498 bringt Cosenza eine interessante Angabe (I, 197): „The collection was dedicated to Ferdinand et Isabella because (Annius says) the ancient works it contained were discovered while their Majesties were conquering Granada. J. A. pretends he discovered them in Mantua while he was there with his patron Paolo da (di) Campofulguroso, Card. of St. Sixtus". Auch die Ausgabe von 1515 enthält eine Widmung an die Reyes Católicos in Form eines längeren Briefes. Hier wird eine spanische Dimension im Werke des Annius sichtbar, der nachzugehen einer besonderen Untersuchung vorbehalten sein muß.

Arche gelandet war, zog er dieser Erzählung zufolge viele Jahre später in das damit beträchtlich aufgewertete Italien. Hier erschien er unter dem Namen des Janus, des Vaters von Saturn und Großvaters von Jupiter. Hunderte von mehr oder minder phantastisch klingenden Namen füllen die nur zehn Folioseiten der Schrift, deren Titel lautet: „Berosi sacerdotis Chaldaici Antiquitatum Libri Quinque".

Noahs Nachkommen haben danach aber nicht nur den Orient, Italien und Vetulonia bevölkert. Auch in anderen Ländern treffen wir sie an: so wurde Spanien von Noahs Enkel Tubal Cain besiedelt[30]. Zu dessen Nachkommen gehörte Dardanus, der Gründer Trojas, ebenso wie Hesperus, der Bruder des Atlas und zwölfte (nach anderer Auffassung zehnte) König von Spanien und Vater der Hesperiden. Seine Herrschaft reichte weit über Spanien hinaus bis zu fern im Westen liegenden Inseln und Ländern; auch der ebenfalls mit Spanien besonders verbundene Herakles/Hercules mußte weit nach Westen fahren, um die Äpfel der Hesperiden zu holen. Oviedo, nach Las Casas „el primero imaginador desta sotileza"[30a], hat diese Dinge eingehend erörtert und wollte daraus einen alten Rechtsanspruch Spaniens auf den neu entdeckten – nach dieser Auffassung wiederentdeckten – Kontinent ableiten, womit er übrigens interessierte Aufnahme am spanischen Hofe fand.

Las Casas konnte dies nicht gelten lassen. Für ihn war das Motu proprio Alexanders VI. und der darin enthaltene kirchliche Missionsauftrag der einzige gültige Rechtstitel für die Conquista. In zwei ausführlichen Kapiteln setzt er sich mit einem ungeheuren Aufwand von Zitaten mit dieser „nueva opinión" auseinander („Historia de las Indias", cc. 15 u. 16; 52-64). Er weist auf die antike Mythologie hin, die von einer Herrschaft des Hesperus im fernen Westen nichts weiß. Sie kennt ihn als Sohn oder Bruder des Atlas, dessen Töchter aus einer Verbindung mit Hesperus eben die Hesperiden sind. Nach Berosus konnte er auch als Enkel des Noah gelten: als Bruder des Atlas war er ein Sohn des Titanen Iapetos, den Berosus mit Japhet, dem Sohne Noahs, gleichsetzt. Doch konnte er dann keinesfalls die Rolle gespielt haben, die Oviedo ihm zuschrieb[31]. Die Schriften des Annius, von denen es begreiflicherweise keine moderne Ausgabe gibt, wurden offenbar viel gelesen, wovon die rasch

---

[30] Zur Noahlegende vgl. D. C. Allen, *The Legend of Noah*. Urbane 1949.
[30a] H. I. 15-35.
[31] „Hespero no reinó en España más de diez años, en los cuales, sacados los que tuvo guerras crueles por su defensa contra su hermano Atlante ... no parece ser posible que tuviese tiempo para descubrir y señorear y que se llamasen de su nombre estas Indias Hespérides" (H. I. I; 54 f.).

aufeinander folgenden Editionen zeugen. Doch lösten sie sehr bald eine heftige Diskussion über ihre Echtheit aus. Es ehrt den kritischen Sinn von Juan Luís Vives, dem bedeutenden Zeitgenossen Las Casas' (1492–1540), daß er sie als das erklärte, was sie waren und was der moderne Leser sofort erkennt: Fälschungen. Darüber erregte sich Las Casas so sehr, daß er dieser Frage ein ganzes Kapitel widmet[32]. Sicherlich trennte ihn eine Welt von Vives, den er bezeichnenderweise sonst nirgends nennt. Die Erregung, die hier sichtbar wird, hatte aber offenbar noch einen anderen Grund. Las Casas hat die Schriften des Berosus, deren Lektüre für einen heutigen Leser qualvoll ist, sehr genau studiert. In den scheinbar entlegensten genealogischen Konstruktionen konnten ja aktuelle Bezüge stecken. Die Hesperusfrage, die er mehrfach anspricht, berührt sogar die Legitimation der Conquista. Und durch die Noahlegende war die Eigenständigkeit der römischen Mythologie bedeutend eingeschränkt. Aber es gab noch ein anderes Anliegen, das ihn mit Pseudo-Berosus verband und ihm so wichtig war, daß er bereits im Prolog der „Historia de las Indias" (5) unter Berufung auf Annius begründet, warum er ihm einen solch hohen Rang beimißt. Annius hatte seiner Ausgabe der angeblichen Berosusschrift eine Praefatio vorausgeschickt, in der er vor allem hervorhebt, daß Berosus laut Josephus Flavius ein Priester war[33]. Er erhebt hier für seine Person, unter Hinweis auf das durch Berosus gegebene Vorbild, einen Anspruch, den auch Las Casas sofort aufgreift, daß nämlich nur ein Priester als Historiograph qualifiziert sei: „Tampoco conviene a todo género de personas ocuparse con tal ejercicio... sino a varones escogidos, doctos, prudentes, filósofos, perspicacísimos, espirituales y dedicados al culto divino, como entonces eran y hoy son los sabios sacerdotes". Daß Las Casas sich alle diese Qualifikationen zuschreibt, liegt auf der Hand. Dabei ist es nicht von Belang, daß der eine mit der Weihe der katholischen Kirche versehen ist, während der andere zu den Chaldäern des Alten Babylon gehörte; wenn, wie hier, die priesterliche Würde von ihrer gesellschaftlichen Stellung her gesehen wird, ist sie gleich zu bewerten, ob sie sich bei Chaldäern, Christen oder bei den Indios der Hochkulturen findet. Und es liegt ebenso auf der Hand, daß das ganze eine Kritik an Karl V. enthält, der den nach Las Casas in keiner Weise qualifizierten Oviedo 1532 zum offiziellen und besoldeten Historiographen der Conquista ernannt hatte. Diese Fehlentscheidung reiht sich an die vielen

---

[32] A. H. 108: „De los escritos de Beroso", 377–379.
[33] Die Praefatio des Annius zu Berosus ist heute schwer zugänglich. Ihr erster Teil, auf den L. C. besonders Bezug nimmt, ist abgedruckt in Verf. I, 24 f.

anderen Fehlentscheidungen übel beratener Fürsten, über die er immer wieder Klage führte.

Nach diesem Ausflug in eine für uns heute seltsame, für Las Casas indes sehr wichtige Scheinwelt betreten wir wieder vertrauteren Boden, wenn wir uns mit Cicero einer der großen Idealfiguren der Renaissance zuwenden. Wenn irgendwo, dann dürfte hier eine Antwort auf die Frage zu erhoffen sein, wie Las Casas zum Humanismus stand. Daß er mit Cicero wohlvertraut war, steht außer Zweifel: über 60, z. T. recht ausführliche Zitate, bezeugen dies. Wo aber lagen seine Interessen?

Zunächst war Cicero für ihn der „Padre de la elocuencia" („Apologética Historia" 107–372). Dies war wohl der primäre Aspekt seines Cicerobildes. Wie die weit gestreuten Zitate erkennen lassen, besaß er eine umfassende Kenntnis der Reden. Vielleicht hat er sie, was ja für einen Angehörigen des Predigerordens nahe lag, aus pragmatischen Gründen studiert. Hin und wieder fand er sogar in ihnen Argumente für seine apologetischen Bemühungen[34]. Doch waren ihm dafür die philosophischen Schriften Ciceros eine ergiebigere Quelle. So hat er vor allem „De natura Deorum", die „Tusculanen", die „Leges" sowie „De Re Publica" (soweit diese Schrift durch Augustin und Macrobius bekannt war) eifrig studiert und häufig zitiert. Von den rhetorischen Schriften beachtete er „De inventione", aber nur, weil er in ihr ähnliche Belehrung fand wie in den philosophischen Werken. Die Briefe, die für die Renaissance besonders wichtig waren, kannte er nicht.

Bei seinen apologetischen Bemühungen hatte sich Las Casas auch mit Vorwürfen auseinanderzusetzen, die sich unabhängig vom ethisch-moralischen Verhalten des Einzelnen aus dem Zusammenprall verschiedener Sozialstrukturen ergaben. Im karibischen Raum, um den es zunächst ging, fanden die Spanier eine Dorfverfassung vor, die sie in ihrer Heimat nicht kannten. Mit dem daraus resultierenden Argument, daß das Fehlen einer Poliskultur die Einstufung der Indios als „barbari" rechtfertige, setzte sich Las Casas in einem eigenen Kapitel der „Apologética Historia" auseinander. Dort finden wir die Paraphrase eines längeren Zitates aus Cicero „De inventione" I,2. Das gleiche Zitat lesen wir im lateinischen Original mit spanischer Übersetzung auch im Prolog der „Historia de las Indias". Daß er sich auf diese Stelle zweimal in ganz verschiedenem Zusammenhang beruft, erlaubt den Schluß, daß hier seine eigenen Vor-

---

[34] Quintilian kennt L. C. nicht. Man erkennt den geübten Redner bzw. Prediger an seinem Stil, der von dem Oviedos deutlich abweicht.

stellungen von der Entstehung von Religion und Kultur angesprochen sind[35].

Cicero schildert hier die allmähliche Bildung eines Gemeinschaftslebens bis zur Entstehung religiöser Vorstellungen, wobei allerdings die Führung durch einen „sabio" unerläßlich ist. Er folgt dabei stoischen Vorstellungen, wie sie vor allem von Poseidonios entwickelt wurden. Las Casas fand hier, und deshalb ist ihm die Stelle so wichtig, in der Tat sein eigenes Programm vorgezeichnet, welches er zweimal, bei dem Siedlungsvorhaben von Cumaná und dann in Vera Paz, zu verwirklichen suchte. Auch fand er hier bei Cicero seine Auffassung von der gewaltlosen Methode der Missionierung bestätigt, die er nach Matth. 10, 7–11 und Lukas 10, 3–11 immer wieder verkündete.

Noch schärfer finden wir diese Gedanken im folgenden Kapitel formuliert. Hier wird ebenfalls im Geist der Stoa und mit einem gewissen Überschwang eine optimistische Anthropologie verkündet, die ebenso für die Gleichberechtigung der Indios eintrat, wie sie, unter Verurteilung der Conquista, die christliche Auffassung von Missionierung verteidigte[36].

---

[35] L. C. nennt diese frühe rhetorische Schrift Ciceros „Retórica vieja". Die wichtige Stelle lautet: „Fuit quoddam tempus cum in agris homines passim bestiarum more vagabantur et sibi victu ferino [var.: fero] vitam propagabant; nec ratione animi quidquam, sed pleraque viribus corporis administrabant; nondum divinae religionis, non humani officii ratio colebatur. [Nemo nuptias viderat legitimas.] Non certos quisquam inspexerat liberos, non, jus aequabile quid utilitatis haberet, acceperat. Ita propter errorem atque inscitiam caeca ac dominatrix animi cupiditas ad se explendam viribus corporis abutebatur, perniciosissimis satellitibus. Quo tempore quidam, magnus videlicet vir sapiens, cognovit, quae materia [var. materies] et quanta ad maximas res opportunas [var. opportunitas] in animis inesset hominum, si quis eam posset elicere et praecipiendo meliorem reddere; qui dispersos homines in agris et in tectis silvestribus abditos ratione quadam compulit in unum locum et congregavit, et eos in unamquamque rem inducens utilem et honestam primo propter insolentiam reclamantes, deinde propter rationem atque orationem studiosius audientes ex feris et immanibus mites reddidit et mansuetos ...." (H. I. Pról.; 11/12; A. H. 47; 159 f.).

[36] A. H. 48 (Titel: „De cómo todas las naciones pueden ser reducidas a buena policía") 164–167. Auch hier beruft sich L. C. auf Cicero, diesmal auf leg. I, § 30 (Ende) – 32. „Destos ejemplos antiguos y modernos claramente parece no haber naciones en el mundo, por rudas e incultas, silvestres y bárbaras, groseras, fieras o bravas y cuasi brutales que sean, que no puedan ser persuadidas, traídas y reducidas a toda buena orden y policía y hacerse domésticas, mansas y tratables, si se usara de industria y de arte y se llevare aquel camino que es propio y natural de los hombres, mayormente conviene a saber, por mansedumbre, suavidad y alegría y se pretende sólo este fin" (A. H. 48; 165 f.).

Darauf folgt dann wieder ein längeres Cicerozitat, welches beginnt: „Nec est quisquam gentis illius qui ducem naturam nactus ad virtutem pervenire non possit" (leg. I, § 30). Das Wort „naturam", welches er in seiner Ciceroausgabe las, findet sich nur im Codex Heinsius des 11. Jahrhunderts. Fiele es entsprechend der Lesart der übrigen Codices und der heute üblichen Ausgaben weg, so würde dies vordergründig besser zu seinen Vorstellungen passen. Aber obwohl auch er von der stoischen Vorstellung von einer „natura rationalis" ausgeht, besagt dies keineswegs, daß die Menschen keinen Führer brauchen.

Zwar kann er sich ebenfalls auf Cicero berufen, wenn er ein optimistisches Bild von der Möglichkeit einer natürlichen Gotteserkenntnis entwirft[37]. Aber gerade bei Cicero finden wir dazu auch weniger optimistische Gedanken. Die „natura" ist (nach leg. I, § 33) leider von der „corruptela malae consuetudinis" bedroht. Las Casas weiß davon vor allem durch Aristoteles[38]. Es gibt da viele Entartungen. Die Indios zeigen das mitunter, die Schriften der Alten sind voll davon, und selbst im Alten Testament liest man viel Unerfreuliches darüber. Denn auch das auserwählte Volk war dagegen so wenig gefeit wie die Griechen oder Römer.

Daher kommen die Menschen nicht ohne entsprechende Führung aus, die ihnen den rechten Weg weist. Daß sich Las Casas dabei auf Cicero berufen konnte, ergibt sich vor allem aus der für ihn so wichtigen Stelle aus „De inventione" (I, 2). Unter Berufung auf diese Stelle nennt er („Apologética Historia" 207–249) eine eindrucksvolle Liste solcher „sabios". Sie reicht von Kekrops in Athen über Saturn-Rhadamantys-Minos bis ins Mittelalter. An anderer Stelle werden auch Lykurg und Solon, Aristoteles, Seneca und Plutarch in dieser Rolle gesehen. Durch das Wirken solcher „sabios" wird ja, wie wir oben erfuhren, ein Gemein-

---

[37] A. H. 72; 238 f. L. C. entwickelt es im wesentlichen nach Cic. Tusc. I § 30; leg. I § 24/25; nat. deor. II, 12. Dazu kommen noch Aristoteles cael. 270 b 5 und 284 a 10; der Kommentar von Thomas zu dieser Stelle; von Thomas auch Contra gentiles II und S. Th. II/II[ae], quaest. 85, art. 1. Gerade hier finden wir übrigens ein besonders krasses Beispiel für die unverantwortliche Weise, mit der L. C. oft mit seinen Zitaten umgeht. Bei Cicero, Tusc. I § 30, lesen wir: „Ut porro firmissimum hoc adferri videtur, cur deos esse credamus, quod nulla gens tam fera, nemo omnium tam sit inmanis, cuius mentem non imbuerit deorum opinio: multi de dis prava sentiunt; id enim vitioso more effici solet". Daraus formt L. C. folgendes angebliche Cicerozitat: „Nemo hominum est tam inanis [!] cuius mentem non imbuerit divinitatis opinio". Der skeptische Schluß wird unterschlagen.

[38] Dazu Verf. II, 9 f. und IV, 54, mit Anm. 56 (Anm. 1).

de- oder Staatsleben überhaupt erst ermöglicht. So kommt ganz selbstverständlich auch der Mission neben der Ausbreitung des Evangeliums eine zivilisatorische Aufgabe zu und Las Casas erkennt hier die ihm zugedachte Sendung wieder[39].

Staatliches Leben und Religion stehen so in einem besonders engen Verhältnis, das allerdings in der Geschichte selten ganz ausgewogen war; meist lag der Schwerpunkt auf der einen oder der anderen Seite. Auch hierzu fand er bei Cicero Belehrung, dem es vornehmlich um den Nutzen ging, den die Religion, unabhängig von ihrem Wahrheitsgehalt, jedem Staatswesen bringt. Diesem Gedanken, der bei Cicero getragen war von dem Bemühen um die Wiederaufrichtung der zusammengebrochenen römischen Republik, stimmt Las Casas durchaus zu. Ähnliche Gedanken fand er, wie wir sahen, auch in Senecas Dialog „De Superstitione"[40].

Der Gedanke von der „utilitas" der Religion verleitete ihn allerdings in seinem Streitgespräch mit Sepúlveda zu sehr gewagten Formulierungen. Sein Gegner hatte in „Objeción XI" die Conquista als Religionskrieg zu rechtfertigen gesucht, wobei er eine zunächst ungeheuerlich klingende Aussage von Augustin ins Feld führte[41]. Las Casas antwortete in nicht weniger pointierter Form, indem er u. a. den Indios das Naturrecht zubilligte, in einem solchen Krieg ihr Heidentum auch mit der Waffe in der Hand zu verteidigen[42].

---

[39] Dazu Verf. II, 6 und 45 ff.
[40] A. H. 76; 256 (nach nat. II § 62) oder A. H. 184; 170 (nach leg. II § 16). Auch Hegel sind solche Gedanken nicht fremd. Anläßlich seiner Analyse der westeuropäischen Aufklärung (deren Vorläufer im Umkreis von Cicero ebenso zu finden sind wie in dem von Seneca) bezeichnet er die Vernunft als ein „nützliches Mittel" und meint von der Religion, sie sei wegen ihrer Beziehung auf das absolute Wesen „unter aller Nützlichkeit das Allernützlichste". (Zitiert nach J. Ritter, K. Gründer (Hg.), *Historisches Wörterbuch der Philosophie* Bd. 6. Darmstadt 1984, 1003, aus „Phänomenologie des Geistes," Kap. VIII: „Das absolute Wesen"!) Dem wäre L. C. sicher gefolgt.
[41] „... y como dice Sant Augustin en la Epístola 75, mayor mal es que se pierda un ánima que muere sin baptismo, que no matar innumerables hombres, aunque sean inocentes" (BAE 110, 315). Gemeint ist folgende Stelle: Ep. 75 (nach heutiger Zählung 250); Migne, *Patrologia latina* 33, 1067. Sie lautet: „Augustinus senex Auxilio episcopo juveni, ut aut anathematis sententiam rescindat, aut doceat quibus adductus causis putet ob unius peccatum totam familiam excommunicari posse: Si una anima per istam severitatem qua tota domus ista anathemata est, sine Baptismate de corpore exeundo perierit, innumerabilium mors corporum, si de ecclesia homines violenter abstrahantur et interficiantur, huic damno non potest comparari". Diese Aussage ist sicher sehr pointiert. Doch muß man sie aus ihrem zeitgeschichtlichen Zusammenhang heraus verstehen, der in keiner Weise mit dem Kampf um die Indios zu vergleichen ist. Leider fehlt der Raum, hier näher darauf einzugehen.

In diesem Zusammenhang berief er sich wiederum mit einem längeren Zitat auf Cicero, der einmal von den Galliern sprach, die so entartet waren, daß sie im Gegensatz zu allen anderen Völkern nicht einmal für ihre Religion kämpfen wollten[43].

Cicero hat Las Casas offenbar während seines ganzen langen Lebens begleitet. Noch in einer seiner letzten schriftlichen Äußerungen, dem „Tratado de las Doce Dudas" von 1564, kam er darauf zurück, als er den Indios wiederum den bewaffneten Kampf empfahl. Diesmal ging es um die Zurückgewinnung von Freiheit und Besitz, die sie durch die Conquista verloren hatten[44].

Es fehlt der Raum, um auf die zahlreichen anderen Cicerozitate einzugehen. Doch möchte es bereits nach dem bisher Gesagten scheinen, als sei die Autorität des „Padre de la elocuencia" für Las Casas über jeden Zweifel erhaben. Aber auch da werden gelegentlich Grenzen sichtbar. So lesen wir in der „Apologética Historia" (107–372) einiges über die Legende von Romulus und dessen Apotheose[45]. Cicero wunderte sich über den ihm offenbar unglaubwürdig erscheinenden Vorgang. Der aufgeklärte Verfasser von „De natura deorum" errechnete, daß sich dies nicht in einer grauen Vorzeit, wo man ohnedies nichts mehr überprüfen kann („minus eruditis hominum saeculis"), sondern im hellen Licht der Geschichte ereignet haben müßte. „La divinidad de aqueste [sc. Rómulo] se tuvo por admirable, como dice Tulio en el 3° libro de República y él

---

[42] „Y no hay alguna diferencia cuanto a la obligación de los que conocen el verdadero Dios, como somos los cristianos, a los que no lo conocen, con que tengan o no estimen por verdadero a algún dios...la conciencia errónea liga y obliga igualmente como la conciencia recta" (BAE 110, 336). Nach Thomas S.Th. I/II^{ae}, quae. 19, art. 5 § 6; Sententiae II, dist. 39, quae. 3, ar. 3 per totum. L. C. kommt auf diesen, der Entlastung der Indios dienenden Gedanken mehrfach zurück.

[43] „Y entendiendo Tulio ser obligados todos los hombres por derecho natural a defender su Dios o dioses teniéndolos por verdadero Dios, blasfema de los franceses [!] diciendo en la oración undécima que tuvo por Marco Fontero [!], que degeneraban y eran estraños de todas las otras naciones, porque no hacían guerra por defensión de sus dioses, el cual dice así: An [vero] istas nationes [scilicet gallorum] religione jusjurandi [var. juris jurandi] ac metu deorum inmortalium in testimoniis dicendis conmoveri arbitramini? Quae tantum a terrarum [var. ceterarum] gentium more dissentiunt, quod ceterae pro religionibus suis bella suscipiunt, istae contra omnium religionem etc." (BAE 110, 336 f.). Nach Cic. „Pro Fonteio" XII, 30.

[44] „De esta causa dice Tulio in Philippic. 7: Nulla justior causa belli gerendi quam servitutis depulsio". Der Satz steht nicht dort, sondern Phil. VIII, 12 und lautet: „Quae causa justior est belli gerendi quam servitutis depulsio?". L. C. hat wohl, wie auch anderswo zu vermuten ist, einprägsame Sätze wie diesen nach dem Gedächtnis und daher etwas ungenau zitiert.

[45] Nach einer bei Augustin, civ. XXII, 6 überlieferten Stelle aus rep. II (L. C. gibt fälschlich III an).

della se admiraba, porque se vea también la ceguedad del padre de la elocuencia". Wo aber dürfen wir eine solche „ceguedad" vermuten? Doch wohl eher bei den einfachen Leuten als bei Cicero, der ja gerade an dieser Geschichte zweifelte.

Das Ganze bekommt indes eine andere Wendung durch die anschließend berichtete Erzählung des Julius Proculus, dem Romulus in seiner Apotheose nach der Legende als Quirinus erschienen war (nach Liv. I, 16; Plutarch: Rom. 28,1 u. a.). Hierfür hat er eine ganz andere Erklärung, durch die Ciceros „ceguedad" in neuem Licht erscheint[46]. Die „ceguedad" von Cicero bestand darin, daß er nicht erkannte, daß sich der „diablo" mitten in Rom häuslich niedergelassen hatte. Und damit fand auch Las Casas die rechte Distanz zu Cicero, dem Idol des Renaissancehumanismus. Diese Distanz schloß indes nicht aus, daß er Cicero als Autorität betrachtete. Wenn er auch antiquarische Nachrichten, die er bei ihm findet, gerne verwendet, so sind ihm doch die programmatischen Aussagen wichtiger. Die stoische Philosophie, der er hier begegnete, entsprach weitgehend seinen eigenen Ansichten, wobei am Vorrang christlicher Gedanken jedoch immer festgehalten wird.

Die vielen Zitate, welche Las Casas den Werken Ciceros entnimmt, zeigen, daß er sich mit dessen Schriften intensiv und unmittelbar beschäftigt hat. Einen ähnlichen Eindruck möchte der Leser angesichts der vielen Zitate nach Terentius Varro, einem Zeitgenossen Ciceros, gewinnen. Sie sehen wie Direktzitate aus, obwohl Las Casas die meisten von ihnen nur durch Augustinus kannte. Aus Varros umfangreichem Opus sind bekanntlich nur zwei Schriften, wenn auch lückenhaft, erhalten: „De Lingua Latina" und die „Libri Rerum Rusticarum". Auch aus diesen beiden Werken finden wir einige Zitate, die vermutlich sogar auf eigene Lektüre zurückgehen. Aus „De Lingua latina" ist ein für Las Casas wichtiges Zitat über antiken Tempelbau besonders erwähnenswert[47]. Die

---

[46] „Todo esto dice Tito Livio, porque se vea de cuánta ceguedad la gente antigua sin cognoscimiento del verdadero Dios fué herida, y que para conformarlos en ella y en los errores de la idolatría, el demonio le apareciese a aquel romano, que debía ser persona de gran autoridad, mostrando ser Rómulo y fingendo estar en los cielos colocado inmortal, para que de allí adelante por dios lo adorasen. Que estos prestigios pueda hacer el diablo (con permiso de Dios) arriba queda largamente probado".

[47] Es steht nicht, wie L. C. angibt, lib. 6⁰, sondern VII, 6 und ist völlig sinnwidrig wiedergegeben (A. H. 129; 442 f.): „la diestra era del Oriente, la siniestra del Occidente, la delantera del Mediodía y la postrera miraba al Norte o parte Septentrional". L. C. will damit, auch unter Bezug auf Aristoteles (pol. VII, c. 12; 1331 a), die herausgehobene Position der christlichen Kirchen bei der Städte- bzw. Siedlungsplanung begründen. Bei Varro lautet die Stelle durchaus sinngemäß: „eius templi partes quattuor dicuntur, sinistra ab oriente, dextra ab occasu, antica ad meridiem, postica ad septentrionem".

meisten Varrozitate stammen indes durch Augustin vermittelt aus der verlorenen, ursprünglich 41 Bücher umfassenden Schrift „Antiquitates", die zwei Teile enthielt: „Res humanae" mit 25 und, für Augustin wie Las Casas wesentlich interessanter, „Res divinae" mit 16 Büchern. Dabei beziehen sich die Zitate weniger auf das Ritual als auf die eigentliche Theologie, den Götterhimmel, so wie er in den Büchern 14–16 der „Res divinae" beschrieben war. Aber während Varro hier einen Beitrag zur Restituierung der alten Religion durch Augustus leisten wollte, benutzte Augustin, und in seinem Gefolge Las Casas, diese Angaben dazu, die Schale des Spottes über diese alten Vorstellungen auszugießen. Bei keinem von beiden gehört diese Polemik zum besten, was sie geschrieben haben; den Ton bestimmte indes deutlich Augustin.

Es kann hier nicht auf alles eingegangen werden. Doch sei wenigstens die besondere Aufmerksamkeit erwähnt, welche die „indigitamenta" (Anrufungen) der Sondergötter („Di menores" bzw. „indigetes") fanden. Dabei wird, neben vielen anderen, die völlig falsch gedeutete „Venus Cloacina" ebenso erwähnt wie der ebenfalls mißverstandene Gott Priapus, der es Las Casas als Symbol verkommener Religion besonders angetan hat und auf den er immer wieder zu sprechen kam[48].

Als Ergebnis dürfen wir festhalten, daß Varro für Las Casas keinesfalls die gleiche normative Bedeutung hatte, die wir bei den vorher besprochenen Autoren zu erkennen glaubten. Dennoch war er für ihn von hohem antiquarischem Interesse; er verdankte ihm eine Fülle von Belegen, mit denen ganz im Sinne der christlichen Apologetik die römische Religion als absurd und abstrus abgetan werden konnte. Und wenn sich das damalige Europa dennoch auf das Alte Rom berief, so mußte dies die Indios entlasten, falls man auch bei ihnen seltsame Religionsformen fand. Die antike Welt war eben für Las Casas gleichsam der gewaltige Steinbruch, dem er die Bausteine für seine Apologie entnahm.

Da dies, so scheint es, sein primäres Interesse war, läßt sich wohl rechtfertigen, wenn wir nach Varro mit Lukian, einem Autor ganz anderen

---

[48] Seine Figur mit dem überdimensionierten Penis stand überall auf den Feldern und in den Gärten. Sie grüßte auch, wovon man sich in Pompeii überzeugen kann, aus einer Nische neben dem Eingang den Besucher vornehmer Häuser. Zur Erklärung dieser seltsamen Sitte darf auf Kenneth J. Dover, *Homosexualität in der Antike* verwiesen werden (in der deutschen Übersetzung, München 1983, 98): Der Gott Priapus wurde als Hüter von Gärten und Feldern mit einem massiven Penis dargestellt, bereit, jeden Dieb, gleich welchen Geschlechts, zu penetrieren. Danach sind auch die Figuren in Pompeii apotropäisch als eine andere Form des bekannten „Cave canem" zu deuten.

Gepräges, diese sehr geraffte Übersicht beschließen. Es dürfte zwar kaum zwei Autoren geben, die so wenig miteinander gemein haben wie die genannten. Und doch findet Las Casas bei ihnen einen gemeinsamen Bezugspunkt. Auch Lukian hat sich, und dies sogar sehr eingehend, mit religiösen Fragen beschäftigt.

Dabei galt allerdings sein Hauptinteresse nicht Lukian, sondern zwei unter Lukians Namen laufenden Werken, dem „Lucius" (bzw. „Asinus"), der dem Eselsroman des Apuleius verwandt ist, und der Schrift „De Dea Syria". Lukian beschreibt hier nicht, wie Las Casas meint, einen Junotempel in Edessa, sondern einen Tempel der Atargatis, der weiblichen Entsprechung des Baal, deren Kult wohl auch von dem der Kybele/Magna Mater beeinflußt wurde. Das Heiligtum stand in Hierapolis, etwa 100 km Luftlinie von Samosata, der Heimat Lukians, entfernt[49].

Die Darstellung des Kultes der Dea Syria ist Las Casas so wichtig, daß er nicht nur mehrfach darauf zurückkommt, sondern ihm auch ein eigenes ausführliches Kapitel widmet[50]. Die ausführliche Beschreibung des Gebäudes, und hier erkennen wir nun den Sinn des Ganzen, dient als Ausgangspunkt für eine Beschreibung der Tempel von Mexico und Peru, die sich über vier Kapitel der „Apologética Historia" (130–133; 447–459) erstreckt; das gleiche Interesse bemerkten wir oben anläßlich des Varrozitats (De Lingua Latina, lib. 6). Auf den im Tempel von Hierapolis ausgeübten Kult geht Las Casas später in der „Apologética Historia" erneut ausführlich und wieder in Anlehnung an die pseudo-lukianische Schrift ein (159–92 ff.). Hier werden besonders die sexuellen Auswirkungen dieses ekstatischen Kultes hervorgehoben. Auch hier ist er also, wie man sieht, um Abwertung der antiken Religion bemüht.

Die pseudo-lukianische Schrift „Lucius" behandelt er dort ebenfalls ausführlich (98–336). Den Wahrheitsgehalt der zugrunde liegenden Fabel (Verwandlung eines Menschen in ein Tier) bezweifelt er nicht; er verweist vielmehr auf die von ihm auch sonst erwähnte Verwandlung des Nabuchodonosor (Daniel 14, 30–34). Auch Geschichten aus dem von ihm besonders geschätzten „malleus Maleficarum", dem Hexenhammer, werden dafür herangezogen[51].

---

[49] Der Irrtum L. C.' scheint durch Sekundärquellen wie den hier genannten Volaterranus verursacht zu sein. Dessen damals bekanntes Werk „Commentarii Urbani" wird von ihm oft zitiert. Verfasser ist Rafael Maffei (1451–1522), der nach seiner Geburtsstadt Volterra den erwähnten Beinamen trug. Das Werk verdiente eine nähere Untersuchung; dies gilt besonders von dessen Büchern 36–38, wo es um Aristotelica geht.

[50] A. H. 129 (Titel: „Descríbese el templo consagrado a Juno en Edesa, y se dicen algunas particularidades de otros"); 442–447.

Auch wenn Lukian für Las Casas keine normative Bedeutung hatte, so empfand er für ihn doch mehr als lediglich antiquarisches Interesse. Er nennt ihn (sonst mit Epitheta sehr sparsam) „muy gracioso". Und einmal läßt er sich von dem antiken Spötter sogar von einer seiner Grundthesen abbringen: Während er bei der Idolatrie sonst die Dämonen am Werke sah, welche jetzt die armen Indios ebenso verführten wie früher die Völker der Alten Welt, entdeckte er im „Pseudo-Mantis" (diesmal einer echten Schrift Lukians) die ergötzlich geschilderte Geschichte von einem Priesterbetrug zwecks Ausbeutung des naiven Volkes. Diese Erzählung fand er „muy delectable"[52].

Daß Las Casas deduktiv argumentiert, braucht wohl kaum noch näher erläutert zu werden. Wir mußten jedoch, um eine Antwort auf die im Thema enthaltene Frage geben zu können, induktiv vorgehen. Dabei zeigte sich, daß die Antike Welt für ihn eine geistige Macht darstellte, ohne die seine Gedanken nicht verständlich wären. Gleichzeitig wurde aber eine Vielfalt und Spannweite von Eindrücken und Einflüssen sichtbar, die für jeden der besprochenen Autoren eine besondere Darstellung rechtfertigen würde. Doch dürften sich auch einige übergreifende Erkenntnisse abzeichnen. Die Antike Welt ist bei ihm in doppelter Weise relativiert. Räumlich ist sie durch die fälschlich unterstellte Landverbindung über einen riesigen Kontinent hinweg mit der Neuen Welt verbunden. Was in Ägypten oder Rom in grauer Vorzeit geschah, konnte in Amerika seine Spuren hinterlassen haben. Zeitlich repräsentiert die Antike eine Etappe der Menschheits- oder besser Heilsgeschichte, deren Erfüllung Las Casas in der Neuen Welt erhoffte.

Viel Negatives haben uns die antiken Autoren aus ihrer Zeit und ihren Lebensräumen berichtet. Dies wurde durch das überstrahlt, was Las Casas in der Neuen Welt erlebte und erhoffte. Und sollte sich auch dort

---

[51] Bei diesem Titel stellen sich beim modernen Leser schauerliche Assoziationen ein. Kulturhistorisch und sexualwissenschaftlich höchst interessant, hat das Werk die theologisch-juristische Grundlage für die Hexenprozesse geliefert, die es zwar längst vorher schon gab (vgl. den Prozeß gegen Jeanne d'Arc), die aber nunmehr in einem geregelten Verfahren verliefen. Las Casas hat das Buch eifrig benutzt. An irgendwelchen Exzessen hatte er selbstverständlich keinen Anteil. Der „Malleus" repräsentierte einfach den Kenntnisstand der damaligen Zeit, den er unbedenklich übernehmen konnte. Ausführlicher dazu Verf. II, 39–41.

[52] L. C. hütet sich allerdings, auf diesem Wege weiterzuschreiten. Er wäre sonst vielleicht den Brüdern Alfonso (1490–1532) und Juan de Valdés (1495–1541) begegnet, beide Sekretäre Karls V. Alfonso verfaßte im Geiste des Erasmus und nach dem Vorbild Lukians den „Diálogo de Mercurio y Caron". Juan wirkte in Neapel mit beachtlichem Erfolg für die Reformation.

gelegentlich Negatives zeigen, dann fand er in der Antike Parallelen und Erklärungen.

Wir wollen diese kurze Einführung (mehr kann es ja nicht sein) nicht beschließen, ohne einen kurzen Blick auf andere für Las Casas wichtige antike Autoren zu werfen. Dabei kann keine Vollständigkeit angestrebt werden; Tacitus oder Caesar, über die ebenfalls einiges zu sagen wäre, müssen an anderer Stelle besprochen werden.

Schon im Autorenkatalog des Prólogo der „Historia de las Indias" nennt er als bekannte „historiadores", wenn auch recht beiläufig, Herodot und Livius. Obwohl er beide recht gut kennt, bringt er ihnen nur ein eingeschränktes Interesse entgegen. Denn ihn interessieren die Perserkriege ebenso wenig wie der Existenzkampf, den Rom gegen Hannibal führte; beide Geschehnisse werden nicht einmal erwähnt. Beide Autoren waren ihm nur durch die von ihnen überlieferten antiquarischen Informationen von Interesse. Bei Herodot (wie auch bei Diodor, Strabo und Plinius) fand er wertvolle religionsvergleichende Nachrichten über Ägypten, von wo seiner Ansicht nach die Idolatrie aller Völker, auch der Indios, ihren Ausgang nahm. Das ist nicht verwunderlich; auch dem heutigen Besucher, der zum ersten Mal vor den Bauten der Azteken oder Mayas steht, drängen sich, ob berechtigt oder nicht, Assoziationen mit Altägypten auf. Auch die Iraner, und besonders die immer wieder erwähnten Skythen, fanden Aufmerksamkeit. Waren doch, wie Las Casas vermutete, Unsitten wie Kannibalismus oder Menschenopfer vom Mittelmeerraum über den ganzen riesigen Kontinent, vor allem durch Vermittlung der Skythen und ihnen verwandter Völker, bis zu den Indios gewandert. Daher war er bei allen ethnologisch ergiebigen Autoren auch an Nachrichten über Indien interessiert: der Zusammenhang dieses Subkontinents mit dem, was wir heute noch Westindien nennen, stand für ihn außer Frage.

Bei Livius fand er vor allem Nachrichten über das mühselige Werden der römischen Zivilisation und Religion, aus Anfängen, die bescheidener waren als das, was die Spanier in der Neuen Welt vorfanden.

Solche Informationen entnahm Las Casas auch vier anderen Autoren, die er in seiner Handbibliothek wohl besonders oft einsah. An ihrer Spitze steht Plinius. Von keinem antiken Autor, außer von Aristoteles, finden wir bei ihm mehr Zitate. Auch hier interessierten ihn nur die ethnologischen Nachrichten, kaum naturwissenschaftliche Dinge, derentwegen Plinius von Oviedo besonders geschätzt wurde.

Neben Plinius werden, jeweils mit eigenem Schwerpunkt, häufig zitiert Solinus (der Plinius ausgeschrieben hat, ohne ihn zu nennen), der sehr ergiebige Strabo und Pomponius Mela; letzterer stand ihm als andalusischer Landsmann besonders nahe. Er war eine von Las Casas bevorzugte Quelle für Nachrichten, welche gleichsam in antiker Vorausschau der Conquista, die ja räumlich von Andalusien ausging, in die unbekannten Weiten des Ozeans wiesen. Das dahinter stehende Lebensgefühl kann man noch heute erahnen, wenn man in der Algarve am Kap Sagres steht, von wo Prinz Heinrich der Seefahrer (1394–1460) die portugiesischen Entdeckungsfahrten inaugurierte.

Große Sympathie empfand Las Casas auch für Valerius Maximus, der, heute vergessen, einer der wichtigsten Autoren für Mittelalter und Renaissance war. Das Rombild, das er hier fand, war sicher freundlicher als das durch Augustin vermittelte. Er übernahm es, um durch gelegentlichen Vergleich die moralische Ebenbürtigkeit der Indios zu beweisen, wie ihm überhaupt die rhetorische, mit „exempla" arbeitende Argumentation von Valerius besonders adäquat war. Des Valerius Stellung zur Religion – als Zeitgenosse des Tiberius gehört er noch in die Restaurationszeit des Augustus – sicherte ihm einen hohen Rang unter Las Casas' Autoritäten.

Eine besondere, durch etwa 30 Zitate bekundete Sympathie verband ihn auch mit Dionysios von Halikarnaß, der um 7 v. Chr. eine von den Anfängen Roms bis zum Ersten Punischen Krieg handelnde „Archaeologia Romana" verfaßt hatte, von deren 20 Büchern Buch 1–10, sowie Teile von Buch 11 erhalten sind. Hier gefiel ihm unter anderem besonders die herausgehobene Stellung des Priesterstandes, welche Dionysios für Altrom (als Vorbild für die Augusteische Reform) beschreibt. Hier gab es Priester, wie er sie in Platons Dialog „Politikos" gefunden zu haben glaubte. Hier trifft er auch den priesterlichen „sabio" Ciceros als Lenker eines der Führung bedürftigen Volkes wieder. Dies ist die Aufgabe, die auch ihm, wie er glaubte, von der Vorsehung beschieden war.

Von den großen Dichtern der augusteischen Zeit blieb ihm Horaz unbekannt; er kennt, wohl aus einem Florilegium, lediglich seinen Namen. Sehr vertraut ist er dagegen mit Ovid, den er sehr positiv beurteilt und häufig zitiert. An der Verteilung der Zitate kann man deutlich ablesen, wie sich der Schwerpunkt des Interesses allmählich von den „Metamorphosen" zu den „Fasten" verschiebt. Die „Metamorphosen" waren ihm sicher eine delectable Lektüre. Doch kam es ihm hier hauptsächlich auf die Mythen an, in deren Verurteilung er sich mit Ovid einig wußte, die ihm aber gestatteten, sein negatives Bild von der Antike besonders farbenreich zu gestalten. Ähnliches gilt für die „Fasten", wo ihm besonders abstruse Ritualbräuche auffallen. Die übrigen Schriften werden gelegentlich, wohl nach Florilegien, zitiert.

Distanziert ist Las Casas' Verhältnis zu Vergil. Es sind ihm zwar alle

Werke bekannt. Die „Bucolica" haben für ihn ebenso Bedeutung wie die „Georgica", doch steht die „Aeneis" im Mittelpunkt. Die Irrfahrt des Aeneas, der Untergang Trojas, das Schicksal der Dido werden aber kaum erwähnt. Ebenso wie bei Livius gilt auch hier das Hauptinteresse den Nachrichten über Altrom. Er entdeckte hier Gemeinsamkeiten zwischen altrömischen und christlichen Riten, die dann noch durch Zitate nach Servius und Macrobius, die er beide eifrig benutzt, verdeutlicht werden. Daraus ergeben sich reizvolle, wenn auch hypothetische, Ausblicke auf sein Verhältnis zu den religiösen Kultformen der Indios. Hätte er seine Tätigkeit ungestört weiterführen können, dann wäre es wohl in der Neuen Welt innerhalb der Katholischen Kirche zu einem ähnlichen Ritenstreit gekommen, wie er im ostasiatischen Raum ausbrach. Die totale und brutale Vernichtung indianischer Kultformen war sicher nicht in seinem Sinne. Die oben erwähnten Cicerozitate sprechen hier eine deutliche Sprache.

Wie in vielem anderen, so hat sich Las Casas auch hier von der Conquista und ihren Methoden distanziert. Es konnte ihm nicht verborgen bleiben, daß seine massiven Angriffe auf deren Träger, die ja immerhin seine Landsleute waren, seiner Reputation sehr abträglich waren. Schließlich hat er ja nicht ohne Grund bereits 1547 die Neue Welt für immer verlassen müssen; die ihm immer feindlicher gesonnene Umwelt hatte sich als stärker erwiesen.

Aber wo und wessen konnte man ihn anklagen? Der Gedanke des Vaterlandsverrats im modernen Sinne spielte damals noch keine Rolle[53]. Dem König blieb er, wenigstens äußerlich, ergeben. Die Inquisition hatte sich um andere Dinge zu sorgen. Aber auch hier fühlte sich Las Casas durch eine antike Stimme bestärkt. Schon sehr früh, im „Prólogo" der „Historia de las Indias", berief er sich auf einen Autor, der sich nach seiner Meinung in einer ähnlichen Situation befunden hatte wie er selbst; es

---

[53] Heute können diese Dinge auch anders gesehen werden, wie man aus dem Buch von Menéndez Pidal entnehmen kann (wie Anm. 1): „No se halla otro caso semejante de un escritor que durante cincuenta años no siente el menor cansancio en escribir miles y miles de folios, todos ellos, sin una excepción siquiera, consagrados a un solo tema, único y apasionante: el vilipendio de los españoles frente a la exaltación de los indios" (324). – „Las Casas, para castigar a cuatro diablos de encomenderos abusones, había fabricado con enfermizo ingenio una infernal bomba atómica, arrojándola sobre toda la nación española... No es posible que un fraile, un obispo que pasa su vida pensando en el pecado mortal que impide la salvación de los reyes, de los consejeros, de los españoles todos, no pensase, a la hora de la muerte, en su pecado mortal y en su condenación eterna" (312). Man sieht, welche Leidenschaften heute noch, bzw. heute wieder, durch Las Casas aufgewühlt werden.

war Polybius, der sich den Groll seiner griechischen Landsleute zuzog, weil er zu den Römern übergegangen war. Daher läßt er ihn in einem längeren Zitat zu Wort kommen[54].

So schließt sich der Kreis: antike Stimmen wühlten ihn auf und bestärkten ihn in seinem Kampf, antike Stimmen versprachen ihm aber auch Rechtfertigung und innere Sicherheit. Sie begleiteten ihn während seines ganzen langen Lebens. Unzählige Male hat er sie in ihrer Fülle und Vielfalt befragt, ohne die Unabhängigkeit seiner Überzeugungen aufzugeben. Wenige seiner Zeitgenossen waren so wie er in der antiken Welt zu Hause. Daher dürfen wir ihn trotz der oft scharfen Kritik, die er an ihr übte, als Humanisten bezeichnen.

---

[54] „At eum qui scribendae historiae munus susceperit, omnia huiuscemodi moderari decet, et nonnunquam summis laudibus extollere inimicos cum res gestae eorum ita exigere videntur; interdum amicos necessariosque reprehendere, cum errores eorum digni sunt qui reprehendantur" (H. I. Pról.; 15; nach Polybios Hist. I, 14, 5-9).

Personen- und Autorenregister

Abraham 182
Abril, V. 160, 163
Achard, P. 5
Acosta, José de 11 f., 66
Adler, M. K. 20
Aegidius Romanus 148
Aeneas 196
Agnan (Aygnan) 99, 104
Ailly, Pierre d' (Petrus von Ailly) 176
al-Zamakhshari 29
Albornoz, Egidio Kardinal 152
Alciato, Andrea 135
Alden, J. 90
Alexander ab Alexandro 168
Alexander d. Große 182
Alexander VI., Papst 151, 181–183
Alexander von Aphrodisias 152, 157
Allen, D. C. 183
Almagro, Diego 79
Altaner, B. 23
Alvarez, Emmanuel 23
Alvarez López, E. 74 f., 77, 88
Amadís 80
Ambrosius 175
Amman, Jost 47, 60
Anadón, S. J. 66
Anchieta, José de 26
Andreae, St. 56
Andrés Marcos, T. 160
Andresen, A. 60
Anghiera, Petrus Martyr von (Pedro Mártir de Anglería) 8 f., 13, 72, 84, 96
Annius Viterbensis s. Nanni, Giovanni
Apel, K. O. 2, 32 f.
Apollo 179 f.
Apuleius 192
Arens, H. 21, 24, 28

Arévalo Martínez, R. 144
Aristoteles 9 f., 22, 77, 146, 152, 154, 156 f., 160, 162–164, 167, 170–174, 176 f., 179, 187, 190, 194
Armstrong, E. 101
Ata al Sid, M. 29
Atargatis 192
Atkinson, G. 90–92, 108, 117 f., 123
Atlas 183
Aubé, H. 4
Aubigné, Agrippa d' 122
Augustinus, Aurelius 9, 56, 156, 162, 173, 177, 185, 188–191, 195
Augustus, Gaius Caesar Octavianus 177
Aulus Gellius 168
Avity, Pierre d' 125
Aznar Vallejo, E. 149

Bailey, C.-J. N. 20
Bailey, R. W. 36
Ballesteros Gaibrois, M. 78, 85
Barbari, Jacopo de' 51
Barre, Nicolas 98
Barringer, G. A. 90
Barros, Joâo de 12
Bataillon, M. 133 f.
Baudry, J. 91, 98, 100
Bauer, A. 20
Beau, A. E. 13
Becker, F. 165
Bell, A. F. G. 145, 163
Bellarmin, Roberto Kardinal 22
Belleforest, Francois de 91, 101, 108, 120 f.
Beneyto Pérez, J. 145
Bennett, H. A. 21
Benzoni, Girolamo 62

199

Berosus (Pseudo-Berosus) 85, 121, 180–184
Bertelli, Ferdinando 60
Bertoni Romano, Ludovico 26
Besch, W. 7
Bibliander, Theodor 121
Bischoff, B. 21, 23
Bitterli, U. 92
Boas, G. 10
Bodin, Jean 106 f.
Boissard, Jean Jacques 60
Boorsch, S. 98
Boretzky, N. 20
Borst, A. 9 f., 12, 21 f., 32, 34 f., 97
Bouwsma, W. 95
Bradnock, W. J. 36
Brant, Sebastian 50
Braudel, F. 92
Braun, Georg 62
Brebeuf, Jean de 25
Breu, Jörg d. Ä. 41
Breydenbach, Bernhard von 39
Brinkmann, H. 34
Brizzi, P. 22 f.
Broc, N. 89, 92, 114
Brosnahan, L. F. 6, 15
Bruneau, I. T. P. 94
Bruni, Leonardo 135, 141
Bruyn, Abraham de 60
Buck, A. 68, 79, 82, 168
Budde, H. 51
Buisson, I. 165
Burgkmair, Hans 41, 44, 49, 51, 53
Burrus, E. J. 14, 16

Cabeza de Vaca, Alvar Nunez 86
Caesar, Gaius Julius 111, 116, 178, 194
Cajetan s. Vio
Caliban 9
Calvet, L.-J. 5–7, 21
Calvin, Johannes 136
Campofulguroso, Paolo da 182
Cano, Melchor 135, 139
Carlo Emanuele, Herzog von Savoien 108
Carnoy, M. 6, 21
Cartiers, Jacques 93, 95–97, 120
Cary, E. 33
Castaneda Delgado, P. 133
Castillero, E. J. 69
Castro, Fidel 144
Champlain, Samuel de 95, 97, 118–120

Chappuys, Gérard 123
Charron, Pierre 91, 110, 127
Chauveton, Urbain 109
Chevalier, R. 101
Chiappelli, F. 7, 8, 89
Chinard, G. 91 f.
Chinchilla Aguilar, E. 70, 82
Christmann, H. H. 5
Cicero, Marcus Tullius 32, 73, 99, 104, 136, 177, 185–190, 195 f.
Clemens VII., Papst 152 f.
Cohen, G. 101
Coligny, Gaspar de 98, 114
Collaert, Adriaen 60 f.
Columbus, Christoph 7 f., 39 f., 42, 48 f., 55, 62, 65, 74, 79, 84, 87, 123, 126, 144, 148, 175 f.
Connan(us), Francis(cus) 135
Conrad, A. W. 2 f.
Contreras, R. 66
Cooper, R. L. 6
Cortèz, Hernan 51, 53 f., 79, 134, 157, 161
Cosenza, M. E. 181 f.
Coseriu, E. 32
Cosimo III. Medici, Großherzog 55
Coulmas, F. 3 f., 19, 21
Cousin, Jean d. J. 58
Crespin, J. 102
Cusanus, Nicolaus 22, 35

Dahl, H. 89
Dahlmann, J. 23, 25, 32
Dainville, F. de 91 f.
Daneau, Lambert 122, 126 f.
Danielsson, O. A. 181
Dardanus 183
Das Gupta, J. 3, 19
Dati, Giuliano 39
Dávila, Pedrarias 65, 72
De Bry, Theodor 54, 61–63
De la Fuente, V. 88
De los Ríos, Amador 66, 88
De Solano, F. 66
De Thou, Jacques-Auguste 122
De Toro, A. 82
De Vos, Marten 61
Dealy, R. 134
Defaux, G. 108, 110
Del Pino, F. 66
Delafosse, M. 129 f.
Derrida, J. 19

200

Deserpz, F. 90
Despauterius s. Van Pauteren
Deutsch, K.W. 4
Dickinson, J. 94
Dido 196
Dinoth, Richard 123
Diodorus Siculus 41, 55, 75, 194
Dionysios von Halikarnaß 195
Dionysius Areopagita 175, 179
Diringer, D. 17
Dittmar, N. 18
Dolet, Etienne 33
Dorat, Jean (Auratus) 101 f.
Dover, K. J. 191
Drake, Francis 62, 123, 126
Dryander (Aichmann), Johann 57
Du Baif, J. A. 101 f.
Du Bartas, Guillaume 121, 124
Du Bellay, J. 101 f.
Du Chesne, Joseph 122
Du Haillan, Bernard 106
Du Plessis-Mornay, Philippe 114 f.
Du Pont, Francois Gravé sieur 93, 117
Dufour, A. 125, 161
Dupuy, Pierre 131
Dürer, Albrecht 51–53
Duret, Claude 27, 121
Duverdier, Antoine 123

Eeckhout, Albert 63
Egger, H. 32
Eliot, John 27
Elliott, J. H. 92, 125
Engels, O. 161
Enzensberger, H. M. 143
Eobanus (Hessus), Aelius 57
Erasmus von Rotterdam, Desiderius 10, 21, 134, 141, 153–155, 157
Ernst, Erzherzog 61
Esdra 11
Esplandían 80
Estienne, Charles 91, 122
Estienne, Henri 91, 121 f.
Eugen IV., Papst 148

Falk, T. 89
Feld, H. 8
Ferdinand II., König von Aragon 182
Ferguson, C. A. 3, 19
Fernández-Armesto, F. 149
Fernández-Santamaria, J. A. 163 f.
Ferrando, R. 74, 86

Fiala, P. 5
Ficino, Marsilio 21, 175
Filgueira Alvado, A. 11, 14 f.
Fischart, Johann 59 f.
Fishman, J. A. 2–4, 16, 19
Fleischmann, U. 20
Fonseca, Rodriguez de 171
Forke, A. 34
Franke H. 30 f.
Franz I., König von Frankreich 94
Franzbach, Martin 67
Friede, J. 143, 145, 151, 159
Friedrich, H. 175
Friedrich, J. 17
Frobisher, Martin 47, 59 f.
Fueter, E. 67–69, 75, 82, 88, 111
Fugger (Familie) 41

Gadamer, H.-G. 33
Gaius 137
Gandhi, Mohandas K. 35
Garcilaso de la Vega, Inca 16
Garraux, A. L. 90
Garrido Aranda, A. 150
Génebrard, G. 91
Gerbi, A. 67–69, 73–77, 80, 86 f., 143
Gerson, Jean 137 f.
Gessinger, J. 5
Gessner, Konrad 27, 56
Gewecke, F. 93, 128
Gibert de la Vega, R. 161
Gilmore, M. P. 92
Giménez Fernández, Manuel 146, 160
Gläser, E. 8
Glück, H. 5
Glyn Lewis, E. 6, 32
Gnärig, B. 18, 19
Goldziher, I. 29
Gomara, López de 66, 108 f., 126
Gonzaga, Ercole 152
Gonzáles Barcia, A. 88
Gonzáles Echevarría, R. 72
González, J. 160
Goody, J. 19
Gordon, A. G. 92
Görlach, M. 36
Gossenbrot (Familie) 41
Goulart, Simon 122, 124 f.
Gourgues, Dominique de 91
Grafton, A. 122
Granvelle, Antoine Perrenot de 135
Greenblatt, S. J. 8 f.

201

Grotius, Hugo 12, 136 f.
Guglielmi, Gregorio 37
Guicciardini, Francesco 136
Guichard, Claude 108
Gulik, J. 16
Gundesheimer, W. L. 106
Guzman, Bernardino de 27

Haase, F. 175
Hadrian VI., Papst 152
Haenisch, E. 31
Hainhofer, Philipp 121
Hakluyt, Richard 95
Hall, R. A. 33
Halm, P. 53
Hamel, R. E. 18
Hampe, T. 54
Hancock, I. F. 20
Hanke, L. 134, 146, 151, 168, 171
Hannibal 194
Hanzeli, V. E. 21, 22, 24, 26, 35
Harrisse, H. 40
Harth, H. 22
Hassinger, E. 111 f., 116, 131
Hauser, H. 106
Haywood, J. A. 29
Hegel, Georg Wilhelm Friedrich 188
Heidenreich, C. 89
Heikamp, D. 55
Heinrich der Seefahrer 195
Heinrich II., König von Frankreich 55, 97, 102
Heinrich III., König von Frankreich 114
Heinrich IV., König von Frankreich 117, 131
Heinrich VIII., König von England 154
Heinrich von Segusia (Susa) 148, 162
Helmschmid, Colman 54
Henkel, W. 158
Henrichs, N. 34
Hercules 179, 183
Herodot 116, 194
Herold, Johannes 55 f.
Hervas y Panduro, Lorenzo 27
Hesper(us) 84 f., 183
Hieronymus 175
Hill, J. E. 18
Hill, K. C. 18
Hitler, Adolf 144
Hiu Lie 31
Höchstätter (Familie) 41, 50
Höffner, J. 168

Hogenberg, Franz 62
Homer 116
Hondius, Jodocus 125
Honour, H. 39, 50, 53
Horatius Flaccus, Quintus 32, 195
Horus Apollo 56
Huddleston, L. E. 11 f.
Hulsius, Levin 56
Hulton, P. 59
Hurvitz, L. 30
Hymes, D. 12, 20
Hythlodaeus, Raphael 140 f.

Iapetos 183
Innozenz IV., Papst 162
Isabella, Königin von Kastilien 182
Isaias 175

Jachnow, H. 5
Jacob, C. 100
Jacquemin, J. 105
Jákfalvi-Leiva, S. 16, 25
Jakobson, R. 16
Janus 183
Japhet 96 f., 183
Jason 101
Jeanne d'Arc 193
Jensen, H. 17
Jiménez de Cisneros, Francisco Kardinal 149
Jobin, Bernard 59
Jodelle, E. 101 f.
Johann Moritz von Nassau, Graf 63
Jones, R. 2
Jones, R. O. 24
Jones, T. B. 24
Josephus Flav(i)us 180, 182, 184
Joyeuse, Duc Anne de 115
Julius Proculus 190
Jupiter 179, 183
Jüthner, J. 9, 11

Kachru, B. B. 4, 35 f.
Karl V., Kaiser 51, 54, 71, 151–155, 171, 184, 193
Karttunen, F. 17
Keen, B. 105, 143, 145, 159
Keim, I. 16
Kekrops 187
King, Martin Luther 35
Kirk-Greene, A. 7
Kitagawa, J. M. 31

Klingelhöfer, H.   8
Kloss, H.   3
Kogel, R.   110
Kohl, K.-H.   40
Kohut, K.   161
Koller, W.   28
Konetzke, R.   13–15
König, E.   50
Kopf, L.   29
Kremnitz, G.   16
Kues, Nikolaus von s. Cusanus
Kummer, W.   18, 28

l'Estoile, Pierre de   126
La Popelinière, Lancelot de   91 f., 95, 104, 111 f., 114–116, 120, 123 f., 126, 132
Landfester, R.   81
Landis, D. C.   90
Las Casas, Bartholomé de   10, 63, 66 f., 102, 133–135, 139, 143–146, 151 f., 158–161, 163, 167–197
Laudonnière, René Goulaine de   91, 120
Le Challeux, Nicolas   91
Le Moyne, Jacques   58, 61 f.
Le Roy, Louis   106–108, 126 f.
Le Testu, Guillaume   100, 114
Lecler, J.   95
Lefevre d'Étaples, Jacques   134
Leibniz, Gottfried Wilhelm   163
Leidinger, G.   52
LeJeune, Paul   25
Léry, Jean de   91 f., 100, 102–105, 108 f., 112, 116, 118–120, 124, 127
Lescarbot, Marc   90, 95–97, 100, 104, 112, 117, 119–121, 124, 126
Lestringant, F.   89–91, 93, 96, 98–103, 105 f., 109, 120
Levi-Strauss, C.   19, 103, 109
Levin, H.   101
Lewis, B.   28, 31
Lian, Ho Miau   36
Liebert, Adam von   37
Livius, Titus   108, 190, 194, 196
Locke, John   137
Lockhart, J.   17
Lodovicus Coelius Rhodoginus s. Ricchieri
Lohmann Villena, G.   66
López Martínez, N.   150
Lorant, S.   59
Losada, A.   138, 145 f., 154, 159, 167
Lovejoy, A. O.   10

Loyola, Ignatius von   22
Lucanus, Marcus Annaeus   177–180
Luchesi, E.   57
Ludwig XIII., König v. Frankreich   118
Lukan s. Lucanus
Lukian   133, 140 f., 191–193
Lull, Antonio   73
Lull, Ramón   21
Lussagnet, S.   91, 100, 105
Luther, Martin   5, 154, 157, 181
Lykurg   187

Maas, U.   5
Macer, Johannes   123
Mackey, F.   6
Macrobius   168, 185, 196
Madrigal, Alfonso de   85
Madruzzo, Ludovico Kardinal   22
Maffei (Volaterranus), Rafael   192
Magellan, Fernando de   74 f., 79
Major, J.   8, 163
Malkiel, Y.   7
Manet(h)ón   181 f.
Manuel, König von Portugal   40
Maravall, J. A.   79, 157
Marcus, R.   145, 160, 168
Marie Antoinette, Königin von Frankreich   37
Maroldt, K.   20
Martin, H.-J.   125
Martyr von Anghiera (Martir de Anglería), Petrus (Pedro) s. Anghiera
Maskell, D.   124
Matienzo, Juan de   11
Matthieu, Pierre   123
Maximilian I., Kaiser   44, 49, 52
Mazrui, A. A.   4, 35
McEvedy, C.   2
Mechoulan, H.   163
Medici (Familie)   38
Mejía, Pero   84
Menéndez Pidal, R.   168, 196
Menzius   9
Mercator, G.   111, 116
Merian, Matthäus   62
Mesnard, P.   95, 106 f.
Metástenes   181 f.
Mignolo, W. D.   72
Miller, R. A.   30 f.
Minos   186
Miranda, J.   88
Moerner, M.   15

203

Molina, Alonso de 24–26
Mollat du Jourdin, M. 89, 92
Mols, M. 165
Montaigne, Michel de 84, 90, 98, 101, 104, 109 f., 113, 124, 126
Montesinos, Antonio de 151
Montezuma II., Fürst der Azteken 55, 138
Montjeu, Baron de 118
Monts, Pierre Gua sieur de 93, 117
More (Morus), Thomas 133 f., 140–142
Morgan, R. 34
Morisot, J.-Cl. 91, 102
Mosellanus, Petrus 35
Mounin, G. 21, 28 f., 31 f.
Moya Pons, F. 170
Mühlhäusler, P. 6
Müller, Max 32
Munoz Cruz, H. 18
Munoz Pérez, J. 74
Münster, Sebastian 60

Nabuchodonosor 192
Nakam, G. 108 f., 128
Nanni, Giovanni (da Viterbo) 85, 181–184
Narváez, Panfilo 74
Natalicio González, J. 88
Nebrija, Antonio de 12, 23, 25
Nelde, P. 6
Neptun 38, 120
Nero, Claudius Caesar 175, 178
Nida, E. A. 27, 33
Ninyoles, R. L. 16
Noah 11, 85, 96 f., 182
Nohlen, D. 165

O'Gorman, E. 65, 87
Odysseus 11, 101
Oksaar, E. 6
Ong, W. 19, 32
Orpheus 98
Ostiensis s. Heinrich von Segusia
Ots Capdegui, J. M. 14
Otte, E. 70 f.
Ovidius Naso, Publius 195
Oviedo, Gonzalo Fernández de 65–88, 121, 161, 183 f., 194

Pagden, A. 8, 10 f., 135–137, 139
Palatinus 181
Palau y Dulcet, A. 23

Palma-Cayet, Jean-Victor 117
Palop, P. 161
Panikkar, R. 34
Panini 29
Papali, C. 29
Paret, H. 28
Paret, R. 28
Pasquier, Estienne 123
Paul III., Papst 158
Paulus 175
Pelliot, P. 31
Percival, W. K. 23
Pérez de Tudela Bueso, J. 65, 68, 70, 72, 77, 83, 87 f., 149, 167
Petrarca, Francesco 10
Petrus 85
Petrus Comestor 168
Petrus Lombardus 168
Petrus Martyr (Pedro Mártir) s. Anghier
Peutinger, Conrad 50 f.
Philipp II., König von Spanien 14, 114 f., 153 f.
Philipp von Hessen, Landgraf 57
Pico della Mirandola, Giovanni 22
Pietschmann, H. 150, 157 f., 165
Pinborg, J. 21
Pio, Alberto 152, 154
Pizarro, Francisco 157
Plantin, Chr. 98
Platon 112, 123, 172–174, 180, 195
Platt, J. 36
Platzmann, J. 23
Plinius Secundus, Gaius 51, 71, 74–76, 78 f., 194
Plutarch 187
Pochat, G. 41, 64
Polybios 197
Pompeius, Gnaeus 178
Pomponazzi, Pietro 152
Pomponius Mela 194
Ponce de León, Juan 74
Poole, S. 10
Poseidonios 186
Post, Franz 63
Postel, Guillaume 95–97, 104, 118, 121
Poutrincourt, Sieur de 118, 120
Preston, W. 29
Priapus 191
Pride, J. B. 36
Ptolemäus, Claudius 41
Pufendorf, Samuel 136
Pye, M. 34

Pyrard, Francois 94

Quevedo, Juan 171
Quinn, D. B. 59, 91
Quintilianus, Marcus Fabius 185
Quirinus 190
Quiroga, Vasco de 133–142

Rabelais, Francois 169
Rahbar, D. 29
Raleigh, Sir Walter 56, 58
Ramos, D. 151
Ramos Pérez, D. 161
Ramus, Petrus 117
Ramusio, Giovanni Battista 95, 106
Rau, W. 4
Rech, B. 68, 72, 74–76, 84, 160 f.
Regensburger, R. 17
Reichmann, O. 7
Reinhard, W. 7, 10, 13 f., 22
Reissner, R. A. 11
Reuwich, Erhart 39
Reverdon, O. 98, 102
Rhadamantys 187
Ribaut, Jean 91
Ricchieri, Ludovico 168
Richard, Kapitän 129
Ritter, J. 33, 188
Robins, H. R. 28 f.
Rocha, Diego Andrés 12
Romeo, L. 32
Romeo, R. 117
Romulus 189 f.
Romus 181
Ronsard, P. de 101 f., 113
Rosenthal, F. 28
Rosthorn, A. von 30
Roudny, M. 18
Rousseau, Jean-Jacques 108 f., 142
Rowe, J. H. 12, 14, 24, 26
Rubin, J. 19
Rubio, A. 24
Rubios, Palacios 10
Ruiz de Montoya, Antonio 19, 26 f.
Rumeu de Armas, A. 148
Rupprich, H. 52

Salas, A. M. 66, 71, 73 f., 76, 82, 84
Salutati, Coluccio 141
Sampson, G. 19
San Buenaventura, Gabriel de 27
Santo Tomás, Domingo de 23 f., 26

Sarmiento de Gamboa, Pedro 12
Saturn 176, 187
Sayer, R. A. 124
Scaliger, Joseph Justus 113, 122, 128 f.
Schäfer, J. 4
Schäfer, R. 34
Scharlau, B. 77
Schlieben-Lange, B. 18
Schmidel, Ulrich 60
Schmidt, Peter 108
Schneider, R. 143
Schöffer, P. 39
Schulze, F. 49
Schurhammer, G. 13
Schwartzberg, J. E. 4
Schwarz, W. 32 f.
Schweizer, H. 5
Scollon, R. 19
Sebeok, T. A. 23, 29, 32, 36
Secret, F. 95–97
Seifert, A. 81
Sem 182
Seneca, Lucius Annaeus 175–178, 180, 187
Sepúlveda, Juan Ginés de 10, 134–136, 138, 143–166, 171, 188
Serres, Jean de 123
Servius 196
Shakespeare, William 9
Sixtus IV., Papst 148, 181
Skinner, Q. 136, 141
Sokrates 172, 174
Solente, S. 131
Solinus, Gaius Julius 194
Solis, Antonio de 55
Solon 187
Solorzano y Pereyra, Juan de 14
Sonderegger, S. 7
Sophokles 9
Soto, Domingo de 159
Spencer, J. 4, 6 f.
Speroni, Sperone 22
Spitzbart, H. 4
Spolsky, B. 6
Springer, Balthasar 41, 49, 53
Staal, J. F. 29
Staden, Hans 46, 56 f., 61
Stegmann, A. 122, 124
Steinthal, H. 32
Strabo 41, 116, 194
Strauss, W. L. 59
Strozzi, Filippo 114

205

Sturtevant, W. C.   89
Surtz, E.   142

Tacitus, Cornelius   116, 194
Talavera, Fray Hernando de   149
Tavel, H. C. von   52
Terrobius (Terraube), G.   91
Tesch, G.   6
Theseus   179
Thevet, André   58, 90, 93, 97–104, 108 f., 112, 116, 118, 120 f., 123
Thieme, K.   8, 32
Thierry, A.   123
Thomas von Aquin   147, 162, 170, 174, 177, 179, 187, 189
Thrower, N. J. W.   89
Tiberius   195
Tiepolo, Giovanni Battista   38
Tiraqueau, A.   169
Todd, L.   20
Treffgarne, C.   4
Trépagny, Kapitän   129 f.
Trocmé, E.   130
Truyol y Serra, A.   161
Tubal Cain   183
Turcotte, D.   4
Turnèbe, Adrien   111
Turner, D.   65, 67 f., 70, 73 f., 82, 85 f.
Tuttle, E. F.   7

Ulpian   135
Ureland, P. S.   6

Vachon, A.   93
Valdés, Alfonso de   193
Valdés, Juan de   193
Valdman, A.   20
Valerius Maximus   174, 195
Valla, Lorenzo   1 f., 4 f., 12, 36, 135
Van Pauteren, Jan   24
Varro, Marcus Terentius   190, 191
Varthema, Lodovico   41
Vázquez, J. Zoraida   82, 85, 87
Vecellio, Cesare   60
Vedia, E. de   86, 88
Velázquez, Diego   170
Venus Cloacina   191

Verazzano, Giovanni di   118
Vergilius Maro, Publius   176, 195
Vespucci, Amerigo 39 f., 49
Vignier, Nicolas   123
Villegagnon, Nicolas de   93, 98, 100, 102
Vinzenz von Beauvais   168, 176
Vio de Gaeta (Cajetanus), Thomas   153
Visscher, Cornelius   60 f.
Vitoria, Francisco de   10, 134, 139, 151, 157, 160, 163
Vivanti, C.   113, 128
Vives, Juan Luís   82, 184
Volaterranus s. Maffei
Voltaire, Francois-Marie Arouet 108 f.
Vossler, K.   175

Waldmann, P.   165
Wallis, E. E.   21
Wandruszka, M.   5 f.
Warren, F. B.   133
Watanabe, Bayu   30
Weber, B.   59 f.
Weber, H.   36
Weiditz, Christoph   45, 54, 62
Weigel, Hans   60
Welser (Familie)   41
Welser, Bartholomäus   50
Welser, Marcus   108
Welzig, W.   21
White, J. K.   16
White, John   58–62
Wigger, A.   5
Wilhelm, R.   9
Wils, J.   13, 32 f.
Windisch, E.   29
Winkler, F.   54
Wonderly, W. L.   27, 33

Xaver, Franz   13, 96

Zaunmüller, W.   23, 26
Zavala, S.   133 f., 160
Zedler, Johann Heinrich   91, 108
Zimmermann, J.   19
Zumarraga, Juan de   133
Zürcher, E.   30